Ingeborg Robles

Unbewältigte Wirklichkeit

Familie, Sprache, Zeit als mythische Strukturen im Frühwerk Thomas Manns

AISTHESIS VERLAG

Bielefeld 2003

Abbildung auf dem Umschlag:
Pablo Picasso, *Minotaure dans une barque et femmes*, Paris 1937

Bibliographische Information Der Deutschen Bibliothek

Die Deutsche Bibliothek verzeichnet diese Publikation in der Deutschen Nationalbibliographie; detaillierte bibliographische Daten sind im Internet über http://dnb.ddb.de abrufbar.

Postfach 10 04 27, D-33504 Bielefeld
Satz: Germano Wallmann, info@geisterwort.de
Druck: Sievert-Druck+Service GmbH, Bielefeld

ISBN 3-89528-425-4
www.aisthesis.de

Così davanti ai colpi de la morte
Fuggo: ma non sì ratto che 'l desio
Meco non venga come venir sòle

Petrarca

Inhalt

Danksagung

Mein besonderer Dank gilt Prof. Dr. Peter Pütz, der meine Arbeit von Beginn an auf vielfältigste Art unterstützt hat. Auch meinem Zweitgutachter, Prof. Helmut Schneider, danke ich für seine Bereitschaft, jederzeit mit wertvollen Ratschlägen weiterzuhelfen. Prof. Mark Anderson danke ich für anregende Hinweise, die während meines Aufenthaltes in New York neuen Schwung in meine Arbeit brachten. Meine Beschäftigung mit Thomas Mann begann in Oxford; der engagierten Betreuung Prof. T.J. Reeds während meiner Zeit dort verdanke ich viel. Großer Dank gilt auch Prof. Benjamin Bennett, der sich die Zeit nahm, meine Arbeit zu lesen und zu besprechen und dessen Ideen immer wieder inspirierend wirkten. Gerne danke ich den vielen Freunden, die meine Überlegungen interessiert verfolgten, Vorschläge machten, lobten wie kritisierten und so zu unverzichtbaren Begleitern wurden: Ruth Kranz, Emanuel Wendel, Ulrich Seeberg, Dorothe Bach, Helga Hiss, Thorsten Rudolph. Auch meiner Familie bin ich für ihre Unterstützung und Ermutigung zu Dank verpflichtet. Ein Promotionsstipendium der Konrad-Adenauer-Stiftung ermöglichte die Entstehung dieser Arbeit, die im Sommersemester 2002 von der Philosophischen Fakultät der Universität Bonn als Dissertation angenommen wurde. Last but not least möchte ich Reidar Due für seine unermüdliche Gesprächsbereitschaft danken.

Oxford, Mai 2003 I.R.

I. Einleitung

Die besondere Aufmerksamkeit, die der Mythos im 20. Jahrhundert gefunden hat, ist oft bemerkt und diskutiert worden. Häufig ist von der Sehnsucht nach dem Mythos die Rede, einer Sehnsucht, deren Ursprung aus dem Ungenügen an der Gegenwart resultiert und die sich auf eine ferne Vergangenheit richtet. Gleichzeitig aber ist zu bemerken, daß zumindest die Künstler weniger an der anmutigen Verspieltheit der Mythen, wie die Aufklärung, oder den idealen Göttern und Heroen, wie die Klassik, interessiert zu sein scheinen, sondern an der Gewalt, die zerstörerisch über den Einzelnen oder die Gemeinschaft plötzlich hereinbricht. Ein nostalgisches Mythosverständnis kann auch nicht erklären, warum ausgerechnet die Themen in der Moderne aufgegriffen worden sind, die bereits in Freuds Psychoanalyse Eingang fanden: der Vatermord, die inzestuöse Liebe, die unkontrollierbare, aber verbotene Leidenschaft, der Narzißmus. Die Frage also stellt sich, ob nicht die Moderne sich weniger nach dem Mythos sehnt, als daß sie sich mit ihm identifiziert. Der Gegenstand dieser Arbeit ist Thomas Mann; im Hintergrund steht jedoch immer auch die Frage nach der Bedeutung des Mythos für die Moderne im allgemeinen und der Versuch, einen Mythosbegriff zu entwickeln, der der Situation des modernen Menschen gerecht wird. Dieser Mythosbegriff kreist im wesentlichen um die doppelte Struktur von Bedrohung und Bewältigung und damit um das Verhältnis von Mensch und Wirklichkeit.

Thomas Mann wendet sich im Vergleich zu vielen seiner Zeitgenossen erst auffallend spät dem Mythos zu. Ein Blick auf die Forschung zeigt, daß sich immer noch die Frage stellt, warum er es dann doch und mit solcher Intensität tat. Allgemein wird angenommen, Manns Frühwerk sei eher psychologisch orientiert und erst das spätere Werk ‚mythisch' zu nennen. Dabei folgt man im wesentlichen der Selbsteinschätzung Thomas Manns, der diese Entwicklung als einen Schritt vom „Bürgerlich-Individuellen" zum „Mythisch-Typischen" (IX, 493)[1] bezeichnet hat. Auch wenn die Sekundärliteratur sich grundsätzlich zwar an Thomas Manns eigene Ausführungen zum Mythos anlehnt, gibt es einen entscheidenden Unterschied: Mann spricht vom Mythischen erst im Hinblick auf den *Jo-*

---

1 Alle Angaben in Klammern verweisen auf Band- und Seitenzahl der Gesammelten Werke Thomas Manns. (Gesammelte Werke in dreizehn Bänden. Ffm. 1974)

*seph*roman; in bezug auf den *Tod in Venedig* ist nur die Rede von einem „antikisierende[n] Kapitel"[2]. Die Forschung dagegen läßt den Wandel zum Mythischen in der Regel bereits mit dem *Tod in Venedig* einsetzen, was auf eine grundlegend andere Sicht hindeutet: Für Thomas Mann ist es in erster Linie ein Wandel hinsichtlich des Stoffes, für die Forschung dagegen eine Neuerung auf poetologischer Ebene, ein Wandel des ästhetischen Verfahrens. Vorherrschend ist dabei die Auffassung, dieses ästhetische Verfahren bzw. Manns Mythosverständnis lasse sich aus der Philosophie Schopenhauers ableiten. Wegweisend für diese Richtung ist der Aufsatz *„Mythos und Psychologie" bei Thomas Mann* von Hans Wysling[3], vor allem aber die umfangreiche Studie zum gleichen Thema von Manfred Dierks.[4] Dierks sieht in Manns Verwendung des Mythos nur ein Vehikel, um Schopenhauers Metaphysik dichterisch umsetzen zu können. Thomas Mann so durch die Linse Schopenhauer zu sehen aber ist problematisch, denn dadurch wird ein Dualismus, eine Opposition von illusorischer Realität und metaphysischer Grundwahrheit übernommen, die für die Texte Manns nicht eigentlich zutrifft. Sie wollen, so soll gezeigt werden, nicht den illusorischen Charakter des Wirklichen entlarven, sondern das Bedrohliche des zu Wirklichen der Wirklichkeit herausstreichen, wodurch sie jede Opposition, die immerhin noch Grenzen zieht und damit schützend wirkt, unterlaufen und zerstören.

Zu Recht aber wird von der Forschung die mythische Anschauungsweise als Gewinn einer größeren Heiterkeit, als befreiender Bewältigungsmechanismus verstanden.[5] Was aber muß bewältigt werden? „Nur in Heiterkeit kann sich der Menschengeist aufheben über sie [die Fragen], daß er vielleicht mit innigem Spaß über das Antwortlose Gott selbst, den gewaltig Antwortlosen, zum Lächeln bringe." (V, 1597) Was ist dieses Antwortlose, über das die Heiterkeit hinweghelfen soll?

---

[2] Thomas Mann: Briefe 1889-1936. Hg. v. Erika Mann. Ffm. 1961. Bd. I. S. 93 (2.4.1912).

[3] Hans Wysling: „Mythos und Psychologie" bei Thomas Mann. Zürich 1969.

[4] Manfred Dierks: Studien zu Mythos und Psychologie bei Thomas Mann. An seinem Nachlaß orientierte Untersuchungen zum „Tod in Venedig", zum „Zauberberg" und zur „Joseph"-Tetralogie. Bern, München 1972.

[5] Thomas Mann schreibt, die „Gewinnung der mythisch-typischen Anschauungsweise" bedeute „eine neue Heiterkeit des Erkennens und Gestaltens". (XI, 656) Vgl. auch Dieter Borchmeyer: Heiterkeit contra Faschismus: Eine Betrachtung über Thomas Manns Josephsromane. In: Heiterkeit: Konzepte in Literatur und Geistesgeschichte. Hg. v. Petra Kiedaisch u. Jochen A. Bar. München 1997. S. 203-218.

Manns frühe Erzählungen lassen als beherrschendes Thema die Demütigung hervortreten, begleitet von großer Gewalt und Brutalität, die meistens von einem Menschen am anderen (oder am Tier) verübt wird, oft aber auch als vernichtender Einbruch des Lebens selbst geschildert wird.[6] Immer wieder werden Menschen zutiefst gedemütigt, werden sie degradiert, bis sich alles Menschliche an ihnen zu verlieren scheint. Thomas Mann spricht davon, wie der plötzliche Einbruch vernichtender Mächte das Interesse seines gesamten Werks bilde: „Aber beim Beginn unseres geistigen Handelns gleich […] stoßen wir auf eine Anteilnahme und Vorliebe, die uns jene Einheit – und daß es *immer dasselbe* ist – zu heiterem Staunen empfinden und erkennen läßt: es ist die Idee der *Heimsuchung*, des Einbruchs trunken zerstörender und vernichtender Mächte“ (XIII, 136).

In der Forschung ist dies nicht übersehen worden, wenn auch das Ausmaß der geschilderten Grausamkeiten selten herausgehoben wird.[7] Zudem gilt als ausgemacht, daß Thomas Manns Werk im wesentlichen die Frage des Künstlers und seiner spezifischen Problematik behandle.[8]

---

6 Vgl. auch Dedner, der auf die Häufung der Entwürdigungsszenen hinweist. Burghard Dedner: Entwürdigung. Die Angst vor dem Gelächter in Thomas Manns Werk. In: „Heimsuchung und süßes Gift.“ Erotik und Poetik bei Thomas Mann. Hg. v. Gerhard Härle. Ffm. 1992. S. 87-102.

7 Michael Maar dagegen weist darauf hin. Über den *Friedemann* schreibt er: „Wollust und irrsinnige Wut – das klingt etwas anders als der Schalmeien- oder Englischhornklang, der diesem Werk schon so lange entsteigt, die Tristan-Weise von Liebe und Tod. Die Todeserotik und ihre Metaphysik hat bald ein Jahrhundert überdeckt, was im Souterrain dieses Werkes rumort. Dort unten becircen sich nicht Liebe und Tod; dort unten verbeißen sich Lust und Gewalt.“ Michael Maar: Das Blaubartzimmer. Thomas Mann und die Schuld. Ffm. 2000. S. 45. Maar allerdings führt die Grausamkeiten der Texte zurück auf ein angeblich von Mann begangenes Verbrechen – ein aufgrund fehlender Nachweise notwendigerweise recht spekulatives Unterfangen.

8 Anders als ein Großteil der Forschung sieht Doris Runge den Einbruch ‚zerstörerischer Mächte‘ nicht allein als Folge eines Kunst-Leben-Antagonismus, sondern als Schreckensvision des bedrängten Mannes, der sich vor ‚dem Weib‘ fürchtet, das seine Phantasie allererst geschaffen hat. Runge wirft damit ein kritisches Licht auf die Kunst-Leben-Opposition, die bei ihr als ein Produkt männlicher Projektionen und Ängste erscheint. Doris Runge: Welch ein Weib! Mädchen- und Frauengestalten bei Thomas Mann. Stuttgart 1998. Sexualität wird auch von Härle als „zentrales Problem“ Th. Manns gesehen, auf das der Schriftsteller mit verschiedenen Bewältigungsstrategien antworte.

Die Bedeutung, die der Künstlerthematik im Werk Thomas Manns zukommt, soll nicht bestritten werden. Nicht alle Protagonisten jedoch sind Künstler, nicht einmal Dilettanten oder Ausgestoßene. Entscheidender aber noch ist, daß die Reduzierung der Wirklichkeits- auf die Künstlerproblematik zu sehr Thomas Manns eigener Vorstellung von der Sonderstellung, dem Auserwähltsein des Künstlers folgt. Wenn Thomas Mann die Wirklichkeit als bedrohlich empfindet und dieses dann seiner Künstlersensibilität zuschreibt, so läßt sich hier auch eine Form der Bewältigung sehen, eine Bewältigungsstrategie, die paradoxerweise die Außenseiterstellung aufhebt. Die Angst als Künstlerangst zu begreifen, stiftet eine Gemeinschaft. Eine Analyse jedenfalls dessen, was als Zerstörerisches und Bedrohliches in den Texten auftritt, erweist, daß Themen zu Tage kommen, die nicht allein den Künstler betreffen: das Ausgeliefertsein an die Zeit, die Angst vor dem Tod, die unheimliche Nähe des Menschen zum Tier, die Unzulänglichkeit der Sprache – um nur einige zu nennen. Die Frage, der hier nachgegangen wird, ist also, ob die bedrohliche Macht der Wirklichkeit, die der Künstler bei Mann in besonderem Maße erfährt, nicht für den Menschen im allgemeinen gilt.[9]

Aus diesem Grunde werden Hans Blumenbergs und René Girards Theorien ausführlicher dargestellt, denn beide sind für das hier entwikkelte Mythosverständnis von großer Bedeutung. Girards entscheidender Beitrag liegt in der Betonung des menschlichen Ursprungs der mythischen Gewalt. Nicht die Natur ist bei ihm das potentiell Bedrohliche, sondern die Ausuferung der Gewalt innerhalb der menschlichen Gemeinschaft. Girards Analyse der Ängste einer Gesellschaft, vor allem sein Konzept des Unterschiedsverlusts, erweist sich als fruchtbar für einen Mythosbegriff, der eine Zeit zu erfassen sucht, in der die Bedrohung durch die Natur der durch die Menschen gewichen zu sein scheint.

Gerhard Härle: Die Gestalt des Schönen. Untersuchung zur Homosexualitätsthematik in Thomas Manns Roman „Der Zauberberg". Königstein/Ts. 1986. S. 67. Zur gleichen Thematik s. auch Karl Werner Böhm: Zwischen Selbstzucht und Verlangen. Thomas Mann und das Stigma Homosexualität. Untersuchungen zu Frühwerk und Jugend. Würzburg 1991; Claus Sommerhage: Eros und Poesis. Über das Erotische im Werk Thomas Manns. Bonn 1983.

9 Vgl. auch Pütz: „ […] die Kunstproblematik ist zugleich auch immer eine Lebensproblematik." Peter Pütz: Kunst und Künstlerexistenz bei Nietzsche und Thomas Mann. Bonn 1987. S. 58f.

Läßt sich Girard noch in die Reihe derer einreihen, die am Mythos das Gewaltsame hervorheben, so hat Blumenberg einen ganz neuartigen Ansatz entwickelt: Die Mythen werden positiv aufgefaßt, weil sie spielerisch opake Mächte immer wieder befreiend aufbrechen. Im Vergleich zu vielen anderen ist diese Haltung nicht rückwärtsgewandt, denn der bestimmende Gegensatz bei Blumenberg ist nie „Moderne und Mythos", sondern ein jederzeit gegenwärtiges Gegenüber von bedrohlicher Macht und menschlichem Begehren zu überleben. Letztlich ist Blumenbergs Mythostheorie nichts anderes als eine Theorie der Kunst: wie der Mensch durch das Geschichtenerzählen immer wieder Distanz gewinnen kann zu dem, was ihn bedroht.

Was aber entspricht in der Moderne der bedrohlichen Macht der Wirklichkeit, wie Blumenberg sie beschreibt? Und was für ein Mythos- und Wirklichkeitsverständnis kann das moderne Interesse am Mythos erklären? Die Arbeit sucht eine Antwort auf diese Fragen. Dabei deutet sich an, daß Künstler den Mythos nicht allein als Überwindungshilfe in Anspruch nehmen, sondern sich auch mit den in den Mythen dargestellten Themen und mit der Radikalität der dargestellten Konflikte und Emotionen identifizieren.

Im Interesse am Mythos drückt sich also letztlich nichts anderes aus als die immer erneut auftretende und in der Moderne sich noch einmal zuspitzende Erfahrung des Ausgeliefertseins an die Wirklichkeit. Auch bei Mann läßt sich die Hinwendung zum Mythos vor dem Hintergrund einer als problematisch erfahrenen Wirklichkeit begreifen. Zu dem Zeitpunkt aber, als er sein Interesse für Mythisches bekundet und auch theoretisch untermauert, dient der Mythos bereits ganz der Bewältigung des Wirklichen. In der *Freud*-Rede ist sein ‚Mythosprogramm' im Kern enthalten, und die Frage stellt sich, was in dem Bewältigungsversuch als das zu Bewältigende aufscheint. Deutlich wird, daß der Mythos eine Antwort auf die Probleme des Individuums bieten soll: auf die Bedrohung der Individualität, die sich letztlich als unmöglich erweist, und das Ausgeliefertsein an die Zeit und an den Tod – Themen, die auch in den frühen Texten dominieren.

Untersucht werden zunächst zwei Briefe, ein Schüleraufsatz und die Erzählungen, die vor *Der kleine Herr Friedemann* geschrieben wurden. Thomas Manns Anfänge werden auf die ihnen zugrundeliegende Thematik hin analysiert. Dabei zeigt sich, daß die Texte immer wieder um die gleichen Probleme kreisen: das Verhältnis von Sprache und Tod; die Irreversibilität der Zeit; die Bedrohung der Individualität und das Gegenwärtigsein der Vergangenheit – Themen, die auch die *Freud*-Rede beherrschen, dort aber als Probleme erkannt und benannt werden, während sie hier einen Zusammenhang bilden, der vom Einzelnen nicht durchschaut werden kann und an dem er scheitert oder zu scheitern droht. Da das zu Bewältigende nach Blumenberg ebenfalls Teil des Mythischen ist, ergibt sich daher die Überlegung, ob das Frühwerk nicht zuletzt mythischer als das Spätwerk ist, da dort das Unbewältigte und Versuche der Bewältigung am schärfsten aufeinander treffen.[10]

Während es in diesen frühen Texten also hauptsächlich um das Verhältnis des Einzelnen zur Wirklichkeit geht, handeln die im Anschluß besprochenen, etwas später entstandenen Texte von den Beziehungen der Menschen untereinander. *Wälsungenblut* ist eine Inzestgeschichte, *Tristan* stellt eine Dreiecksbeziehung dar. In beiden Erzählungen spielt die Familie eine wichtige Rolle, und doch geht es auch hier wieder um das Problem des Individuums. Allerdings ist es nun vor allem eine Bedrohung durch andere Menschen: Individualität droht durch zu große Ähnlichkeit oder zu große Verschiedenheit verloren zu gehen.

Mehr und mehr erweist sich das Mythische als eine Struktur, in der jederzeit das, was der Bewältigung dienen sollte, die Seiten wechselt und selber zum Bedrohenden wird, andererseits das Bedrohliche wieder als Möglichkeit der Befreiung erscheint. So kann der Tod, der die größte Bedrohung des Menschen darstellt, auch wieder der Etablierung oder Unterstreichung seiner Einzigartigkeit dienen und die Familie wiederum, die Schutz vor der Wirklichkeit bietet, selbst zum Ort der Bedrohung werden.

Deutlich wird dies besonders in Manns erstem Roman, den *Buddenbrooks*. Hier kommen nochmals alle Themen zusammen: Zeit, Familie, Sprache und Tod – sie schließen sich zur übermächtigen Wirklichkeit zusammen, und doch drückt sich in ihnen immer wieder auch der Versuch zur Bemeisterung der Wirklichkeit aus. Der Roman beschreibt einen Verfallsprozeß – nicht allein ein Einzelner, eine ganze Familie, ein Familiengeschlecht geht zugrunde. Ein immer schneller sich vollziehender

---

[10] Wysling deutet etwas Ähnliches an, wenn er davon spricht, daß Mann „im Frühwerk immer deutlicher mythisiert", in den Konzeptionen der Spätzeit dagegen „den umgekehrten Weg [geht]: er psychologisiert den Mythos". Wysling: „Mythos und Psychologie". S. 18. Für Wysling aber besteht die Mythisierung in der Anlehnung des haltlosen Ichs an mythische Modelle. Wysling faßt somit das Verhältnis von Mensch und Wirklichkeit rein psychologisch auf, als Problem des „labilen Ichs".

Auflösungsprozeß, in dessen Verlauf die Grundbedrohungen menschlicher Existenz zutage treten – und doch gleichzeitig durch den humoristischen Ton, in dem das Geschehen vorgetragen ist, wieder abgemildert werden. Thomas Mann selbst nennt den Roman ein „vom Verfallsgedanken überschattetes Kulturgemälde, dessen Kritizismus sich in humoristischen Formen hält“. (XI, 554f.)[11] Ob aber der Humor eine Bewältigung des Wirklichen ist, wie bei Blumenberg, oder wie das Heilige bei Girard das Mythische nur verschleiert, das ist die Frage, die sich angesichts Thomas Manns erstem Roman, wenn nicht angesichts des Frühwerks überhaupt stellt.

Was zu bewältigen ist, läßt sich letztlich nicht eingrenzen und auf einzelne Themen reduzieren. Der Begriff des Mythischen wurde gewählt, um dieses nicht um- und nicht abschließbare Verhältnis von Wirklichkeit und Bewältigung zu beschreiben. Der erste Teil der Arbeit, der sich aus verschiedenen historischen und theoretischen Exkursen zusammensetzt, dient der Vorbereitung eines solchen Mythosbegriffs, der als paradoxer und unaufhebbarer Bezug zur Wirklichkeit definiert wird. Das Verhältnis von Mythos und Moderne wird als konstantes, aber radikalisiertes Problem der Wirklichkeitsbewältigung verstanden. Die Mythen reichen weit zurück, und was jeweils den Schrecken des Wirklichen ausmacht, kann sich ändern. Gleich aber bleibt die Übermacht der Wirklichkeit und das Bedürfnis, sie zu bewältigen.

---

[11] Zum Humor bei Th. Mann vgl. Koopmann: Humor und Ironie. In: Helmut Koopmann (Hg.): Thomas-Mann-Handbuch. Stuttgart 1990. S. 836-853; Käte Hamburger: Der Humor bei Thomas Mann. Zum Joseph-Roman. München 1965. Zur verwandten Thematik der Ironie vgl. Reinhard Baumgart: Das Ironische und die Ironie in den Werken Thomas Manns. München 1964; Erich Heller: Thomas Mann. Der ironische Deutsche. Ffm. 1970; Ulrich Karthaus: Zu Thomas Manns Ironie. In: Thomas Mann Jahrbuch 1 (1988). S. 80-98. Eine kritischere, aber in Schärfe und Differenziertheit überzeugende Analyse, liefert Burghard Dedner: Mitleidsethik und Lachritual. Über die Ambivalenz des Komischen in den Josephs-Romanen. In: Thomas Mann Jahrbuch 1 (1988). S. 27-45. Auch Reiss hebt die problematische Ambivalenz Mannscher Ironie hervor. Gunter Reiss: Herrenrecht. Bemerkungen zum Syndrom des Autoritären in Thomas Manns frühen Erzählungen. In: Gedenkschrift für Thomas Mann. 1875-1975. Hg. v. Rolf Wiecker. Kopenhagen 1975. S. 67-94, hier S. 90.

II. Mythos und Wirklichkeit

1. Der Schrecken des Mythos

Bereits Vico sieht im Mythos ein Verfahren der Interpretation der Wirklichkeit. In Abgrenzung von einer bis in die Antike reichenden Tradition der allegorischen und euhemeristischen Mytheninterpretation sieht Vico die Anfangssituation des Mythos in einer außerliterarischen Situation begründet. Es waren die Erfahrung der wilden Berglandschaft Cilento und der rauhe Dialekt ihrer Bewohner, die Vicos Gedanken über den Mythos inspirierten.[1] In diesen Bewohnern sah er die „ersten stummen Zeiten der Völker"[2] vertreten, und er schreibt über sie: „Die Stummen (*mutoli*) geben ihre formlosen Laute singend von sich."[3] Vico nimmt folglich als Urbedeutung für das Wort *mythos* „stumm" (*mutus*) an.[4] Seinen Mythosbegriff entwickelt Vico innerhalb einer Sprachtheorie, in der es um die Entwicklung der frühen Sprache geht. Mythos wird verstanden als eigene Form der Bildersprache, mit der der Mensch auf seine Furcht vor den übermächtigen Naturkräften reagiert und seine ursprüngliche Fremdheit in der Welt überwindet. Mit anderen Worten: Der Mythos nimmt der Welt ihren Schrecken.

Auch Herder erschließt sich die Bedeutung des Mythos angesichts einer überwältigenden Naturerscheinung. Anders als bei Vico ist es nicht die rauhe Gebirgslandschaft, die ihn anregt, über den Mythos nachzudenken, sondern die Weite des Meeres, wie er sie auf seiner Reise nach Riga erlebt. Auf dem Schiff, Wind und Wetter ausgesetzt, stellt Herder sich die alten Griechen vor, wie sie als Schiffsleute immer wieder einem ungeheuren Element ausgesetzt waren, der Natur ausgeliefert, die sie durch das „Zufällige, das Plötzliche, das Erstaunende, das Unvermeidli-

---

1 Vgl. Kerényi: Vorwort. In: Karl Kerényi (Hg.): Die Eröffnung des Zugangs zum Mythos. Darmstadt 1967. S. XI.

2 Giambattista Vico: Prinzipien einer neuen Wissenschaft über die gemeinsame Natur der Völker. Übers. v. Vittorio Hösle u. Christoph Jermann u. m. Textverweisen von Christoph Jermann. Mit einer Einleitung „Vico und die Idee der Kulturwissenschaft" v. Vittorio Hösle. 2 Teilbde. Hamburg 1990. S. 188.

3 Ebd. S. 114.

4 Ebd. S. 188.

che schrecket"[5] und in der überall der „blasse Tod"[6] wohnt. Da sei es natürlich, daß die Mythologie der Griechen eine Religion der Fremde und des Meeres sei: „sie muß also auch zur See gelesen werden."[7]

Der Mensch, der von den ihn umringenden Naturgewalten bedroht wird – bei Benjamin bricht diese Trennung zusammen. Auch für ihn sind die Naturgewalten mythisch, da er aber das Mythische vor allem als den Zusammenhang der Dinge, als schuldhaften Zusammenhang begreift, so haben auch die menschlichen Einrichtungen, auch die gerade zum Schutz gegen die Natur errichteten, teil am mythischen Zusammenhang, wie das Haus in Goethes *Wahlverwandtschaften*[8] oder aber auch das bürgerliche Recht[9]. Die Menschen sind der Naturgewalt „nirgends entwachsen"[10], und mythisch ist diese fremde Gewalt, die der Mensch nicht durchschauen kann und die ihn zum Schweigen verurteilt. Mythos und Chaos werden in eins gesetzt, eine unbegründete Macht ohne Grenzen, die das ganze Sein einbezieht als unendliche und schuldhafte Verstrikkung, als der „Schuldzusammenhang von Lebendigem"[11]. Schuld bezeichnet das Wesen der mythischen Welt, aber das Abgründige liegt nicht in der Abwesenheit von Unschuld, sondern in der Verstrickung von Unschuld und Schuld: „Und wie sollte er [Oedipus] nicht verstummen, wie sollte das Denken die Verstrickung jemals lösen, die es ganz unentscheidbar macht, was ihn zugrunde richtet: das Verbrechen selbst, der Spruch des Apollon oder der Fluch, den er selber dem Mörder des

5 Johann Gottfried Herder: Journal meiner Reise im Jahr 1769. Pädagogische Schriften. Hg. v. Rainer Wisbert unter Mitarbeit v. Klaus Pradel. (Johann Gottfried Herder. Werke in zehn Bänden. Hg. v. Günter Arnold u.a. Bd. 9/2). Ffm. 1997. S. 22.

6 Ebd.

7 Ebd. S. 23.

8 „Ist doch ein Kriterium der mythischen Welt jene Einbeziehung sämtlicher Sachen ins Leben. Unter ihnen war von jeher die erste das Haus. So rückt hier im Maße wie das Haus vollendet wird das Schicksal nah. Grundsteinlegung, Richtfest und Bewohnung bezeichnen ebensoviele Stufen des Unterganges." Walter Benjamin: Goethes Wahlverwandtschaften. (Ges. Schriften. Unter Mitwirkung v. Theodor W. Adorno u. Gershom Scholem hg. v. Rolf Tiedemann u. Hermann Schweppenhäuser. Ffm. 1972ff. Bd. 1.1). S. 123-201, hier S. 139.

9 Walter Benjamin: Zur Kritik der Gewalt. In: Gesammelte Schriften. Bd. 2. 1. S. 179-203.

10 Benjamin: Goethes Wahlverwandtschaften. S. 133.

11 Ebd. S. 138.

Laios anheftet?"[12] Diese mythische Welt aber liegt nicht hinter uns, sondern dauert fort. Der wohl berühmteste Ausspruch Benjamins zum Mythos lautet: „Solange es noch einen Bettler gibt, solange gibt es noch Mythos"[13]. Mythisch beherrscht ist die Gegenwart, weil sich der Mensch noch immer einer übermächtigen Wirklichkeit gegenübersieht und die Bedingungen seines Daseins nicht in seiner Hand liegen.

Wie bei Benjamin ist auch bei Horkheimer und Adorno die mythische Welt nicht eine überwundene Stufe der Menschheitsgeschichte, sondern mit der Aufklärung und Moderne ebenso verknüpft wie mit der Antike. Auch sie verstehen den Mythos als „Schuldzusammenhang"[14], dem der Mensch in „mythischer Stummheit"[15] unterworfen ist. Der Mythos ist „unerbittlicher Naturzusammenhang"[16] und „unerbittliche Gesetzlichkeit"[17], die den Menschen in zyklischer Wiederholung gebannt hält. Die Wiederholung wird bei Horkheimer und Adorno nicht als Bewältigungsstrategie gesehen, mit dem das Unbekannte, Bedrohliche bezähmt wird, sondern als Zwang: „Eine jegliche der mythischen Figuren ist gehalten, immer wieder das Gleiche zu tun [...]. Sie sind Figuren des Zwanges"[18].

Mythisch ist diese „reale Übermacht der Natur"[19], aber Mythen sind bereits auch erster Ausdruck des Schreckens, den der Mensch in der Begegnung des Unbekannten erfährt, und damit auch eine erste Bewältigung der Angst, deren Quelle die „bloße Vorstellung des Draußen"[20] ist.

Wie wir sehen, zeigt sich bei allen in diesem Kapitel besprochenen Autoren eine enge Verbindung zwischen Mythos und Furcht. Doch während Vico und Herder Mythen vor allem als Formen der Bewältigung der Angst sehen, überwiegt bei Benjamin und Horkheimer/Adorno die Identifizierung des Mythischen mit dem Schrecken selbst.

Ist das Mythische Bewältigung oder Wiederholung des Schreckens? Es scheint beides sein zu können, und diese Doppelstruktur des Mythi-

---

[12] Walter Benjamin: Oedipus oder Der vernünftige Mythos. In: Ges. Schriften. Bd. II.1. S. 391-395, hier S. 393f.

[13] Walter Benjamin: Das Passagen-Werk. In: Ges. Schriften. Bd. V.1. S. 505.

[14] Max Horkheimer, Theodor W. Adorno: Dialektik der Aufklärung. Philosophische Fragmente. Ffm. 1988. S. 66.

[15] Ebd. S. 83.

[16] Ebd. S. 67.

[17] Ebd. S. 18.

[18] Ebd. S. 65.

[19] Ebd. S. 20.

[20] Ebd. S. 40.

schen hat erstmals Nietzsche als die den Mythos wesentlich bestimmende erkannt. In der *Geburt der Tragödie* wird beides systematisch zusammengedacht: die Lichtwelt des Apollinischen und das „ungeheure *Grausen*“[21] des Dionysischen, die sich beide gegenseitig bedingen.

Diese Ambivalenz des Mythischen bildet die Grundlage für Blumenbergs Theorie des Mythos, nach der sich Mythos auf die antithetische Formel „Terror und Poesie“ bringen lasse und damit verstanden wird „als reiner Ausdruck der Passivität dämonischer Gebanntheit *oder* als imaginative Ausschweifung anthropomorpher Aneignung der Welt“[22].

Auch René Girards Deutung des Mythos läßt die dem Mythos innewohnende Duplizität deutlich werden.[23] Bei ihm geht es um die Beziehung zwischen der Gewalt und dem Heiligen. Der Schrecken, der den Menschen bedroht, geht von einer ihm überall auflauernden Gewalt aus, auf die der Mythos durch die Setzung einer heiligen Ordnung antwortet.

Sowohl Blumenbergs wie auch Girards Theorie des Mythischen lassen das Widerspiel von Bedrohung und Bewältigungsversuchen sichtbar werden.

2. Hans Blumenberg: *Arbeit am Mythos*

Blumenberg wehrt einerseits die Frage nach dem Anfang des Mythos ab. Was uns bekannt sei, die Mythen der frühgriechischen Dichtung, stelle schon eine späte Ausgestaltung dar. Was der Mythos ursprünglich oder in einer bestimmten Phase unserer Geschichte gewesen sei, wolle er nicht historisch oder philologisch zu klären suchen, vielmehr verstehe er den Mythos „als immer schon in Rezeption übergegangen“[24]. Andererseits aber stellt er sich, ähnlich wie Vico und Herder, eine Ursprungssituation vor, aus der er sich die Entstehung der Mythen erklärt. Wieder ist es eine Situation existentiellen Ausgesetztseins, diesmal nicht in wilder Gebirgslandschaft und auch nicht auf offenem Meer. Es ist vielmehr die Weite der Savanne und ihr unbegrenzter Horizont, der sich der erstmals

---

[21] Friedrich Nietzsche: Werke. Kritische Gesamtausgabe. Hg. v. Giorgio Colli u. Mazzino Montinari. Berlin 1967ff. Bd. III.1. S. 24.

[22] Hans Blumenberg: Wirklichkeitsbegriff und Wirklichkeitspotential des Mythos. In: Terror und Spiel. Probleme der Mythenrezeption. Hg. v. Manfred Fuhrmann. München 1971. S. 11-66, hier S. 13.

[23] René Girard: Das Heilige und die Gewalt. Zürich 1987.

[24] Blumenberg: Wirklichkeitsbegriff. S. 28.

aufrecht gehende Mensch mit Schrecken konfrontiert sieht: „Wie immer das vormenschliche Wesen ausgesehen haben mag, das durch einen erzwungenen oder zufälligen Wechsel seines Lebensraumes veranlaßt wurde, den sensorischen Vorteil der Selbstaufrichtung zum bipeden Gang wahrzunehmen und gegen alle internen Nachteile der organischen Funktionen zu stabilisieren – es hatte in jedem Fall den Schutz einer verborgeneren und angepaßten Lebensform verlassen, um sich den Risiken des erweiterten Horizonts seiner Wahrnehmung als denen seiner Wahrnehmbarkeit auszusetzen."[25] Der ganze Horizont wird zur Bedrohung, da aus allen Richtungen etwas herankommen kann. Diese umfassende Angst[26], die sich, anders als Furcht, auf nichts Bestimmtes richtet, sondern auf den „unbesetzten Horizont der Möglichkeit dessen, was herankommen mag"[27], tritt als „Lebensangst" auf. Einer solchen Lebensangst erscheint die Wirklichkeit als absolut, unbegrenzt in ihren Schrecknissen, unbeherrschbar und unbenennbar, fremd und feindlich. Blumenberg prägt dafür den Begriff „Absolutismus der Wirklichkeit"[28]. Der Mensch muß, um zu überleben, eine solche Macht durchbrechen, der Beziehung "schlechthinnige[r] Abhängigkeit"[29] entkommen, und er kann dies nur durch einen „Kunstgriff" erreichen: „den der Supposition des Vertrauten für das Unvertraute, der Erklärungen für das Unerklärliche, der Benennungen für das Unbenennbare"[30]. Mit anderen Worten, der Mensch muß – und hier scheint ein altes Modell wieder auf, wie wir es schon aus den Märchen aus Tausendundeiner Nacht und aus dem Decamerone kennen – Geschichten erzählen, um überleben zu können. Voraussetzung für eine solche Behauptung der übermächtigen Wirklichkeit gegenüber ist allerdings eine erste Distanz. Diese erreicht der Mensch durch den Rückzug in die Höhle; dort findet er einen verläßlichen Schutzraum, in dem er seine Innenwelt entfalten kann: „Der geschlossene Raum erlaubt, was der offene verwehrt: die Herrschaft des Wunsches, der Magie, der Illusion, die Vorbereitung der Wirkung durch den Gedanken."[31] Dem Absolutismus der Wirklichkeit stellt der Höhlenmensch die All-

---

25 Blumenberg: Arbeit am Mythos. S. 10.

26 Vgl. Kierkegaards Unterscheidung von Furcht und Angst. Sören Kierkegaard: Der Begriff Angst. Hamburg 1984.

27 Blumenberg: Arbeit am Mythos. S. 12.

28 Ebd. S. 9.

29 S. Blumenberg: Wirklichkeitsbegriff. S. 50.

30 Blumenberg: Arbeit am Mythos. S. 11.

31 Ebd. S. 14.

macht seiner Vorstellungen, den „Absolutismus der Bilder und Wünsche“[32] entgegen. Aufgrund solcher Phantasien und damit letztlich aufgrund seines unrealistischen Verhaltens habe der Mensch überlebt: „Die schmale Zone realistischen Verhaltens ist immer umgeben von einem Umfeld der Handlungs- und Bewirkbarkeitssuggestionen. [...] Die Menschheit hat den größten Teil ihrer Geschichte und des Volumens ihres Bewußtseins von unwiderlegbaren Annahmen gelebt und tut dies vielleicht – es ist ein Verdacht, des Beweises unfähig – immer noch.“[33] Die Überflügelung der Wirklichkeit durch die Phantasie – darin liegt in Blumenbergs Augen die Leistung des Mythos. Die Freiheit der Imagination, von der die mythischen Geschichten zeugen, entlastet von jenem „absoluten Ernst“, der sich mit der Erfahrung der übermächtigen Wirklichkeit verband. Diese Mythen sind Spätformen, insofern sie den einstigen Schrecken immer schon hinter sich gelassen haben: „Hier ist das Schreckliche, das *tremendum* und das *fascinosum*, schon ins Erträgliche [...] transformiert.“[34]

Die erste Distanzleistung des Mythos liegt in der Benennung der Wirklichkeit, in den Götternamen. Zudem sind die Götter mit menschlichen Zügen ausgestattet; zumindest in der griechischen Literatur sind es nicht mehr Tiergötter, und auch in dieser Vermenschlichung der Welt sieht Blumenberg eine frühe Verarbeitung des Schreckens und des Unbekannten. Die Vielzahl der Götter verteilt den Block opaker Mächtigkeit auf viele, einander ausspielende Gewalten und eröffnet dadurch den Raum zu Freiheit und poetischer Spielerei: „Es ist ein Maß von Unernst am Mythos, von Leichtfertigkeit.“[35] Daher hebt Blumenberg als charakteristische Eigenschaften des Mythos die Metamorphose, den Reichtum an Varianten, der zur weiteren „Arbeit am Mythos“ herausfordert, die unbegrenzte Vereinigungsfähigkeit heterogener Elemente und die Umständlichkeit als erzählerisches Verfahren hervor. Sie alle zielen auf die Depotenzierung einer überwältigenden Macht und auf die Vermeidung von Fragen, die den Menschen an den Abgrund des Bewußtseins treiben würden: „Mythisch ist wieder, daß eine Geschichte als die letzte den Ausblick auf Weiteres, auf die Abgründe, auf den Rand der Welt, auf das Unbefragbare besetzt hält und ihre Hörer mit allem Folgenden atemlos

---

[32] Ebd.

[33] Ebd. S. 18f.

[34] Blumenberg: Wirklichkeitsbegriff. S. 23.

[35] Blumenberg: Arbeit am Mythos. S. 38.

beschäftigt."[36] Es gehe daher in Mythen nicht um Wahrheit und auch nicht darum, einen ersten Anfang zu erzählen, einen Uranfang zu konstituieren: „[...] es geht nie um das absolut Erste, man verweilt bei den Anfängen."[37] Genauso wenig geht es um die Behauptung ewiger Urpotenzen. Mythen enthalten nie letzte Antworten, sondern höchstens eine Vielfalt von Fragen: „Die Geschichte von Prometheus beantwortet keine Frage über den Menschen, aber sie scheint alle Fragen zu enthalten, die über ihn gestellt werden können."[38] Der Mythos soll also entgegen einem weit verbreiteten Mythosverständnis nichts erklären, sondern allem weiteren Fragen ein Ende bereiten. Statt zu erklären, veranschaulicht der Mythos die Endlichkeit einst gefürchteter Mächte.

Die Depotenzierung ist die eine Funktion des Mythischen, dazu tritt das Stiften von Bedeutsamkeit, gewährleistet durch die Wiederholung, selbst „eine elementare mythologische Struktur"[39]. Sie selektiert das Beliebige hin auf das Bedeutende, begrenzt die Unbegrenztheit des Arbiträren durch die Typik eines vorgegebenen Horizontes. Aber Blumenberg warnt vor einer Verwechslung des Bedeutsamen mit dem Wahren. Letztlich sei die Bedeutsamkeit vor allem Anreiz zu immer neuer Bearbeitung des Mythos; die Spezifität des Mythos sei schließlich „Freude der Variation gegenüber der Macht der Wiederholung"[40]. Und doch, diese Freude an der Variation, ergibt sich immer nur angesichts der Macht der Wiederholung. Ohne die Erinnerung an den überwundenen Schrecken, ohne die immerwährende Möglichkeit seiner Wirkung, wäre auch der fortdauernde Antrieb zur Arbeit am Mythos nicht gegeben: „Ohne Erinnerung der Schrecken und Zwänge, die sie überwand, ist die Freiheit des Mythos in ihrer Spezifität – als Freude der Variation gegenüber der Macht der Wiederholung – unverständlich."[41] Die Schrecken der Wirklichkeit sind in den Mythen immer latent vorhanden und können jederzeit wieder in den Vordergrund treten: „Freilich läßt die zum Ästhetischen tendierende Depotenzierung auch noch zu, daß die Rudimente des gezähmten Schreckens wieder virulent werden."[42] Und dies um so mehr, als der Absolutismus der Wirklichkeit nicht allein jene Savannenerfahrung bezeich-

---

[36] Ebd. S. 277.
[37] Blumenberg: Wirklichkeitsbegriff. S. 43.
[38] Ebd. S. 35.
[39] Ebd. S. 24.
[40] Ebd. S. 34.
[41] Ebd.
[42] Ebd. S. 58.

net, die Blumenberg als Ursprungssituation des Mythos beschreibt. Es handelt sich hierbei um ein Erklärungsmodell, ein Konstrukt, das letztlich zur Metapher für die Erfahrung einer feindlichen Wirklichkeit überhaupt und jederzeit wird. So überrascht auch nicht, daß Blumenberg einen großen Sprung macht: eben noch den vorgeschichtlichen Menschen beschreibend, der, ungeübt noch in seinem aufrechten Gang und ungeschützt durch die gewohnte Deckung des Waldes, der Weite des Horizonts mit Angst begegnet, befinden wir uns auf einmal im Jahr 1939. Blumenberg erwähnt den Faschismus nicht, doch die Zeitangabe ist selbstredend. So wird deutlich, daß der Absolutismus der Wirklichkeit nicht allein ein Savannenphänomen ist, kein von der Menschheit überwundener Urschrecken, sondern vielmehr als Möglichkeit jederzeit präsent bleibt, denn „es gibt nicht die endgültigen Triumphe des Bewußtseins über seine Abgründe“[43].

3. René Girard: *Das Heilige und die Gewalt*

Blumenberg sieht in der Vermenschlichung der Götter ein Zeichen für eine erste Überwindung des Schrecklichen. Schrecklich müssen noch die Tiergötter gewesen sein, doch die menschlichen Züge der Götter zeigen bereits eine erste Bändigung, eine Umwandlung ins Vertraute. Nimmt für Blumenberg mit zunehmender Vermenschlichung der Schrecken ab und das Vertrauen zu, so sind bei Girard zunächst einmal die Menschen selber unmenschlich. Sie verfolgen einander und entfesseln Gewalt, darin sieht er den Ursprung des Mythos begründet: Er will zeigen, „daß alle Mythen ihre Wurzeln in realen Gewalttätigkeiten haben, die gegen reale Opfer gerichtet sind.“[44] Merkmal der Gewalt ist, daß sie nie in sich abgeschlossen ist, sondern jederzeit ausufern, sich entfesseln und entgrenzen kann. Girard nennt dieses Fehlen von klaren Unterscheidungen „Entdifferenzierung“. Eine solche Entdifferenzierung werde in sozialen Krisen, welche kollektive Verfolgungen begünstigen, gelebt und erfahren. Und doch bedeutet Entdifferenzierung auch bei Girard nicht allein menschliche Gewalt. Vielmehr weisen fehlende Unterscheidungen, von Tag und Nacht oder von Leben und Tod, auch immer auf das Unerträgliche der Existenz an sich: „Meiner Ansicht nach will das heißen, daß es unmög-

---

[43] Ebd. S. 24.

[44] René Girard: Ausstoßung und Verfolgung. Eine historische Theorie des Sündenbocks. Ffm. 1992. S. 39.

lich ist, zu leben ohne zu sterben, anders gesagt, daß die Existenz einmal mehr unerträglich ist."[45]

Konflikt und fehlende Differenz gehören für Girard zusammen, wie sich beispielsweise in den Kämpfen der Götter um Herrschaft zeigt: „Die voneinander nicht Unterschiedenen bekämpfen sich unablässig, um sich voneinander zu unterscheiden."[46] Die große Bedrohung durch zu starke Ähnlichkeit ist nach Girard der Grund für das in der Mythologie immer wiederkehrende Thema der rivalisierenden Zwillinge oder der feindlichen Brüder. An Zwillingen wird nur exemplarisch, was im Grunde jeden Menschen jederzeit bedroht: der Verlust seiner Singularität.

Die in den Mythen dargestellte Wirklichkeit ist die entfesselte Gewalt. Gleichzeitig aber zeigen die Mythen immer auch eine Begrenzung dieser Gewalt; in ihnen wird Ordnung wiederhergestellt und zwar durch das Opfer, das, nachdem es zunächst alle Gewalt auf sich konzentriert hat, eliminiert wird und damit eine Reinigung und Befreiung der Gesellschaft bewirkt. Die Ambivalenz der Mythen wird nun zur Paradoxie gesteigert: Ausgerechnet der zutiefst Schuldige wird zum Erneuerer und zur Stütze der Gesellschaft, zum Garant der neuen Ordnung.

Wesensfunktion der Mythen und Riten ist es, die den Menschen mit „totaler Zerstörung" drohende Gewalt „zu verschleiern, abzuwenden und zu entleeren"[47]. Da Gewalt den Verlust aller Unterschiede bedeutet, erzeugt der Mythos unter dem Einfluß der Gewalt die Differenz. Zur Verdeutlichung dieser These zitiert Girard Heraklit: „Krieg ist aller Dinge Vater, aller Dinge König. Die einen erweist er als Götter, die anderen als Menschen, die einen macht er zu Sklaven, die anderen zu Freien."[48] Zwar scheint im Mythos die Gefahr der Entdifferenzierung immer wieder auf, wie sich in den Vermischungen von Mensch und Tier oder Mensch und Gott zeigt, letztlich aber stabilisiert der Mythos den Unterschied, so wenn die Götter zum Schluß wieder als vom Menschen eindeutig abgegrenzte Wesen erscheinen oder aber auch wenn, wie im Ödipusmythos, die Ordnung durch eine eindeutige Schuldzuweisung wiederhergestellt wird.

Der Grund für die Gewalt wird von Girard einerseits in der Dynamik des menschlichen Begehrens gesehen. Begehren sei niemals ursprünglich und spontan, sondern wesentlich mimetisch, also Resultat der Nachah-

---

[45] Ebd. S. 49.

[46] Ebd.

[47] Girard: Das Heilige und die Gewalt. S. f.166.

[48] Ebd. S. 133.

mung eines anderen. Die dadurch unausweichlich entstehende Rivalität führt zur Gewalt. Andererseits aber betont Girard, daß Gewalt immer grundlos sei. Gewalt und Wunsch können sich miteinander verbinden, doch die Gewalt ist immer zuerst da und sie ist grundlos. Vor allem aber ist sie einzig und allein menschlich.

Die Naturgewalten sind für Girard nicht die größte Bedrohung für den Menschen; daher sind Mythen auch nicht als Bewältigung des Schreckens angesichts der Übermacht der Natur zu lesen. Und doch knüpft Girard an die Tradition an, den Ursprung des Mythos im Bild der Naturgewalt zu veranschaulichen: „Jede Gemeinschaft versteht sich selbst als einziges Schiff, das auf einem bald friedlichen und heiteren, bald bedrohlichen und bewegten grenzenlosen Ozean verloren ist. Erste – notwendige, aber ungenügende – Voraussetzung, um nicht zu sinken, ist, sich an die Gesetze der Schiffahrt zu halten, die vom Ozean selbst aufgezwungen werden. Aber selbst höchste Wachsamkeit kann nicht garantieren, daß das Schiff nicht sinken wird; Wasser dringt in den Rumpf ein; das heimtückische Naß sickert unablässig durch. Um zu verhindern, daß das Schiff volläuft, müssen die Riten wiederholt werden…“[49] Hier wird die Gefahr des Schiffbruchs nur noch als Metapher verwandt. Die Furcht gilt nicht mehr dem Wasser, der unbegrenzten Weite des Ozeans; das „heimtückische Naß“ wird vielmehr zum Bild für die Gefahr, die aus der Gemeinschaft selbst erwächst. Die Gewalt als Wahrheit der zwischenmenschlichen Beziehungen aber ist den Menschen unerträglich; sie muß daher entmenschlicht werden, das heißt, als das Heilige oder Religiöse außerhalb der Menschheit angesetzt werden: „Die Sprache des Heiligen an sich bewahrt das, was am Mythos und am Religiösen wesentlich ist; sie nimmt dem Menschen seine Gewalttätigkeit, um sie als entmenschlichte und getrennte Größe freizusetzen.“[50] Bedeutet bei Blumenberg die Vermenschlichung tierhafter Götter eine erste Distanzierung vom Schrecken des Wirklichen, die Stiftung des Vertrauten angesichts der Übermacht des Unbekannten und Fremden, so ist bei Girard gerade die Entmenschlichung Bedingung von Friede und Ordnung. Denn die menschliche Gefahr bedeutet für Girard den größten Schrekken und die größte Bedrohung, sie „neigt zur Ausbreitung und verschlingt alles, was sich ihr in den Weg stellt“[51]. Auch wenn dieser Gewalt

---

[49] Ebd. S. 391.

[50] Ebd. S. 378.

[51] René Girard: Mythos und Gegenmythos: Zu Kleists *Das Erdbeben in Chili*. In: Positionen der Literaturwissenschaft: 8 Modellanalysen am Beispiel von

durch die Mythen Grenzen gesetzt werden, bleibt sie dennoch in ihnen präsent. Das Wesen des Mythos ist „der Schrecken der absoluten Gewalt", ein „namenloser" Schrecken.[52]

Auch wenn der Mythos die gewalttätige Entdifferenzierung verschleiert und verbirgt, da er, zumindest als Botschaft, die mythischen Unterschiede und Asymmetrien einführt, so bleibt dennoch die gewalttätige Entdifferenzierung überall sichtbar. Sowohl Blumenberg wie Girard sehen also im Mythos eine Befreiung von oder eine Lösung für etwas, was in ihm selbst immer noch mitenthalten ist: den Absolutismus der Wirklichkeit oder den namenlosen Schrecken der Gewalt.

4. Das Haupt der Medusa oder das Weiterwirken des gebändigten Schreckens

Wie der Mythos einerseits den Schrecken bannt, ihn andererseits auch immer wieder in Erinnerung ruft, wird selbst wiederum in einem Mythos erzählt.

Medusa, eine der drei Gorgonen, entstammt dem Meer. Sie war ursprünglich sehr schön. Doch eines Nachts wird sie von Athene überrascht, als sie in einem Tempel der Göttin Poseidon liebt. Athene ist so erbost, daß sie Medusa in ein geflügeltes Ungeheuer verwandelt. Medusa wird zu einem grauenerregenden Mischwesen: Anstelle von Haaren trägt sie Schlangen, sie hat riesenhafte Zähne, glühende Augen, bronzene Klauen, und ihre Zunge hängt ihr weit aus dem Mund heraus. Jeder, der sie ansieht, wird sofort zu Stein.

Perseus verspricht König Polydektes, ihm das Haupt der Medusa zu bringen. Zunächst muß Perseus die Graien überwinden, drei häßliche Seeungeheuer, die sich ein Auge und einen Zahn teilen. Perseus raubt ihnen Auge und Zahn und zwingt sie so, ihm den Weg zu zeigen. Perseus gelangt zu Medusa, und Athene warnt ihn, nie Medusa selbst anzusehen, sondern nur ihr Spiegelbild. Dazu schenkt sie ihm einen glanzpolierten Schild. So gelingt es Perseus, das Haupt der Medusa abzuschlagen. Noch im Moment des Todes aber gebiert die sterbliche Medusa: aus dem Halsstumpf der Mutter springen die Pferdesöhne Chryasor und Pegasus.

Kleists *Das Erdbeben in Chili*. Hg. v. David E. Wellbery. München 1985. S. 130-148, hier S. 142.

52 Girard: Das Heilige und die Gewalt. S. 174f.

Perseus steckt das Medusenhaupt in einen Sack. Der Sieg über das Ungeheuer hat der Wirkung seines versteinernden Blicks kein Ende gesetzt. So benutzt ihn Perseus bei der nächsten Gelegenheit, um sich für die Ungastlichkeit des Titanen Atlas zu rächen. Er zeigt ihm das Haupt der Medusa und verwandelt ihn so in einen Berg. Auch Blut tropft noch aus dem Medusenkopf; einige Tropfen davon fallen auf Perseus' Reise in den Wüstensand, und ihnen entspringt ein Schwarm giftiger Schlangen, die später einen der Argonauten töten werden.

Selbst an seinem Hochzeitstag muß Perseus das Haupt der Medusa hervorholen, als eine Schar bewaffneter Krieger eindringt, um seine Braut Andromeda zu rauben. Einige Gegner erschlägt er, doch sind es zu viele, so daß er gezwungen ist, das Gorgonenhaupt hervorzuholen und alle in Stein zu verwandeln. Noch ein weiteres Mal zieht Perseus das Haupt der Medusa hervor. Er zeigt es einer Tafelrunde, die ihn verspottet hat. Während er selbst die Augen abwendet, werden alle zu Stein, zu einem Kreis von Felsen, die noch immer in Seriphos gezeigt werden. Zuletzt schenkt Perseus das Haupt Athene, die es an ihre Aigis heftet: „Jetzt noch, mit Schrecken und zitternder Furcht ihre Feinde zu lähmen, trägt sie vorn an der Brust die Schlangen, die sie geschaffen."[53]

Das Haupt der Medusa wird abgeschlagen. Perseus gelingt es, sich dem versteinernden Blick der Medusa zu entziehen, mit einem Hieb den Kopf vom Hals zu trennen und ihn in seinen Beutel zu stecken. Doch weder ist damit die Gewalt beendet, noch der Schrecken der Medusa gebannt. Eine Kette von Gewalt schließt sich an den Raub des Medusenhaupts, noch mehr Menschen werden zu Stein verwandelt. Das Haupt kann vom grauenerregenden Körper der Medusa abgetrennt werden, doch diese Überwältigung stellt kein Ende der Gewalt dar. Das Haupt, losgelöst, existiert weiter, es kann abgeschlagen, aber nicht aus der Welt geschafft werden. Zuletzt kehrt es aus menschlicher Hand zurück in die Götterwelt und kann dort, von Athene an ihren Brustpanzer geheftet, weiter seinen Schrecken ausüben.

5. Das Mythische und das Wirkliche

Das Mythische ist nichts anderes als die Wirklichkeit selbst, da, wo sich die Wirklichkeit uns entzieht. Aber sie entzieht sich nicht als Abwesende,

[53] Ovid: Metamorphosen. Übersetzt v. Erich Rösch. Mit einer Einführung v. Niklas Holzberg. München 1990. IV, 802ff.

vielmehr entzieht sie sich durch ihr absolutes Gegenwärtigsein. Der Verlust aller Distanz gegenüber dem, was so völlig und total den Menschen umgibt, entzieht sich jedem Verständnis, jeder Benennung, jedem Begreifen. Diese Struktur des Wirklichen, in der sich absolute Abwesenheit und absolute Präsenz bis zur Ununterscheidbarkeit verbinden, manifestiert sich am deutlichsten im Tod, der, Figur des Für-immer-Abwesenden, gleichzeitig allem Gegenwärtigen innewohnt.

Als Teil der mythischen Struktur sind wir Objekte einer undurchschaubaren und unkontrollierbaren Wirklichkeit, in der wir durch verschiedene Strategien der Überwindung, wie sie Blumenberg beschreibt, zu Subjekten werden können, ohne dadurch der Logik des Mythischen zu entrinnen. Der historische Exkurs zu Vico, Herder, Benjamin und Horkheimer/Adorno diente dazu, eben solche Aspekte des Mythischen aufzuzeigen, welche die Erfahrungen des Inkommensurablen der Wirklichkeit ausdrücken. Ein solcher Aspekt ist die Aufhebung von Grenzen, der Verfall der Unterschiede, auf die der Begriff des Dionysischen abzielt.

Das Mythische ist eine erste Benennung; indem es erste Benennung ist, erinnert es noch an das Unbenannte. In dieser Erinnerung droht die Unterscheidung zwischen dem Benannten und dem Nicht-Benannten zu verlöschen. Das Unbenannte droht jederzeit zurückzuschlagen und alle Sprache verstummen zu lassen. Das Wirkliche als Unbenanntes und vielleicht sogar Unbenennbares oder die Widerständigkeit des Wirklichen ist das Mythische. Das Wesen des Mythischen ist, daß es kein Außen gibt, seine Struktur ist totalitär, geschlossen *und* jederzeit offen – eine paradoxe Struktur. Die totalitäre Struktur des Mythos ist nicht die Totalität eines Systems. Sie ist totalitär nur in dem Sinne, daß jeder denkbare Gegensatz immer schon miteingeschlossen ist. Aufgrund des Ineinanderfließens der Grenzen ist jedes systematische Gliedern der Gegensätze innerhalb einer dualistischen Struktur unmöglich. Man denke an Thomas Mann, der versuchte, eine Abhandlung über den Gegensatz von Geist und Kunst[54] zu verfassen und Listen mit Gegensatzpaaren anstellte, aber scheiterte, weil mehr und mehr die Begriffe Seiten zu wechseln schienen.[55] Gleichzeitig ist das Mythische jedoch totalitärer als jedes System,

[54] Hans Wysling: Geist und Kunst. Thomas Manns Notizen zu einem „Literatur-Essay". In: Paul Scherrer, Hans Wysling: Quellenkritische Studien zum Werk Thomas Manns. Bern, München 1967. S. 123-233.

[55] Zur Instabilität der Oppositionen im Mannschen Werk vgl. Pütz: „Das Seiende läßt sich nicht in Extreme aufreißen und auf eindeutige Gegensätze festlegen". Pütz: Kunst. S. 50.

da ein System in sich abgeschlossen und dazu jederzeit ersetzbar ist. Das Mythische aber läßt sich nicht eingrenzen, es ist überall und nirgends zugleich, scharf und diffus zugleich.

Der exemplarische Ort, einen solchen Unterschiedsverlust aufzuzeigen oder darzustellen, ist die Familie. Nicht umsonst sind fast alle Mythen Familiengeschichten. Die engen Verwandtschaftsverhältnisse innerhalb einer Familie und das enge Zusammenleben bringen die Notwendigkeit, sich zu differenzieren, um so deutlicher hervor, und das Scheitern des Sich-Abgrenzens führt um so unausweichlicher in die Katastrophe. Die Familie kann als der mythische Ort des Realen schlechthin bezeichnet werden, weil dort die Ähnlichkeiten überwiegen und sie dadurch zum Ursprungsort der Gewalt wird, die, weil sich die Familie durch Generationen hinweg unentwegt erneuern kann, potentiell unabschließbar ist. Diese Nähe von Familie und Mythen ist ein Grund für den Rückgriff Freuds, für dessen Psychologie Familienstrukturen als Erklärungsmodelle ausschlaggebend sind, auf die antike Mythologie. Ein weiterer Grund für die Wiederkehr der Mythen in der Psychologie und Psychoanalyse, in denen der Mensch im Mittelpunkt steht, mag darin liegen, daß im Mythos das Unmenschliche nicht nichtmenschlich ist. Aufgrund der umfassenden Anthropomorphisierung des Kosmos gibt es keine noch so ungeheure Erscheinung, die sich nicht aus der menschlichen Natur herleiten ließe. In den Mythen sind die Grenzen zwischen dem Anorganischen, Tierischen, Menschlichen und Göttlichen fließend, und gerade daher kann das Menschliche letztlich nicht überwunden werden: „Es gibt keinen wesentlichen Unterschied zwischen der Monstrosität von Ödipus und Dionysos. Dionysos ist Gott, Mensch und Stier zugleich. Ödipus ist zugleich Sohn, Ehemann, Vater, Bruder derselben Menschen. Beide Ungeheuer vereinigen in sich Unterschiede, die normalerweise in unterschiedlichen Geschöpfen, in getrennten Größen zum Ausdruck kommen.“[56]

„Alle Götter müssen sterben“[57], er glaube an dieses urgermanische Wort, sagt Nietzsche. Es gibt nichts jenseits des Mythischen, wie es nichts jenseits des Wirklichen gibt, und die einzige Überwindung des Menschen liegt in einer Art Übermenschlichkeit, einer letzten Steigerung des Menschlichen, die in der Anerkennung des mythischen Gesetzes der Wiederkehr des Gleichen liegt. Was kein Mensch wollen kann, daß sich alles, so wie es gewesen ist, noch einmal abspielt, gerade das soll der

---

[56] Girard: Das Heilige und die Gewalt. S. 369.

[57] Nietzsche: Kritische Gesamtausgabe. Bd. III.3. S. 128.

Mensch wollen und so noch einmal das Menschliche mit dem Unmenschlichen zusammenfallen lassen.

6. Der Umschlag von Realismus in Mythos

Die Frage nach dem Verhältnis von Mythos und Wirklichkeit stellt sich mit Blick auf Thomas Mann auch noch einmal anders. Thomas Mann begann Anfang des 20. Jahrhunderts zu schreiben; die Epoche des Realismus und Naturalismus ging gerade ihrem Ende zu. Der Literatur dieser Zeit war es um „die objektive Darstellung der zeitgenössischen sozialen Wirklichkeit"[58] gegangen, und dieses Literaturverständnis hatte sich vor dem Hintergrund eines zunehmend naturwissenschaftlich bestimmten Weltbildes herausgebildet. Einem solchen Wirklichkeitsverständnis scheint der Mythos geradezu entgegenzustehen. Und doch erweist sich bei genauerem Hinsehen, daß der Realismus dem Mythischen nicht so fern steht, wie es zunächst den Anschein haben könnte.

Auch wenn die Forschung inzwischen zögert, den jungen Thomas Mann einen Realisten zu nennen und höchstens noch von einem „maskenhaften Realismus"[59] spricht, bleibt auffällig, wie sehr Mann mit den Mitteln des realistischen Romans arbeitet[60] und wie häufig er sich selber in die Tradition realistischer Erzähler wie Fontane und Tolstoi einreiht. Im Unterschied aber zu diesen Vorgängern verknüpft Mann die realistische Erzählweise mit einem symbolischen oder mythischen Beziehungsgefüge, das bereits in den *Buddenbrooks* vorhanden ist und sich im Laufe der Zeit mehr und mehr verselbständigt. In den Augen einiger Kritiker ist daher der Realismus in den Texten Manns nichts als eine Oberflächenschicht, unter der sich die eigentliche, symbolische oder mythische Struktur offenbare.[61] Die Frage nach dem Realismus in Thomas Manns

---

[58] René Wellek: Der Realismusbegriff in der Literaturwissenschaft. In: Begriffsbestimmung des literarischen Realismus. Hg. v. Richard Brinkmann. Darmstadt 1969. S. 400-433, hier S. 431. Der Realismusbegriff ist in der Forschung viel und kontrovers diskutiert worden. Einen Überblick der verschiedenen Begriffsbestimmungen bietet Hugo Aust: Literatur des Realismus. Stuttgart, Weimar 2000.

[59] Børge Kristiansen: Das Problem des Realismus bei Thomas Mann. In: Koopmann (Hg.): Thomas-Mann-Handbuch. S. 823-835, hier S. 827.

[60] Vgl. ebd. S. 828.

[61] Vgl. neben Kristiansen auch Herbert Lehnert: Thomas Mann und die deutsche Literatur seiner Zeit. In: Koopmann (Hg.): Thomas-Mann-Handbuch.

Werk hat Gewicht. Der Hintergrund solcher Überlegungen bildet nämlich immer auch die literaturgeschichtliche Einordnung Manns: „Warum bleibt Thomas Mann bei so modernen Themen künstlerisch doch ‚altmodisch', ‚herkömmlich', gibt sich nicht ‚avantgardistisch'? Eben weil er ein wirklicher Realist ist"[62]. Aus dem Munde Lukács', dem glühenden Verteidiger des Realismus und leidenschaftlichen Kritiker der Avantgarde und vor allem des Expressionismus, bedeutet der Vorwurf des Altmodischen in Wirklichkeit großes Lob; andere aber bewerteten es anders. So sah ein zeitgenössischer Kritiker in den *Buddenbrooks* einen naturalistischen Roman und urteilte: Die *Buddenbrooks*, „nach strengster naturalistischer Methode" geschrieben, seien nichts weiter als „ein Epigonenwerk, das nur die Formen des naturalistischen Gesellschaftsromans peinlich, ja ängstlich gewahrt hat"[63]. Wird Thomas Mann als Realist oder gar Naturalist gesehen, steht seine Modernität in Frage, ist er vielleicht nichts als ein später Nachfahre Fontanes oder eben Zolas, vielleicht auch Storms, jedenfalls 19. Jahrhundert. Um Manns Modernität zu retten, wird daher auf den spielerischen Umgang mit dem Realismus bereits beim frühen Mann hingewiesen, der den durchschnittlichen Leser zwar noch einlade, sich „naiv-realistisch mit der erzählten Welt zu identifizieren", gleichzeitig aber „den intelligenten Leser" verlocke, „unter dieser realistischen Fiktion die eigentliche Struktur zu entdecken, in der Symbole sich zu dem eigentlichen Bedeutungssystem zusammenschließen."[64] Eine solche Interpretation erlaubt es, Mann ganz dem 20. Jahrhundert zuzurechnen: „Gerade dieser Zug in Thomas Manns Werk er-

S. 137-163; Helmut Koopmann: Die Entwicklung des ‚intellektualen Romans' bei Thomas Mann. Bonn 1971. Uwe Ebel spricht von der „symbolische[n] Steigerung des Realistischen". Uwe Ebel: Welthaftigkeit als Welthaltigkeit. Zum Verhältnis von mimetischem und poetischem Anspruch in Thomas Manns Buddenbrooks. In: Wiecker (Hg.): Gedenkschrift. S. 9-51, hier S. 25. Kurzke unterscheidet zwei „Schulen" in der Thomas Mann Forschung, eine ältere, realistische und eine jüngere „eher strukturalistische", die „noch immer auf dem Vormarsch ist", was bis heute gilt. Hermann Kurzke: Thomas Mann. Epoche – Werk – Wirkung. München 1985. S. 61.

[62] Georg Lukács: Es geht um den Realismus. (1938) In: Essays über Realismus. Neuwied, Berlin 1971. S. 313-343, hier S. 320.

[63] H. A. Krüger 1902 in einer Rezension der *Buddenbrooks*. Zit. nach: Hans Wisskirchen: Thomas Manns Romanwerk in der europäischen Literaturkritik. In: Koopmann (Hg.): Thomas-Mann- Handbuch. S. 875-924, hier S. 880.

[64] Lehnert: Thomas Mann und die deutsche Literatur. S. 138.

scheint uns Heutigen als der moderne."[65] Die Frage nach dem Realismus in Manns Werk ist, wie wir sehen, nicht ganz unverfänglich; aber inzwischen, da wieder ein neues Jahrhundert begonnen hat und in der Forschung die Modernität Manns etabliert zu sein scheint, ist es Zeit, sich jenseits solcher Einordnungsdebatten anderen Fragen zuzuwenden. Wenn Mann weiterhin mit realistischen Mitteln arbeitet, gleichzeitig aber sich gewissermaßen im Untergrund eine symbolische Tiefenstruktur ausbreitet, was haben dann diese beiden Schichten miteinander zu tun oder wozu dienen die realistischen Mittel? Sind sie wirklich nur der „doppelten Optik"[66] wegen da, die es dem naiven wie dem „intelligenten" Leser erlaubt, das Werk genußvoll zu betrachten?

Das Ziel dieser Arbeit ist zu zeigen, daß die symbolische Struktur nicht eine zweite Ebene ist, die der realistischen unterliegt, sondern daß beide ununterscheidbar ineinandergehen und darin das Mythische liegt. Wenn also der realistischen Erzählweise nicht nur etwas hinzugefügt wird, sondern vielmehr etwas bereits in ihr Angelegtes nur auf die Spitze getrieben wird, dann stellt sich die Frage, ob die Mythisierung der Realität statt einer Abkehr vom Realismus, nicht vielmehr dessen letzte Konsequenz ist.

Werfen wir einen kurzen Blick auf die Literaturgeschichte. Als Teil des Fin de siècle und der Moderne folgt das gesteigerte Interesse am Mythos auf die Strömungen des Realismus und Naturalismus. Das sich wandelnde Griechenlandbild[67] und die Erkenntnisse, die aus verschiedenen Wissenschaften zu einer neuen Sicht des Mythos beitragen, können

---

65 Ebd.

66 Vgl. Thomas Mann IX, 493. Nietzsche analysierte kritisch Wagners Einsatz von Stilmitteln, die darauf abzielten, gleichermaßen „die gröbsten Bedürfnisse" wie „die raffinirtesten" zu befriedigen. Nietzsche: Kritische Gesamtausgabe Bd. VIII.2. S. 100. Thomas Mann bekennt, eine solche „doppelte Optik" „schlimmer und sündigerweise" von Wagner gelernt zu haben und ebenso den „doppelten Erfolg" zu wollen: ihn verlange es „auch nach den Dummen" (XII, 110).

67 Hofmannsthal spricht von einer „neuen Antike". (In: Ges. Werke in Einzelausgaben- Hg. v. Herbert Steiner. Ffm 1945ff. Prosa IV. S. 73) Die Schriften Bachofens, Rohdes und Burckhardts trugen maßgeblich zu diesem neuen Griechenlandbild bei. Vgl.: Johann Jakob Bachofen: Das Mutterrecht. Zwei Hälften. Mit Unterstützung v. Harald Fuchs, Gustav Meyer u. Karl Schefold hg. v. Karl Meuli. Basel 1948; Erwin Rohde: Psyche. Seelencult und Unsterblichkeitsglaube der Griechen. Tübingen, Leipzig 1903; Jacob Burckhardt: Griechische Kulturgeschichte. 4 Bde. Basel, Stuttgart 1970.

die verstärkte Beschäftigung mit dem Mythos erklären.[68] Literaturgeschichtlich aber stellt sich auch die Frage, inwieweit die vorangegangenen Strömungen, Realismus und Naturalismus, den Boden bereitet haben könnten für das Eindringen des Mythos in die Literatur. Wenn nämlich der Mythos verstanden wird als Ausdruck und Verarbeitung einer übermächtigen Wirklichkeit, dann liegt die Frage nahe, ob nicht gerade ein ästhetisches Programm, das sich die vorurteilslose Beschäftigung mit der Wirklichkeit auf die Fahnen geschrieben hat, auch eine Nähe zum Mythischen offenbart. Hier sei an die Bemerkung Horkheimer/Adornos zur Odyssee erinnert: „Mit ungerührter Gelassenheit, unmenschlich wie nur die impassibilité der größten Erzähler des neunzehnten Jahrhunderts, wird das Los der Gehenkten dargestellt und ausdruckslos dem Tod von Vögeln in der Schlinge verglichen, mit jenem Schweigen, dessen Erstarrung der wahre Rest aller Rede ist."[69] Zugespitzt ließe es sich so formulieren: Gibt es also eine notwenige Abfolge, einen inneren Zusammenhang zwischen Realismus und Naturalismus auf der einen, Mythos auf der anderen Seite? Trägt der Realismus selbst schon den Keim des Mythischen in sich?

Der Anspruch der Realisten im 19. Jahrhundert war es, die Wirklichkeit darzustellen. Voraussetzung eines solchen Programms ist, sich der zeitgenössischen Wirklichkeit auszusetzen, ihr mit „nüchternem Blick"[70] zu begegnen. Zeitgleich mit dem Aufkommen des Realismus als künstlerischer Stilrichtung, also Mitte des 19. Jahrhunderts, geriet die Erfahrung der den Menschen umgebenden Welt oder Wirklichkeit jedoch in eine Krise. Alles schien „im Wanken, in unermeßlicher Zerrüttung, Gährung,

---

[68] Zur Antikerezeption um 1900 vgl. auch: Gotthart Wunberg: Chiffrierung und Selbstversicherung des Ich: Antikefiguration um 1900. In: Manfred Pfister (Hg.): Die Modernisierung des Ich. Studien zur Subjektkonstitution in der Vor- und Frühmoderne. Passau 1989. S. 190-201.

[69] Horkheimer/Adorno: Dialektik der Aufklärung. Philosophische Fragmente. Ffm. 1988. S. 86. Angesichts der drastischen Darstellung der gehenkten Mägde im *Odysseus* bemerkt Wilamowitz: „Wie die Leichen der gehenkten Mägde baumeln [...] so trefflich und so modern wieder". Ulrich von Wilamowitz-Moellendorf: Die Heimkehr des Odysseus. Neue Homerische Untersuchungen. Berlin 1927. Unveränd. Nachdr. Zürich, Hildesheim 1988. S. 67.

[70] Vgl. Raabe: „Niemand muß nüchterner in die Welt hineinsehen, als ein rechter Romanschreiber". Wilhelm Raabe: Sämtliche Werke. Braunschweiger Ausgabe. Ergänzungsbd. 5: Ein Frühling/ Nachlese. Hg. v. Jörn Dräger u. Rosemarie Schillemeit. Göttingen 1994. S. 367.

Verwilderung"[71]; überall bot sich dem Blick „Zersetztheit, einheitslose Aufgelöstheit"[72]. Exemplarisch hat Fritz Martini herausgearbeitet, wie sich vor allem die deutschen Realisten gegen eine Wirklichkeit, die doch objektiv beschrieben werden sollte, wehrten – und daher in der Kunst zu „verklären" suchten.[73] In der Abwehr der „nackten Wirklichkeit"[74] offenbart sich vor allem, daß die Wirklichkeit als nackte erkannt wurde, als eine sinnentleerte Macht, der der Einzelne sich hilflos gegenüber sah. Eine Möglichkeit, sich der übermächtigen und gleichzeitig fremd gewordenen Wirklichkeit zu bemächtigen, war es, dem Einzelnen, dem Detail besondere Aufmerksamkeit zu widmen. Die Bedeutung des Details im Realismus ist viel diskutiert worden. Adorno schreibt in bezug auf Balzac: „Realismus aus Realitätsverlust. Epik, die des Gegenständlichen, das sie zu bergen trachtet, nicht mehr mächtig ist, muß es durch ihren Habitus übertreiben, die Welt mit exaggerierter Genauigkeit beschreiben, eben weil sie fremd geworden ist"[75]. Die „exaggerierte Genauigkeit" führt zu einer Fülle von Details im realistischen Roman; sie tragen erheblich zum ‚Realistischen' des Realismus bei. Wie genau aber das Detail in seiner Erzeugung des Realismus funktioniert, ist verschieden gedeutet worden.

---

[71] Johann Gustav Droysen: Zur Charakteristik der europäischen Krisis. 1854. In: Johann Gustav Droysen: Politische Schriften. Hg. v. Felix Gilbert. Berlin, München 1933. S. 307-342, hier S. 328. Vgl. auch Fritz Martini: Deutsche Literatur im bürgerlichen Realismus 1848-1898. Stuttgart 1981. S. 4.

[72] Johann Jakob Honegger: Literatur und Cultur des 19. Jahrhunderts; in ihrer Entwicklung dargestellt. Leipzig 1865.

[73] Martini: Deutsche Literatur. S. 13ff. Vgl. auch J. M. Ritchie: The Ambivalence of „Realism" in German Literature 1830-1880. In: Orbis Litterarum XV (1961). S. 200-217. Wellek gar bemerkt knapp: „In Deutschland gab es, soviel ich weiß, keine bewußte realistische Bewegung, obwohl der Begriff manchmal gebraucht wurde." Wellek: Realismusbegriff. S. 408. Zur Funktion der Verklärung, einem von Fontane oft benutzten Begriff, vgl. Gerhard Plumpe: Einleitung. In: Bürgerlicher Realismus und Gründerzeit 1848-1890. Hg. v. Edward McInnes u. Gerhard Plumpe. München, Wien 1996. S. 17-83, hier S. 50ff.

[74] Vgl. Homberger: „Aber der Realist welcher die reale Nacktheit und nicht das Ideal darstellt, ist unsittlich, weil er zu einer Gesellschaft deren Bewußtsein sich im Gegensatz zur Tierheit befindet, so spricht als ob sie noch unbewußt innerhalb der Tierheit stünde." Emil Homberger: Gustave Flaubert. In: Theorie des bürgerlichen Realismus. Eine Textsammlung. Hg. v. Gerhard Plumpe. Stuttgart 1985. S. 198-204, hier S. 202.

[75] Theodor W. Adorno: Balzac-Lektüre. In: Theodor W. Adorno: Noten zur Literatur II. Ffm. 1961. S. 19-41, hier S. 30.

Barthes sieht in dem Für-sich-Stehen des einzelnen Details das Zeichen des Realen: da das Detail nicht in den narrativen Zusammenhang des Textes integriert sei, sich daher als Widerstand gegen den Sinn zeige (résistance au sens), erzeuge es die Illusion des Realen selbst (l'effet du réel).[76] Andere dagegen sehen das Einzelding immer in einen übergeordneten Zusammenhang eingebettet. So ist für Martini, ganz im Gegensatz zu Barthes, die Isolierung des Einzelnen eine Entwirklichung des Tatsächlichen, da dieses sich immer innerhalb eines Lebenszusammenhangs manifestiere: „Vielmehr erschien in der Dichtung dieser Zeit das Tatsächliche nur dann ‚real' erfaßt, wenn es in der Fülle und Vieldeutigkeit seiner sich gegenseitig auslösenden und erhellenden Erscheinungen und Antriebe innen und außen und damit in ihrem komplizierten kausalen und irrationalen Zusammenhang dargestellt wurde."[77]

Diese Diskussion um den Status oder die Funktion des Details kreist im Kern um die Frage, ob sich das Einzelne überhaupt außerhalb des übergeordneten Zusammenhangs und als Widerstand gegen diesen denken läßt. Überträgt man diese Frage auf die Beziehung des einzelnen Menschen vis-à-vis des Wirklichen, so wird eine Spannung sichtbar zwischen der immer möglichen, ja immer gegebenen Kontingenz des Einzelnen auf der einen Seite und dem ebenso immer möglichen, auch immer gegebenen, alles verschlingenden und nicht immer greifbaren oder durchschaubaren Gesamtzusammenhang. Diese Gleichzeitigkeit von Zersplitterung und Übermacht des Wirklichen und die Verknüpfung von Kausalität und Irrationalität lassen die Wirklichkeit zunehmend als dämonisch und schließlich mythisch erschienen. Eine solche Entwicklun zeichnet sich bereits bei Balzac, dann bei Zola ab[78] und mündet schließlich in den Satz Kafkas, das Wirkliche sei immer unwirklich.[79]

---

[76] Roland Barthes: L'Effet de Réel. In: Communications 11 (1968). S. 84-89.

[77] Martini: Deutsche Literatur. S. 72f.

[78] Vgl. David Baguley: Naturalistic Fiction. The Entropic Vision. Cambridge 1990: „In naturalist novels, whether they are viewed in scientific terms as a series of case histories or in a more literary manner as a corpus of humble and often sordid 'tragic' tales, heredity is the invisible, deific force which provides a pattern of necessity revealed, of law unfolded [...] Hereditary explanations can therefore present themselves as science and still function as myth." S. 107f. Françoise Gaillard nennt Zolas *Rougon-Macquart* „la version positiviste des Euménides." In: Gaillard: Genèse et généalogie (Le cas du *Docteur Pascal*). In: Romantisme 31 (1981). S. 181-196, hier S. 189.

[79] „Wirkliche Realität ist immer unrealistisch". Nach Gustav Janouch: Erinnerungen an Kafka. In: Die Neue Rundschau 62 (1951). S. 49-64, hier S. 62.

So beschwerten sich auch bald die Kritiker, selbst die, die sich zu den Realisten zählten. Julian Schmidt beispielsweise schreibt über Büchners *Lenz*: „Die Darstellung des Wahnsinns ist eine unkünstlerische Aufgabe, denn der Wahnsinn, als die Negativität des Geistes folgt keinem geistigen Gesetz [...] Am schlimmsten ist es, wenn sich der Dichter so in die zerrissene Seele seines Gegenstandes versetzt, daß sich ihm selber die Welt im Fiebertraum dreht.“[80] Man befürchtete, daß der Realismus „allmählich widerlich werden wird“[81] und stieß sich an der „objektive[n] Kaltblütigkeit“[82] und der „unmenschlichen Gleichmütigkeit“[83] Flauberts: „Flaubert gehört nämlich zu jenen Realisten, die sich in den Schilderungen des Furchtbaren, des Widerwärtigen, ja des Ekelhaften am meisten gefallen“.[84] Die Betonung des Widerwärtigen rücke den Menschen in eine gefährliche Nähe zum Tier, so als ob die Gesellschaft „noch unbewußt innerhalb der Tierheit stünde.“[85]

Im Naturalismus verstärkt sich diese Tendenz; mit schauerlicher Exaktheit werden menschliche Extremzustände geschildert, die den Naturalismus in Mythos umschlagen lassen oder das Potential des Mythos für den Naturalismus sichtbar werden lassen, wie Thomas Mann, für den auch Zola mythisch ist, ausgerechnet an Wagners sakralstem Werk, dem *Parsifal*, bemerkt: „Aber die Figur Kundry's, der Höllenrose, ist geradezu ein Stück mythischer Pathologie; in ihrer qualvollen Zweiheit und Zerrissenheit, als instrumentum diaboli und heilssüchtige Büßerin, ist sie mit einer klinischen Drastik und Wahrheit, einer naturalistischen Kühnheit im Erkunden und Darstellen schauerlich krankhaften Seelenlebens gemalt, die mir immer als etwas Äußerstes an Wissen und Meisterschaft erschienen ist.“ (IX, 371)[86]

---

80 Julian Schmidt: Georg Büchner. In: Die Grenzboten 10 (1851) 1. Sem. Bd. 1. S. 121-128, hier S. 122.

81 Der Realismus im französischen Roman. Anonym erschienen in: Kritische Blätter für Literatur und Kunst 2 (1858). Hier zit. nach: Plumpe (Hg.): Theorie des bürgerl. Realismus. S. 191.

82 Ebd. S. 192.

83 „Diese Gleichgültigkeit ist unwahr, denn sie ist unmenschlich.“ Emil Homberger: Gustave Flaubert. S. 203.

84 Korrespondenz. Aus Paris. In: Deutsches Museum 13 (1863). Hbd. 1. (Von dem Verf. sind nur die Initialen „L. K.“ bekannt.) Hier zit. nach: Plumpe (Hg.): Theorie des bürgerl. Realismus. S. 195.

85 Homberger: Gustave Flaubert. S. 202.

86 Thomas Manns Formel „Mythus und Psychologie“ könnte auch lauten „Mythus und Naturalismus“. Vgl. dazu folgende Bemerkung aus dem für Manns

Mythische Pathologie – die Zurschaustellung menschlicher Leidenschaften, das Animalischwerden des Menschen, sein Getriebensein und Umhergeworfensein durch unkontrollierbare Kräfte, innere wie äußere, das Erleiden „entfesselter Kausalität"[87] – all das läßt sich in den antiken Mythenstoffen wiederfinden. Die Mythen schildern, wie Girard bemerkt, extrem schöne wie extrem häßliche Menschen, aber auch alles andere wird in den extremsten Ausprägungen dargestellt: die unerbittlichen Strafen der Unterwelt, die ungeheure Schuld des Ödipus, die unersättliche Rache der Erinnyen, der finstere Haß Elektras, die verzehrende Liebe Phädras – eine Intensität der Gefühle, die die Schmerzensrufe der Tragödie[88] verlangt, die sich im Schrei besser ausdrückt als in Sprache – eine immer wieder die Sprache zurücklassende oder sie nicht erreichende Ausdrucksintensität wie sie im modernen Theater wiederkehrt – eine Ausdrucksintensität, in der die Fülle des Menschlichen mit dem Verlust des Menschlichen zusammenfällt.

Mythos und Realismus wären demnach keine Gegensätze; der Mythos ist vielmehr das, was der Realismus in seinem Begehren, die Wirklichkeit als wirkliche darzustellen, als das Wirkliche der Wirklichkeit offenbart. Ähnliches ist in bezug auf Kafka gesagt worden: „Kafka ist ein geradezu peinlich genauer Schilderer des realen Details und ist zugleich der Entlarver jenes Grundcharakters von Realität, den wir formelhaft als Abstraktion bezeichnet haben. Es ergibt sich das Paradox, daß eine realistische moderne Literatur die dämonische Irrealität unserer Welt entdeckt und darstellt."[89]

Die dämonische Irrealität liegt nicht zuletzt im Verlust der Grenzziehung zwischen Mensch und Tier, der sich bereits im Realismus und Naturalismus ankündigte und sich bei Kafka endgültig vollzieht. Das Ineinanderfließen der Grenzen aber ist das Mythische.

Mythosverständnis grundlegenden Essay *Freud und die Zukunft*: „Aber die Neigung, Wahrheit und Wissen psychologisch zu verstehen, sie mit Psychologie gleichzusetzen, [...] diese Neigung, die man wohl naturalistisch nennen und der Erziehung durch den literarischen Naturalismus zuschreiben muß, ist mir geblieben" (IX, 481).

[87] Vgl. Klaus P. Hansen: Das Ich und die entfesselte Kausalität: Entdeckungen des amerikanischen Naturalismus. In: Modernisierung des Ich. S. 155-167.

[88] Hier wird keine strikte Unterscheidung zwischen Mythen und Tragödie vorgenommen, da es allein um die Rezeption der antiken Welt und ihrer Mythen in der Moderne geht.

[89] Karl Korn: Darstellung der Grunderfahrungen. In: Akzente 1956 (3). S. 307-309, hier S. 309.

In Hofmannsthals *Chandos-Brief* wird die Wirklichkeit, die sich dem Zugriff der Sprache und der Erkenntnis entzieht und wahrgenommen wird als „etwas völlig Unbenanntes und auch wohl kaum Benennbares“[90], zu einem ungeheuren Ineinander von Gewalt und Schönheit, Tierischem, Menschlichem und Göttlichem: „Da, wie ich im tiefen, aufgeworfenen Ackerboden Schritt reite, nichts Schlimmeres in meiner Nähe als eine aufgescheuchte Wachtelbrut und in der Ferne über den welligen Feldern die große sinkende Sonne, tut sich mir im Innern plötzlich dieser Keller auf, erfüllt mit dem Todeskampf dieses Volks von Ratten.“[91] Es ist keine Savannensituation wie bei Blumenberg, am Horizont geht nur die Sonne unter, und nichts Furchtbares bricht von außen über den durch die Felder reitenden Menschen herein. Die Bedrohung ist ins Innere gerückt; dort eröffnet sich auf einmal die Schreckensvision: der Todeskampf der Ratten. Die Ratten aber werden fast übergangslos zu den Menschen von Alba Longa, die mit der Anapher „sie“ eingeführt werden, als sei die Rede noch von den Ratten, die wiederum mit ihren gellenden Todesschreien, der ohnmächtigen Verzweiflung und dem kalten Blick der Wut wie Menschen erscheinen. Auf die Aufhebung aller Unterschiede, „Ich sage Ihnen, mein Freund, dieses trug ich in mir und das brennende Karthago zugleich; aber es war mehr, es war göttlicher, tierischer; und es war Gegenwart“[92], folgt der Verweis auf den Mythos: „Wenn ein dienender Sklave voll ohnmächtigen Schauders in der Nähe der erstarrenden Niobe stand, der muß das durchgemacht haben, was ich durchmachte, als in mir die Seele dieses Tieres gegen das ungeheure Verhängnis die Zähne bleckte.“[93] In dieser Passage zeigt sich deutlich, was die Rückkehr des Mythos in die Literatur des 20. Jahrhunderts mit den großen Themen der Literatur dieser Zeit verbindet: die Fragilität der Individualität, die zunehmende Infragestellung menschlicher Selbstbestimmung, die Ohnmacht der Sprache, die Wahrnehmung der Wirklichkeit als Gewalt und die Geschlossenheit des Horizontes als ungeheures Verhängnis. So wendet sich der moderne Mensch den antiken Mythen zu und sieht dort seine Situation gespiegelt: „Wer dem ‚nichtenden Nichts‘ begegnen will, wird erschüttert aus Goyas Bild ‚Kronos verschlingt seine Kinder‘ die Gewalt des Grauens und der mythischen Vernichtung erfahren, und als sprachliches Zeugnis äußerster Darstellungs-

---

90 Hofmannsthal: Prosa II. In: Ges. Werke. S. 15.

91 Ebd. S. 16.

92 Ebd.

93 Ebd. S. 17.

möglichkeiten des ‚Unsagbaren' Baudelaires Sonett ‚Le gouffre' empfinden können, in dem sich die Auseinandersetzung des modernen Menschen mit der ‚Angst' und dem ‚Nichts' verrät."[94]

[94] Ingeborg Bachmann in der Schlußpassage ihrer Dissertation: Die kritische Aufnahme der Existentialphilosophie Martin Heideggers. Wien 1949. S. 116.

III. Thomas Mann – Mythos als Bewältigung des Wirklichen

1. Thomas Manns Beschäftigung mit dem Mythos

Es ist bekannt, daß Wagner und Nietzsche zusammen mit Schopenhauer das Dreigestirn bilden, das Thomas Mann nach seinen eigenen Worten am meisten beeinflußt hat.[1] Besonders Wagner und Nietzsche prägten seine Jugendjahre, und mehr noch als von anderen ließe sich daher gerade von Thomas Mann eine frühe Zuwendung zum Mythos erwarten. Aber es sind nicht die Gedanken zum Mythischen, die ihn beeindrucken, im Gegenteil: In Nietzsche bewundert er den Psychologen der Dekadenz, und von Wagner, dem „moderne[n] Künstler par excellence" (XII, 79) lernt er die raffinierte, intellektuelle Handhabung künstlerischer Mittel. Beide, Wagner wie Nietzsche, sind für Thomas Mann vor allem europäische Geister, und auch damit unterscheidet er sich von der zeitgenössischen Rezeption, für die Wagner und Nietzsche zur Grundlage eines deutschen Mythos und eines Mythos Deutschland wurden.

Zunächst scheint sich Mann für den Mythos, selbst wo er auf ihn stößt, nicht zu interessieren. Es sind andere Dinge, die er aufgreift, Dinge, die ihn betreffen, wo er sich persönlich angegriffen fühlt, wie Wagners abschätzige Bemerkungen über den Roman oder Nietzsches Bejahung der Krankheit als Stimulans der Erkenntnis. In den dreißiger Jahren dann spricht Thomas Mann in seinen Schriften über Wagner zwar auch über Mythos, doch eher am Rande. Vor allem geht es ihm darum, sich von denen abzugrenzen, die den „Geist als Widersacher der Seele" sehen und aus dieser irrationalistischen Haltung heraus den Mythos beschwören. Thomas Mann nennt sie „fascistische Dunkelmänner" (XI, 651); der deutsche Wille zum Mythos sei „ein Wille gegen die Wahrheit, gegen die geistige Redlichkeit"[2]. Angewidert spricht er in seinem Tagebuch von einem „Sich sielen des deutschen Gemütes in der mythischen Jauche"[3].

Im Vergleich zu seinen Zeitgenossen, auch im Vergleich zu anderen Schriftstellern, zunächst erscheint Mann fast „mythenlos" oder auch „unmythisch". Während zahlreiche Schriftsteller in ganz Europa sich

1 Vgl. XII, 79.

2 Thomas Mann: Tagebücher 1933-34. Hg. v. Peter de Mendelssohn. Ffm. 1977. S. 497. (5.8.1934)

3 Ebd. S. 496.

den antiken Mythen zuwenden (selbst Kafka schreibt eine Prometheus-Version), greift Thomas Mann nicht einmal in den Werken, in denen er nach eigenen Worten Mythen „realisiert“, wie im *Joseph*, *Doktor Faustus* oder *Lotte in Weimar*, auf antike Stoffe zurück; vielmehr sind es biblische oder historische Stoffe und mittelalterliche Sagen, die er verarbeitet.[4] Betrachtet man jedoch Thomas Manns Selbstverständnis, so scheint es weniger überraschend, daß er sich vom Mythosfieber seiner Zeit nicht anstecken ließ. Er war, wie Erich Heller zutreffend schreibt, ein „ironischer Deutscher“[5], ein Deutscher, der immer wieder auf sein romanisches Erbteil sowie die europäischen Literatureinflüsse hinwies; die Verbindung von Mythos und deutscher Volksseele mochte ihm daher wohl suspekt sein. Er war ein Ironiker, dessen charakteristische Skepsis einem zu emphatischen Mythosbegriff entgegenstand. Am bedeutendsten aber ist die Schulung durch Nietzsches hellsichtigen Blick; seine Wagner-Kritik, die das Dekadente und Morbide des Musikers betonte, dürften prägend gewesen sein für ein eher distanziertes Verhältnis Manns zum Mythos.

Bereits 1926 greift Thomas Mann in heftiger Polemik die romantisierenden Mythostheoretiker wie Alfred Bäumler an, denen er vorwirft, den Weg des „großen Zurück in den mystisch-historisch-romantischen Mutterschoß“ (XI, 50) zu propagieren.[6] Gegen solche Tendenzen wendet sich der *Joseph*roman, der in der Zeit von Dezember 1926 bis Januar 1943 geschrieben wurde.[7] Was, wenn man den fernliegenden Stoff bedenkt, wie eine Flucht und Ausflucht vor dem Zeitgeschehen aussieht,

---

[4] Berger verweist auf Thomas Manns mangelnde klassische Bildung als Grund für die auffallende Abwesenheit der Antike in seinem Werk (mit Ausnahme des *Joseph*, für den Berger zahlreiche antike Quellen aufzeigt). Dies erscheint wenig überzeugend: Einerseits war Mann durch die Werke Schillers und die Mythologiegeschichte Nösselts, auch durch die Schulbildung genügend mit den antiken Stoffen vertraut (die er auch in seinen Kinderspielen aufgriff), um sie gegebenfalls in seinen Texten zu verwenden, andererseits hat Mann zeit seines Lebens sich in Gebiete eingearbeitet, von denen er noch viel weniger wußte. Willy R. Berger: Thomas Mann und die antike Literatur. In: Thomas Mann und die Tradition. Hg. v. Peter Pütz. Ffm. 1971. S. 52-100.

[5] Erich Heller: Thomas Mann: Der ironische Deutsche. Ffm. 1970.

[6] Zu Thomas Mann und Alfred Baeumler vgl. Marianne Baeumler, Hubert Brunträger, Hermann Kurzke: Thomas Mann und Alfred Baeumler. Eine Dokumentation. Würzburg 1989.

[7] Unterbrochen wurde die Arbeit von August 1936 bis August 1940; in dieser Zeit verfaßte Thomas Mann hauptsächlich den Roman *Lotte in Weimar*.

ist in Wirklichkeit eine fortwährende Auseinandersetzung mit dem Nationalsozialismus und den Strömungen der Zeit. Gerade über den Begriff des Mythos vollzieht Thomas Mann die Abgrenzung: „Damit freilich ist gesagt, daß sich die Art dieses Buches, den Mythos zu traktieren, im tiefsten Wesen unterscheidet von einer gewissen zeitgenössischen Art, sich seiner zu bedienen“ (XI, 658). Der Mythos sei „als Mittel obskurantischer Gegenrevolution mißbraucht worden“ (XI, 658), und indem der *Joseph*roman sich gegen diesen Mißbrauch wende, sei er gerade nicht zeitabgewandt. In diesem Zusammenhang fällt der berühmte Ausspruch, er habe dem Faschismus den Mythos aus den Händen nehmen und ihn ins Humane umfunktionieren wollen, ein Vorgang „ähnlich dem, wenn in der Schlacht ein erobertes Geschütz umgekehrt und gegen den Feind gerichtet wird.“ (XI, 658) Diese „Umfunktionierung“ des Mythos geschieht durch dessen Ironisierung bzw. Psychologisierung, ein Vorgang, der die Entstehung und Funktion von Mythen kritisch reflektiert oder zumindest humorvoll analysiert. Dieses Mythosverständnis, wie er es im Umfeld der *Joseph*tetralogie entwickelt, faßt Thomas Mann in der Formel „Mythus plus Psychologie“ (XI, 651) zusammen.

Die Wendung zum Typischen geschieht zur gleichen Zeit wie die Psychologisierung des Mythos. Mit dem Typisch-Mythischen sind die Grundmuster gemeint, die, so sieht es Mann, das Einzelleben wie die geschichtlichen Ereignisse bestimmen, so daß sich in jedem Einzelnen und scheinbar Individuellen ein immer schon bereits vorhandenes Muster aufs neue realisiert und wiederkehrt. Die Psychologisierung des Mythos bedeutet, daß die Wiederholung sich nicht allein am Einzelnen vollzieht, d.h. sie bedeutet nicht nur die unbewußte Wiederholung vorgegebener Strukturen, sondern sie ist vielmehr „Veranstaltung der Seele“ (IX, 488): Der Einzelne inszeniert bewußt oder halb-bewußt die Wiederkehr, imitiert ein Muster in spielerisch-ernster Identifikation. Typisierung und Psychologisierung sind nicht entgegengesetzt, vielmehr geschieht beides in einem Zuge. Psychologisierung des Mythos bedeutet vor allem eine Akzentverschiebung, wenn nicht sogar eine Umkehrung der Werte, eine „saturnalische Umkehrung“: Statt im Mythos vor allem ewige Urbilder zu sehen, wird die Gleichheit des Wiederkehrenden ironisiert.

Was seine Beschäftigung mit dem Mythos angeht, betont Mann selbst sowohl den Wandel wie auch die Kontinuität seines Denkens. Reichen die mythischen Träume einerseits in die Kindheit zurück[8], drückt sich

8 „Diese Träume hatten ihre Wurzeln in meiner Kindheit. Wenn ich begann, sie durch archäologisch-orientalische Erkundigungen und Studien zu fundie-

andererseits der Wandel in der Wendung vom „Bürgerlichen-Individuellen zum Mythisch-Typischen" (IX, 493) aus[9], der sich mit dem Eintritt ins Alter vollzogen habe: „ [...] denn im Leben der Menschheit stellt das Mythische zwar eine frühe und primitive Stufe dar, im Leben des einzelnen aber eine späte und reife." (IX, 493) In seinem *Lebensabriß* findet sich eine ähnliche Formulierung: Es sei der „Geschmack eines persönlichen Reifestandes, der anfangen mag, sich vom Individuell-Besonderen zu desinteressieren und sich dem Typischen, das heißt aber dem Mythischen zuzuwenden." (XI, 137) Es gibt aber noch einen anderen Aspekt dieses Wandels. Eine Seite vor der gerade zitierten Passage heißt es: „Wie vielleicht kein zweiter hatte ich den zeitlichen Zwang zum Übergange aus dem Metaphysisch-Individuellen ins Soziale unter heftigen Kämpfen am eigenen Leibe erfahren." (XI, 136) Beide Formulierungen ähneln sich so, daß das Wort „Metaphysisch" als Ersetzung von „Bürgerlich" erscheint, und damit das „Individuell-Bürgerliche" und das „Metaphysisch-Individuelle" das Gleiche bezeichnen. Die Wendung erfolgt nun aber nicht zum Mythischen, sondern zum Sozialen. Das heißt, der Mythos steht nicht, wie man hätte erwarten können, auf der Seite des Metaphysischen, sondern des Sozialen, der Gemeinschaft, durch die das Metaphysisch-Individuelle überwunden werden soll. Die Parallele zwischen beiden Formulierungen ist auffallend und unterstreicht die Auffassung, daß die Wendung zum Mythos bzw. zum archaischen Stoff gerade keine Abwendung von der zeitgenössischen politischen Realität bedeutet, sondern vielmehr das genaue Gegenteil, eine im Gewand des Mythos sich vollziehende Beschäftigung mit den politischen und sozialen Zuständen der Zeit. Es fällt auf, daß Mythos und Politik für Thomas Mann fast zur gleichen Zeit wichtig werden. Die *Betrachtungen eines Unpolitischen* sind umrahmt vom *Zauberberg* und vom *Tod in Venedig*. Warum nun führt ein erwachendes politisches Interesse ausgerechnet zum Mythos?

Im frühen Werk Thomas Mann ist die Wirklichkeit das unbestimmte und unbestimmbar Grauenerregende. Mit dem Ende des Ersten Weltkriegs, vor allem aber mit dem Beginn der Naziherrschaft treten an die Stelle einer unbestimmbaren Angst vor der Wirklichkeit die konkreten Schrecken des Krieges und des Totalitarismus. Bereits in bezug auf den *Zauberberg* spricht Thomas Mann vom „Choc", dem „Donnerschlag des

ren, so knüpfte ich nur an eine geliebte Knabenlektüre wieder an, eine frühe Passion fürs ‚Land der Pyramiden'" (XI, 138).

9 „Kühnheit in der Gebundenheit", mit diesen Worten charakterisiert Mann selbst diese gleichzeitige Rückwärts- und Vorwärtsgewandtheit. (XI, 660)

Kriegsausbruchs von 1914", der alle Träume (des *Zauberberg*-Romans) hervorgerufen habe: „Es war ein sprengender, weckender, weltverändernder Schlag." (XI, 657).

So empfindet der Autor die Gewinnung der mythisch-typischen Anschauungsweise als befreiende Erlösung, als „eine neue Heiterkeit des Erkennens und Gestaltens" (IX, 493). In dem Moment aber, in dem die stabilisierende Funktion von Mythen erkannt wird, schafft die Psychologisierung des Mythos, durch das ironische Aufdecken des „Mechanismus" der Bedeutungsstiftung, die der Mythos leistet, auch wieder Distanz. Es ist, als würde durch das Benennen, durch die Anerkennung mythischer Gewalt, deren Bann auch schon gebrochen. Die Schaffung einer solchen Distanz kann die Macht der Vorbilder schwächen, und aus dieser Schwächung heraus wird das eigene Schaffen nicht mehr allein als Imitation verstanden. So erklärt es sich, daß Thomas Mann zu der Zeit, als er die Funktion der Mythen darin sieht, nachahmenswürdige Vorbilder zu sein, derer das Individuum zu seiner Legitimität bedarf, für sich selber behauptet, nun endlich Neues schaffen zu können und zu wollen: „So sehr ich mich in jungen Jahren auf Muster angewiesen fühlte und ohne steten Kontakt mit bewunderten Beispielen keinen Schritt zu tun wagte, so ganz ist mir mit der Zeit das eigensinnig Vorbildlose und durchaus Gewagte, die persönliche Ermöglichung von etwas *Neuem* zum Inbegriff der Kunst geworden, und keine Art von Lobspruch weiß ich höher zu werten als die bestätigende Äußerung André Gide's über den ‚Zauberberg': ‚Cette oeuvre considérable n'est vraiment *comparable à rien*.' –" (XI, 139)

Fassen wir zusammen: Für Thomas Mann bedeutet Mythos Typisches im Sinne ewig sich wiederholender Strukturen, wobei die Wiederholung im bewußten oder unbewußten Nachahmen gegebener Vorbilder besteht. Diese Vorbilder zeichnen sich durch Größe aus: So werden Goethe und Napoleon zu mythischen Figuren. Gleichzeitig zeigt Thomas Mann immer auch auf die dämonische Seite solcher Größe und damit auf die Notwendigkeit, den Mythos zu psychologisieren. Mythos stellt also bereits eine Form der Überwindung dar, eine Steigerung des schwachen Individuums, die sofort kritisch hinterfragt wird. Was überwunden wird, ist das „metaphysisch-individuelle" und damit eine gleichermaßen inner- und außerhalb des Individuums liegende Bedrohung, die ich – abweichend von Thomas Mann – mythisch nennen möchte, eine Benennung, die Manns eigener Bezeichnung vom „*metaphysisc*h-individuellem" nicht fern liegt. Zudem lassen sich auch Manns Worte von dem „Genaumachen", der „Realisierung" (XI, 655) des Mythos so lesen: als Bannung der den Mythen innewohnenden Bedrohung, eine Bannung, die ihm für den *Joseph* gelingt. Der *Joseph*roman, *der* mythische Roman Thomas Manns, stellt gleichzeitig eine großangelegte Mythenkritik dar, und Joseph durchbricht die mythische Imitation, so daß sich zuletzt das ereignet, was Mann die „Geburt des Ich aus dem mythischen Kollektiv" (XI, 665) nennt. Demnach wäre die oft zitierte Formulierung vom „Bürgerlich-Individuellen zum Mythisch-Typischen" zunächst einmal umzukehren: Das Frühwerk erweist sich als mythischer; erst durch die „Realisierung" des Mythos im *Joseph* finden Autor wie Protagonist des Romans gleichermaßen zu bürgerlicher Individualität, während *Doktor Faustus*, wenn auch auf einer anderen Ebene, wieder zum Mythischen des Anfangs zurückkehrt.

2. Thomas Mann und die Wirklichkeit

Die wirksamste Flucht vor der Wirklichkeit ist immer die in den Schlaf. Thomas Mann erinnert sich, „den Schlaf und das Vergessen geliebt zu haben zu einer Zeit, da ich noch kaum etwas zu vergessen hatte" (XI, 334). Nicht schlafen zu können, wie es das Märchen vom Mann ohne Schlaf erzählt, das er als Kind von seiner Mutter hörte, erschien ihm als der größte Fluch, und um so inniger warf er sich „an die Brust des Schlafes". (XI, 334) Auch Storms Schlaflied, dem Kind von der Mutter vorgetragen, behält er sein Leben lang: „Schlafe du und schließ die müden/ Schließ die blauen Augen zu!/ In des Herzens Kinderfrieden/ Schlafe du, schlafe du!"[10] Noch im *Tonio Kröger* heißt es, Storm zitierend, „Ich möchte schlafen, aber du mußt tanzen." (XIII, 334) Bereits als Kind, so wurde ihm berichtet, sei er „dem Schlummer und Halbschlummer in einem den Wärterinnen bequemen Grade zugetan" (XI, 334) gewesen, doch kam die rechte Inbrunst in seinen Schlaf erst, „als das erste Lebensalter der Freiheit und Unantastbarkeit vorüber war und die Widrigkeit des Lebens in Gestalt der Schule meinen Tag zu entstellen begann." (XI, 335) Schlaflosigkeit aus Sorge oder Angst kennt er nicht, im Gegenteil: „Nie schlafe ich tiefer, nie halte ich süßere Heimkehr in den Schoß der Nacht, als wenn ich unglücklich bin, wenn meine Arbeit mißlingt, Verzweiflung mich niederdrückt, Menschenekel mich ins Dunkel

[10] Vgl. Peter de Mendelssohn: Der Zauberer. Das Leben des deutschen Schriftstellers. Thomas Mann. Erster Teil: 1875-1918. Ffm. 1975. S. 64.

scheucht" (XI, 335). Der Schlaf ist Heimkehr, denn im völligen Vergessen der Umwelt gelingt die Rückkehr zu sich selbst, das vollkommene Aufgehobensein bei sich selbst, eine abgeschlossene Geborgenheit, wie sie nach der Geburt außerhalb des Schutzraums Schlaf nie mehr zu finden ist, wohl aber „unbewußt und mit emporgezogenen Knien [...] im Dunkel des Mutterleibes" (XI, 336). Der Schlaf ist eine doppelte Flucht, nach vorne und hinten, er führt zurück in den vorgeburtlichen Zustand und antizipiert den letzten Schlaf, den Tod. Alle Zeit dazwischen wird ausgelöscht, der Schlaf wird zur Randstätte unserer Existenz und das Bett zum „metaphysischen[n] Möbelstück, in dem die Mysterien der Geburt und des Todes sich vollziehen" (XI, 336). Ist der Schlaf einerseits Flucht aus der Wirklichkeit, so zeigen sich an ihm doch auch wieder die Grundbedingungen oder Grundgeheimnisse des menschlichen Lebens, und er ist damit, und auch durch die Diskontinuität des bewußten Zeiterlebens, die er bewirkt, eine Intensivierung der Wirklichkeit. Diese Zuspitzung oder Radikalisierung der Wirklichkeit durch den Schlaf aber wird nur dem Aufwachenden oder dem Betrachter des Schlafenden bewußt; der Schlafende selbst schaukelt wie auf einem Zaubernachen hinaus „auf das Meer des Unbewußtseins und der Unendlichkeit" (XI, 336).

Der Schlaf und das Meer – beide haben, wie der Mythos selbst, eine doppelte Struktur: Sie schaffen Distanz zu der übermächtigen, vielgestaltigen Wirklichkeit, zum „Passionsweg des Lebens" (XI, 333), und gleichzeitig verkörpern sie die größte Bedrohung überhaupt, den Selbstverlust und das ganz und gar Fremde, Unbeherrschbare.

Das Erlebnis des Meeres wie das des Schlafes erklärt Mann rückblickend zu einer prägenden Kindheitserinnerung. Wurde die Schule zum Sinnbild der feindlichen Tageswelt mit ihren sinnlosen und doch bedrohlichen Anforderungen, so standen dem der nächtliche Schlaf im Elternhaus und die Sommerferien am Strand von Travemünde entgegen. Der Anblick des Meeres gewährt ihm eine „friedliche und kummerlose Abgeschiedenheit"; die Liebe zum Meer „ist so alt wie meine Liebe zum Schlaf". (XI, 336) Beide Sympathien haben eine gemeinsame Wurzel: „Ich habe in mir viel Indertum, viel schweres und träges Verlangen nach jener Form oder Unform des Vollkommenen, welche ‚Nirwana' oder das Nichts benannt ist, und obwohl ich ein Künstler bin, hege ich eine sehr unkünstlerische Neigung zum Ewigen, sich äußernd in einer Abneigung gegen Gliederung und Maß." (XI, 336) Das Meer, „das Erlebnis der Ewigkeit, des Nichts und des Todes" (XI, 395), schließt den Menschen aber auch wieder „fürchterlich“ aus. Wie das Hochgebirge ist es elementar „im Sinne letzter und wüster, außermenschlicher Großartigkeit“ (XI, 394), und dem Elementaren gegenüber offenbart sich das menschliche Verhältnis zur Natur als das, was es ist: „als Furcht, als Fremdheit, als unzukömmliches und wildes Abenteuer.“ (XI, 395) Daher achte er, schreibt Mann, denjenigen nicht hoch, „der im Anblick der Elementarnatur sich nur der lyrischen Bewunderung ihrer ‚Großartigkeit‘ überläßt, ohne sich mit dem Bewußtsein ihrer gräßlich gleichgültigen Feindseligkeit zu durchdringen.“ (IX, 429) Beim Anblick des Wasserfalls bei Varone in der Nähe von Riva schwinden Mann fast die Sinne, und als er dieses Erlebnis in seinem Notizbuch festhält, greift er zu mythologischen Bildern, um dem Gefühl der Überwältigung Ausdruck zu verleihen. Er beschreibt zunächst die Wassermassen, die „bauchig, nackt, glitschig, wie ungeheure Fischleiber“[11] aus den Felsmassen hervorstürzen und dabei einen solchen Lärm verursachen, daß das „irre und übermächtige Brausen“ den Betrachter nicht nur betäubt, sondern Furcht erregt und Gehörhalluzinationen auslöst: „Man hörte hinter sich, über sich, von allen Seiten drohende und warnende Rufe, Posaunen und rohe Männerstimmen.“[12] Nachdem sich so die elementare Natur über die tierische („Fischleiber“) in menschliche verwandelt hat, folgt als letztes die Transposition ins Mythische: „Oben, von der Gallerie blickte man in den phantastischen Schlund hinab, in dem zutiefst das elektrische Licht roth glühte: ein Eingang zur Hölle, zur Schmiede Vulkans.“[13]

Der phantastische Schlund, das rote Glühen des elektrischen Lichts, die Fischleiber – das Bedrohliche liegt nicht allein in der elementaren Großartigkeit der außermenschlichen Natur, sondern auch in der menschlichen Sexualität. Mythologische Anspielungen sind in Manns Briefen und Tagebuchaufzeichnungen nicht sehr häufig, aber beim Betrachten schöner Männerkörper stellen sie sich ebenso ein, wie wenn ihn die Furcht vor „dem Weibe“ ergreift.

Als Thomas Mann im späten Alter einen jungen Argentinier beim Tennisspiel beobachtet, ergötzt er sich an dessen „Hermesbeinen“ und fügt hinzu: „Nähe des Wunsches, zu sterben, weil ich die Sehnsucht nach dem ‚göttlichen Knaben‘ (womit nicht gerade dieser gemeint ist)

---

[11] Thomas Mann: Notizbücher. Edition in zwei Bänden: Notizbücher 1-6, Notizbücher 7-14. Hg. v. Hans Wysling u. Yvonne Schmidlin. Ffm. 1992. Hier, Notizbücher 7-14. S. 39.

[12] Ebd. S. 39f.

[13] Ebd. S. 40.

nicht länger ertrage. Gottlob schlief ich etwas.“[14] Wieder ist der Schlaf der Schutzraum und Fluchtort, um den Anforderungen wie den Verlockungen der Wirklichkeit zu widerstehen.

Den verführerischen Reizen der Hermesfigur tritt die Bedrohung durch das Weibliche in Gestalt von Agnes Meyer entgegen, die Thomas Mann nicht nur lästig war, sondern ihn vielmehr durch die nicht ganz eindeutige Natur ihres Interesses beunruhigte: „Will da noch das Weib in mein Leben treten, allen Ernstes.“[15] Und kurz darauf schreibt er ihr: „Pallas Athene selbst könnte in mein Leben treten – und es bliebe ihr auch nichts anderes übrig, als mich zu nehmen, wie ich nun einmal bin.“[16] Sexualität, als ständig präsentes Begehren wie als immer gefürchtete und abgewehrte Bedrohung, wird zu einer weiteren Macht, die es abzuwehren gilt.

Die Wirklichkeit aber ist vielstimmig – wie die drohenden und warnenden Rufe des Wasserfalls – und in dieser Vielstimmigkeit dennoch ein Block „opaker Mächtigkeit“[17].

Der Schlaf und das Meer, die Kunst und die Träume – alle Fluchtversuche führen in die Wirklichkeit zurück. Und wenn Thomas Mann, dessen Einsamkeit, von der er immer wieder sprach, sich in dem grotesken Bild des Idioten im Frack inmitten eines Faschingsballs widerspiegelt[18],

---

[14] Thomas Mann: Tagebücher 1949-1950. Hg. v. Inge Jens. Ffm. 1991. S. 238f. (6.8.1950)

[15] Thomas Mann: Tagebücher 1940-1943. Hg. v. Peter de Mendelssohn. Ffm. 1982. S. 400. (2.3.1942)

[16] Thomas Mann – Agnes E. Meyer: Briefwechsel 1937-1955. Hg. v. Hans Rudolf Vaget. Ffm. 1992. S. 380. (8.3.1942)

[17] Blumenberg: Arbeit am Mythos. S. 20.

[18] Vgl. die Beschreibung Victor Manns: „Damals war gerade eine neue Art von Masken, eigentlich Maskenköpfe, aufgekommen [...] Ich sehe ihn [Thomas] noch heute so deutlich, wie photographiert, vor mir. In einem vorbildlichen Frack mit geknöpften Lackstiefeln [...] Über korrekter Schleife und hohem Kragen aber saß der schauerlich lächelnde Kopf eines jungen Vollidioten mit Schielaugen, aufgestülpter Nase, übermäßig blöde geöffneten Wulstlippen, Pferdezähnen und einer affenartig niederen Stirn unter wirrem Haar. Diesen grotesken Kontrast zwischen Maske und Anzug übertrug Thomas auch auf sein Benehmen als armer Irrer im eveningdress. [...] Seine Bewegungen waren nämlich im ganzen durchaus die eines eleganten und gemessenen Frackherren, so daß ihm von rückwärts kaum etwas Außergewöhnliches anzusehen war.“ Von vorn aber sah man den „Salonlöwen wortlos auf dem Seidensofa“ sitzen, wie er „mit schiefem Kopf das Schauerlächeln einer Dame zuwandte,

in das Traumreich der Kunst zu flüchten scheint, so unterwirft er sich doch gerade in ihr und mit ihr der „Macht" (XII, 25) der Wirklichkeit: „Ich erkenne, daß diese vielfach variierende Tendenz und Grundstimmung des neunzehnten Jahrhunderts, seine wahrhaftige, un-schönrednerische und unempfindsame, dem Kult schöner Gefühle abholde Unterwürfigkeit vor dem Wirklichen und Tatsächlichen die entscheidende Mitgift ist, die ich von ihm empfing" (XII, 24).

3. Mythos als geistige Form

Mythos als Überhöhung der Wirklichkeit und als Abkehr und Verwandlung der von ihr ausgehenden Bedrohung – als Thomas Mann, relativ spät, sich mit dem Mythos auseinandersetzt, sieht er seine Bedeutung in dieser wirklichkeitstransformierenden Funktion. Sie klingt bereits, noch vor jeder theoretischen Beschäftigung mit dem Mythos, in Manns 1904 festgehaltenen Erinnerungen an seine Kindheitsspiele an. Darin berichtet er, wie er als Kind das Mythologiebuch seiner Mutter las. Er kannte es „seitenweis auswendig" (XI, 329) und verwandelte sogleich seine Umgebung in die Welt der klassischen Sagen. Er besaß ein Schaukelpferd und taufte es Achill, doch weniger aus Rittersinn, sondern aus „Sympathie mit der Kreatur" (XI, 327). Wie später, ist es auch hier schon die Schwäche des Kreatürlichen, die der Erhöhung und Verschönerung bedarf. So wurden die zahlreichen Hunde, die sich das Kind schenken ließ, „aus Porzellan, Papiermaché und Biskuit" (XI, 327), mit Atlasschabracken, „Flicken aus den Beständen der Schwestern" (XI, 328), geschmückt.

Dann gab es noch das Götterspiel, „eine Unterhaltung ersten Ranges" (XI, 328): Thomas Mann hüpfte als Hermes mit papiernen Flügelschuhen durch die Zimmer, balancierte die glanzgoldene Strahlenkrone des Helios auf dem Kopf und schleifte schließlich, ein unerbittlicher Achilles, seine Schwester dreimal um die Mauern von Ilion. Am Ende ist er gar der Herrscher aller Götter selbst, dessen Herrschaft allerdings so gesichert nicht ist: „Aber als Zeus stand ich auf einem kleinen, rotlackierten Tisch, der mir als Götterburg diente, und vergebens türmten die Ti-

---

selbstvergessen langsam einen Glacéfinger hob, um sich am klaffenden Nasenloch zu kratzen und plötzlich mit glucksendem Kichern den Klapphut herausknallen ließ". Victor Mann: Wir waren fünf. Bildnis der Familie Mann. Konstanz 1964. S. 99f.

tanen den Pelion auf den Ossa, so gräßlich blitzte ich mit einer roten Pferdeleine, die obendrein mit Glöckchen benäht war…" (XI, 329)

Diese Schilderung steht am Ende, nicht allein am Ende der Aufzählung verschiedener Götterspiele, sondern mit ihr endet der kurze Essay *Kinderspiele* überhaupt. Eingeleitet durch ein „aber", welches bereits auf den Höhepunkt des Dargestellten hindeutet, wird der Knabe hier zum Herrscher der Götter, eine Erhöhung und Überhöhung, die durch den Aufstieg auf den rotlackierten Tisch sichtbar gemacht wird. Aber auch die Grundstruktur des Mythischen kommt in diesem Bild zum Ausdruck: Die Erhöhung geht immer einher mit der Abwehr drohender Gefahren, hier die die Götterburg bedrohenden Titanen.[19]

Mythos als Überwindung – so läßt sich auch Manns späteres Mythosverständnis zusammenfassen. Mythisch ist demnach ein Leben „in Spuren", eine Erhöhung der eigenen Existenz durch die Nachahmung eines größeren Vorgängers. Der autobiographische Hintergrund des Gedankens der mythischen Nachfolge ist Manns eigene Orientierung am Vorbild Goethe: „Ich staune nicht vor Goethe, sondern er gefällt mir darum so unendlich wohl, weil ich ihn begreife, mich in ihm spiegele, mich in ihm beständig wiederfinde, und zwar klarer und deutlicher und gefälliger als in mir selbst." (X, 328) Die Wahl eines idealen Gegenübers, das in zahlreichen Vergleichen und Verweisen immer wieder als Spiegelbild fungiert, ermöglicht nicht allein die Akzeptanz des eigenen Ich, sondern auch die Rückkehr in die Gesellschaft und in die Familie. Diese Rückkehr zelebriert Thomas Mann in seiner Rede *Lübeck als geistige Lebensform*, die er 1926 in seiner Heimatstadt hielt. Er war in doppelter Hinsicht ein verlorener Sohn gewesen. Die Nachfolge seines Vaters in der Firma hatte er nicht antreten können, zu früh und zu eindeutig strebten seine Neigungen von einer solch bürgerlich-kaufmännischen Existenz weg. Lübeck, seine Heimatstadt aber, sprach nach dem Tod des Vaters und mit Blick auf die Söhne von einer verkommenen Familie, nach den *Buddenbrooks* dann wurde aus bloßer Verachtung heftige Wut, und man beschimpfte Thomas Mann als Nestbeschmutzer. Mann selbst erinnert seine Lübecker Zuhörer daran, „daß hier zu Hause dem viel angeführten

[19] Größe als bedrohte Größe – oder auch das Ausspielen von Urängsten (Freudianer würden sagen, Kastrationsängsten) – ausgerechnet die Stelle aus dem Mythologiebuch der Mutter, die vom Kampf Zeus gegen Typhon berichtet und in dem Zeus die „diamantscharf schneidende Sichel" erhebt, machte Thomas Mann „besonderen Eindruck": „ich wiederholte mir diese Stelle immer wieder." (XI, 329)

Wort von dem Vogel, der sein eigenes Nest beschmutzt, nur wenige zu widersprechen wagten." (XI, 379) Nun aber weist Mann eine solche Sicht auf seine Person, die er wohl selber lange Zeit geteilt haben mochte, zurück: „Es kam der Tag und die Stunde, wo mir klar wurde, daß niemals der Apfel weit vom Stamme fällt; daß ich als Künstler viel ‚echter', viel mehr ein Apfel vom Baume Lübecks war, als ich geahnt hatte; daß diejenigen, die, beleidigt durch gewisse Schärfen des Buches, einen Abtrünnigen und Verräter, einen Entfremdeten hatten in mir sehen wollen, tatsächlich im Unrecht gewesen waren." (XI, 385f.) Die Rückkehr in die Bürgerstadt geschieht unter dem Schutzmantel Goethes. Der Rede vorangestellt ist ein Goethe-Zitat, das mit dem Lob auf den Bürger endet: „Wo kam die schönste Bildung her,/Und wenn sie nicht vom Bürger wär?" (376) Weitere Zitate folgen, die Parallelen zwischen Manns und Goethes Leben herausstreichen sollen, wie der gern wiederholte Hinweis auf die „Frohnatur" der Mutter und des Vaters „ernstes Führen". Aber nicht allein um die Anerkennung der Lübecker geht es Thomas Mann. Entscheidend ist vielmehr, daß er für sich in Anspruch nehmen kann, nun doch, wenn auch auf seine Weise, die Nachfolge des Vaters angetreten zu haben. Es scheint, als sei es diese Identifikation mit Goethe, die, noch bevor sie zum Programm erhoben wird, ihm erlaubt, die es ihm ermöglicht, erstmals ausführlich über den Vater zu sprechen und sich mit ihm zu vergleichen. Ähnlich im Lebenslauf zehn Jahre später, der, analog zum Beginn von *Dichtung und Wahrheit*, mit der Beschreibung des Geburtshoroskops anfängt und in dem es später heißt: „und wie einst mein Vater in Lübeck, erbaute auch ich mir und den Meinen ein schönes Haus in einer Villenvorstadt Münchens" (XI, 455). Die mythische Nachfolge führt also gerade nicht zu einer Überwindung des Bürgerlichen, vielmehr zu einer verstärkten Identifizierung mit ihm. Achtmal fällt auf der letzten Seite des Vortrags das Wort „bürgerlich"; er endet als Preisgesang auf „bürgerliches Menschentum" und „bürgerliche Humanität" (XI, 398). Wie im *Joseph*roman gerade die Entlegenheit des Stoffes dem Autor die Auseinandersetzung mit zeitgenössischen Problemen und der aktuellen politischen Lage ermöglicht, so erreicht Thomas Mann über die imitatio Goethes genügend Distanz zu seiner Familie, um sich ihr wieder annähern zu können.[20] Die „mythische Nachfolge" löst nicht zuletzt die my-

[20] Vgl. Renner, der die Orientierung an Goethe als „lebensgeschichtliche[] Neuorientierung, die einem Neuanfang vergleichbar ist" begreift. Rolf G. Renner: Literarästhetische, kulturkritische und autobiographische Essayistik. In: Koopmann (Hg.): Thomas-Mann-Handbuch. S. 629-677, hier S. 665. Vgl. auch

thische Familienproblematik: die zu große Ferne, die zu großen Unterschiede zum bewunderten Vater und die zu große Nähe, die zu große Ähnlichkeit mit dem älteren Bruder Heinrich, der ihm, „ins Ungeheure, Mythische“[21] wächst.

In der Überhöhung oder auch Mythisierung des Vaters und der Stadt Lübeck zu einer „geistigen Lebensform“ wird eine Stufe der träumerischen Entwirklichung erreicht, die es auch dem Künstler ermöglicht, sich mitanzuschließen: „Man hört nicht auf, zu sein, was die Väter waren, sondern ist ebendieses in anderer, freierer, vergeistigter, symbolisch darstellender Form nur noch einmal.“ (XI, 386)

In dieser Überhöhung zeigt sich auch eine Überlistung der Wirklichkeit: „Wir reden von einer geistigen Lebensform […] Der Geist ist etwas sehr Reines, und wer eine Lebensform im Geistigen hält, der hält sie rein, der schützt sie vor jeder Entartung und Verhärtung, die sie in der Wirklichkeit erleiden mag.“ (XI, 397) Das Wort „Entartung“ kam im gleichen Text bereits einmal vor. Da ging es um den entarteten Künstler. Die geistige oder mythische Form schützt den Künstler damit auch vor einer Wirklichkeit, in der er selbst „entartet“ genannt würde. In einem erweiterten Sinne wird der Mythos als geistige Form zum Schutz vor der Wirklichkeit überhaupt. Vor das Wort „Wirklichkeit“ setzt Thomas Mann öfters ein Adjektiv; es heißt „gemein“: „die gemeine Wirklichkeit“[22].

4. Die *Freud*-Rede

Anläßlich der Feier zu Freuds achtzigstem Geburtstag hält Thomas Mann 1936 eine Rede in Wien mit dem Titel „Freud und die Zukunft“. Er hätte die Rede vielleicht besser „Freud und der Mythus“ nennen sollen, sagt Mann gegen Ende des Vortrags. In der Tat geht es in dieser Rede hauptsächlich um den Mythos, allerdings weniger um die Freudsche Auffassung des Mythos, sondern vor allem um Manns eigene Mythoskonzeption. Zusammen mit den Briefen an Kerényi[23] bildet sie die

---

Hans Wysling: Thomas Manns Goethe-Nachfolge. In: Ausgewählte Aufsätze: 1963-1995. Hg. v. Thomas Sprecher u. Cornelia Bernini. Ffm. 1996. S. 17-63.

[21] André Banuls: Thomas Mann und sein Bruder Heinrich. ‚eine repräsentative Gegensätzlichkeit‘. Stuttgart, Berlin, Köln, Mainz 1968. S. 40.

[22] Vgl. XI, 439; XI, 451.

[23] Thomas Mann – Karl Kerényi: Gespräch in Briefen. Zürich 1960.

wohl wichtigste Quelle zu Manns Mythosverständnis außerhalb der fiktionalen Texte. Die *Freud*-Rede fällt in die Entstehungszeit der *Joseph*tetralogie, und sie enthält Fragen, die Mann im Hinblick auf diesen Roman beschäftigen. Mit dem *Joseph* sieht Thomas Mann sich beim Mythos angekommen, und daher wirft diese Rede ein Licht darauf, was, anders als die politischen Umstände, ihn dazu bewegt haben mochte, sich mit dem Mythos auseinanderzusetzen. Thomas Mann selbst gibt, wie wir sehen werden, eine Antwort darauf; kurz zusammengefaßt lautet sie, das Individuum bedürfe aufgrund seiner Schwäche der Stabilisierung durch den Mythos, wobei Mythos letztlich nachahmenswerte Vorbilder bedeutet. Soweit Manns Selbstaussagen, aber die *Freud*-Rede enthält nicht allein Thomas Manns explizites Mythos-Programm, sie ist auch eine Bewegung von Aussage zu Aussage, und was sich in dieser Textbewegung, seiner Performanz abspielt, ist, wie sich zeigen wird, ebenso relevant. Es geht um die Fragen und philosophischen Implikationen, die im Text aufgeworfen werden; eine genaue Lektüre des Textes und seiner „immanenten Poetik"[24] spürt ihnen nach, wobei gleichzeitig die im Rahmen der

[24] Diesen Fragen soll hier nachgegangen werden, ihnen soll nachgespürt werden, ohne allein Thomas Manns Selbstauslegungen zu folgen. Denn der Status der Selbstbeobachtung eines produzierenden Autors ist, wie Blumenberg aufzeigt, fraglich: „Die Mitteilung von Selbstbeobachtungen setzt mithin voraus, daß überhaupt die Beobachterstellung gleichzeitig mit der Produktionsstellung eingenommen werden kann [...] Das bloße Vorhandensein von Texten, die ihr Autor als Selbstbeobachtung klassifiziert wissen möchte, unabhängig von der Frage ihrer Glaubwürdigkeit und Genauigkeit, ist also schon ein Faktum immanenter Poetik, bezogen auf ein Gesamtwerk." Hans Blumenberg: Sprachsituation und immanente Poetik. In: Hans Blumenberg: Wirklichkeiten in denen wir leben. Stuttgart 1981. S. 140. Im Falle Thomas Manns ist es zudem besonders schwierig, Essayistisches und Fiktionales voneinander zu trennen, wie Peter Pütz zu Recht bemerkt: „Es wäre unzulässig, Thomas Manns Essayistik und Erzählkunst scharf voneinander zu trennen. Der betonte Versuchscharakter seiner Reden und Aufsätze, ihre persönlich geprägte Perspektive, vergleichbar der eines Ich-Erzählers oder einer redenden Romanfigur, das versatile Hin und Her zwischen Bild und Begriff und nicht zuletzt die artistische Komposition – das alles ist weit entfernt von expositorischen Abhandlungen, deren Zweck sich in der Mitteilung erschöpft, und macht die Essays zu nahen Verwandten narrativer Schriften." Peter Pütz: Lessing als Medium für Thomas Manns Egodizee. In: Thomas Mann Jahrbuch 12 (1999). S. 205-220, hier S. 205. In der Forschung ist aber eine Untersuchung der *Freud*-Rede als narrativer Text bislang unterblieben; die Beiträge beschränken sich in der Regel auf Quellen- und Einflußforschung (vgl.

Textanalyse sich entfaltende Problematik im Sinne des in dieser Arbeit entwickelten Mythosverständnisses weitergedacht wird.

Die Rede beginnt mit der Frage, was den Redner zu dieser Rede legitimiere. Damit ist gleich im ersten Satz eines der Hauptthemen des Vortrags angeschlagen: das Problem der Legitimation, das, wie der Text zeigt, sich dem Menschen als grundsätzliche Frage nach der Rechtfertigung des eigenen Lebens stellt. Sei es, daß diese Frage nach der Legitimität des menschlichen Lebens sich in ihrer Radikalität kaum aushalten läßt und daher beständig verzweigt oder daß sie eben so durchdringend sich stellt, daß sie auch in andere Bereiche, Nebenschauplätze gewissermaßen, eindringt – in dem Vortrag jedenfalls kehrt das Thema fehlender oder gegebener Legitimität in verschiedenen Kontexten wieder. „Ich muß zugeben: Die Gedankenverbindung ist außerordentlich legitim" (492)[25], heißt es an einer Stelle. An anderer Stelle geht es ums Ich, das vom „Unbewußten geritten, und […] auf diese etwas illegitime Weise unter Umständen am weitesten kommt." (486) Immer wieder wird der Versuch unternommen, die Legitimität der eigenen Aussagen zu unterstreichen: „aber alles in allem ist der Gedanke nicht unsinnig" (500), „die

Dierks: Studien; Herbert Lehnert: Thomas Manns Josephstudien. In: Jahrbuch der deutschen Schillergesellschaft 10 (1996). S. 378-406) oder Zusammenfassungen der Hauptgedanken. (Vgl. Dieter Borchmeyer: „Zurück zum Anfang aller Dinge". Mythos und Religion in Thomas Manns *Josephs*romanen. In: Thomas Mann Jahrbuch 11 (1998), S. 9-29.) Eine ausführliche Darstellung findet sich bei Jendreiek, der die Verbindungen von Manns Mythosbegriff und Erkenntnissen der Psychoanalyse betont, wobei auch er allerdings größtenteils den von Mann vorgegebenen Deutungen folgt. Helmut Jendreiek: Thomas Mann. Der demokratische Roman. Düsseldorf 1977. S. 33ff. Jan Assmann verbindet das Referieren von Manns „Lehre" mit einer „kritischen Würdigung", die die *Freud*-Rede vom Standpunkt des Ägyptologen betrachtet. Jan Assmann: Zitathaftes Leben. Thomas Mann und die Phänomenologie der kulturellen Erinnerung. In: Thomas Mann Jahrbuch 6 (1993). S. 133-158. Eine Ausnahme stellt Renner dar, dessen genaue Interpretation hinter dem von Mann vorgetragenem und in der Forschung häufig distanzlos wiedergegebenen „Mythos-Programm" einen Prozeß der Selbstfindung zu Tage treten läßt. Renner analysiert die *Freud*-Rede überzeugend als „Initiationsgeschichte", in der Thomas Mann die eigene Goethe-Nachfolge theoretisch vorbereite. Rolf Günter Renner: Lebens-Werk. Zum inneren Zusammenhang der Texte von Thomas Mann. München 1985. S. 170ff.

25 Alle Seitenangaben in diesem Kapitel beziehen sich, wo nicht anders vermerkt, auf Bd. IX der Thomas-Mann-Gesamtausgabe.

Mischung, die in ihr das Pionierhafte mit dem Ärztlichen eingeht, rechtfertigt solche Hoffnungen." (501)

Der erste Satz also lautet: „Meine Damen und Herren! Was legimitiert einen Dichter, den Festredner zu Ehren eines großen Forschers zu machen?" (478) Thomas Mann beginnt damit, sich als Subjekt der Rede in Frage zu stellen. Er fragt die Zuhörer, was ihn als Festredner legitimiere. Als Dichter schließlich tauge er allenfalls zum Objekt der Erkenntnis, nicht zum Subjekt. Eine rhetorische Frage, aber nicht ganz, wie die wiederkehrende Beschäftigung mit Legitimation aller Art zeigt. Und, einmal gestellt, ist das Thema des Objektseins angeschlagen. Es ist der zentrale Punkt, um den die *Freud*-Rede kreist: Wie kann das Ich, „eingeengt zwischen Unbewußtem, Außenwelt und dem, was Freud das ‚Über-Ich' nennt" (486) zum Subjekt seines Handelns werden? Die Antwort lautet: zunächst in der Akzeptanz der anfänglichen Fremdbestimmtheit, in der Anerkennung, daß das eigene Leben von viel Außerpersönlichem, Konventionell-Schematischem bestimmt wird. Thomas Mann führt dazu ein Zitat Ortega y Gassets an: „Der spanische Kulturphilosoph Ortega y Gasset drückt das so aus, daß der antike Mensch, ehe er etwas tue, einen Schritt zurücktrete gleich dem Torero, der zum Todesstoß aushole. Er suche in der Vergangenheit ein Vorbild, in das er wie in eine Taucherglocke schlüpfe, um sich so, zugleich geschützt und entstellt, in das gegenwärtige Problem hineinzustürzen." (495) Die Vergangenheit ist Teil dessen, was den Einzelnen von außen bestimmt; und diese Bestimmtheit ist doppeldeutig: sie bedeutet Schutz und Entstellung zugleich. Es ist ein seltsamer Gedanke, der den Schritt zurück des Stierkämpfers, dessen völlige Geistesgegenwärtigkeit die Situation, die sein Leben kosten kann, erfordert, mit dem Rückgriff in die Vergangenheit verbindet – die doch zuletzt ein Abgrund sein kann, so tief wie der Brunnen der Vergangenheit im *Joseph*. Noch seltsamer wird das Bild in der bizarren Verknüpfung von Torero und Taucherglocke – aber diese Metaphernheterogenität wirft zuletzt ein Licht auf die prekäre Situation des Menschen, den in jedem Moment selbst der Todesstoß ereilen könnte, dem einen Schritt zurück zu tun aber nicht gegeben ist. In seiner Rede entpuppt sich Mann selbst als Torero, er ist der Stierkämpfer, der auf das Objekt seiner Rede, Freud, abzielt, aber zunächst mindestens einen Schritt zurückmacht. Wir tun es ihm nach, um zu sehen, in welche Taucherglocke er schlüpft – und kehren noch einmal an den Anfang zurück.

Der erste Satz der Rede lautet, wir erinnern uns: „Was legitimiert einen Dichter, den Festredner zu Ehren eines großen Forschers zu machen?" Die Antwort lautet: Der Dichter als Künstler versteht sich auf Lebensfeste, er versteht sich sogar auf das Leben als Fest. Was ist damit gemeint? Vielleicht gibt der folgende Satz einen Hinweis: „Aber der festliche Sinn dieser Veranstaltung liegt nach der Absicht ihrer Veranstalter wohl eher in der Sache selbst, das heißt: in der solennen und neuartigen Begegnung von Objekt und Subjekt, des Gegenstandes der Erkenntnis mit dem Erkennenden, – einer saturnalischen Umkehrung der Dinge, in welcher der Erkennende und Traumdeuter zum festlichen Objekt träumerischer Erkenntnis wird" (478) – der festliche Sinn liegt also in einer saturnalischen Umkehrung der Dinge. Nur durch eine Umkehrung der Dinge, in der das Objekt zum Subjekt und das Subjekt zum Objekt, der Dichter zum Redner und Freud, der Forscher und Traumdeuter, zum Objekt träumerischer Erkenntnis des Dichters wird, kann also die Rede beginnen. Allerdings findet noch eine weitere Umkehrung statt: Die Rede kann vor allem deshalb beginnen, weil Thomas Mann, indem er über Freud zu reden vorgibt, über sich selber spricht.

Das Subjekt der Rede hat sich konstituiert, indem es in das Objekt seiner Rede eingegangen ist. Diese saturnalische Umkehrung der Dinge vollzieht sich als schrittweise Verschiebung im ersten Abschnitt von Satz zu Satz. Lautet die erste Frage noch, was legitimiert den Dichter, hier zu reden, so lautet die nächste, wie es sich rechtfertigt, daß eine akademische Vereinigung ausgerechnet einen Dichter einlädt: „Wie rechtfertigt es sich, daß eine gelehrte Gesellschaft, in unserem Fall eine Akademische Vereinigung für medizinische Psychologie, nicht einen ihres Zeichens, einen Mann der Wissenschaft bestellt, damit er den hohen Tag ihres Meisters im Worte begehe, sondern einen Dichter" (478). Die folgenden Vermutungen über die möglichen Motive der akademischen Vereinigung sind Manns eigene Gedanken, wie sie fast leitmotivisch auch in vielen anderen Texten wiederkehren, und doch suggeriert er, sie seien fremde, und er, der eigentliche Autor dieser Gedanken, nur ihr Objekt. „Geschieht es vielleicht in der Erwägung, daß der Dichter als Künstler, und zwar als geistiger Künstler, zum Begehen geistiger Feste, zum Festefeiern überhaupt berufener [ist]?" (478) Der Gedanke, daß der Künstler sich wie kein anderer auf Feste versteht, ist ein Lieblingsgedanke Thomas Manns; in dieser Rede kehrt er mehrmals wieder. Nun aber inszeniert er ihn als mögliche Idee der akademischen Gesellschaft, als Erklärung, warum sie ihn, den Dichter, zur Feier eines Psychoanalytikers eingeladen haben könnte.

Thomas Mann inszeniert hier die Einheit von Objekt und Subjekt, die im nächsten Satz aufgelöst und implizit gleichzeitig bestätigt wird: „Ich will dieser Meinung nicht widersprechen.“ (478) Seine Vermutung, zunächst noch vorsichtig mit „vielleicht“ eingeleitet, wird endgültig zur Meinung der anderen, die saturnalische Umkehrung hat stattgefunden: er schließt sich der vorgeblich fremden Meinung an, die nun wieder seine eigene sein darf. Lange noch bevor Thomas Mann inhaltlich auf die Unmöglichkeit der Unterscheidung von Eigenem und Fremdem im Individuum eingeht, führt er es bereits in einem geschickten, wenn auch verwirrenden und auf den ersten Blick gar nicht zu durchschauenden Manöver vor. Der ganze erste Abschnitt scheint um die Frage zu kreisen: Wer spricht, wenn ich spreche? Und, untrennbar von dieser Frage, worüber wird gesprochen? Keines von beiden läßt sich fest umkreisen: Der Torero in dem Bild Ortega y Gassets, das als Metapher für die Rede als Ganze gelten kann, muß erst einen Schritt zurücktun, bevor er auf den Stier zugehen kann. Während er dies tut, schlüpft er in eine Taucherglocke, verwandelt sich und ist nicht mehr der, der er war. Aber auch das Objekt seines Stoßes kann sich in dieser Zeit verwandeln, am Ende haben wir nicht mehr einen Torero und einen Stier, sondern eine Taucherglocke und vielleicht Ortega y Gasset. So verschiebt sich auch im Laufe des Redens das Objekt der Rede, zunächst von Freud zu Nietzsche und schließlich zu Thomas Mann selbst: „Verargen Sie es mir nicht, wenn ich, statt von Freud zu reden, scheinbar von mir rede!“ (482) Der Schein aber ist das Eigentliche: eigentlich redet Mann in diesem Vortrag hauptsächlich über sich selbst, vor allem über das gerade im Entstehen begriffene Werk, den *Joseph*roman. Der, der nicht Subjekt seiner Rede sein wollte, macht sich zum Objekt derselben – und legitimiert sich so wieder als ihr Subjekt. Aber auch dabei verwandelt er sich, und was seine Taucherglocke ist, überrascht nicht, nämlich Goethe. Die Rede, die begann als eine Rede Manns über Freud, endet als eine Rede Goethes über Mann, könnte man sagen. Thomas Mann aber weiß, das dies ein gefährliches Spiel ist, ein Vorgang, der schützt, aber auch entstellt, und letztlich versucht er immer, dem unaufhörlichen Ineinandergleiten der Dinge Einhalt zu gebieten: Indem er sich selbst ein Vorbild wählt, orchestriert er die unvermeidbare Vermischung von Eigenem und Fremdem und errichtet vor den Augen der anderen eine Ähnlichkeit, die ihm lieber sein mag als andere, die von den immer nach Ähnlichkeiten ausspähenden Mitmenschen entdeckt oder kreiert werden könnten, denn eine Ähnlichkeit zu entdecken ist immer auch, eine Ähnlichkeit zu erschaffen. Nachdem Thomas Mann sich so Goethe anverwandelt hat, nachdem er Freud durch sich selbst ersetzt hat, wird zum Schluß der Rede auch Freud noch einmal verwandelt: „So fließen uns zum Schluß die Züge des ehrwürdigen Mannes, den wir feiern, hinüber in die des greisen Faust" (501).

Das Subjekt der Erkenntnis wird zum Objekt – auch in anderer Hinsicht. Die Bedeutung von Passivität ist auffallend. Bei der Liebe zur Wahrheit geht es weniger um die Suche nach Wahrheit, um Forschungsdrang, als um „eine Empfindlichkeit und Empfänglichkeit für diese Reize und Bitterkeiten" (480) der Wahrheit, eine Empfänglichkeit, die durch die Krankheit, deren produktive Bedeutung Mann herausstreicht, noch erhöht wird. Krankheit aber stößt einem zu, und fast hat es den Anschein, als ob es mit der Wahrheit sich ebenso verhalte. Erkenntnis ist demnach „träumerisch" (478). Das Thema des „Zustoßens" spielt Thomas Mann weiter durch: „Sogar es wäre zuviel gesagt, daß ich zur Psychoanalyse gekommen wäre: sie kam zu mir." Nicht er hat die Psychoanalyse für sich entdeckt, sondern sie ist zu ihm gekommen, ist ihm zugestoßen. Der Autor allerdings war vorbereitet, „durch entscheidende Bildungseindrücke meiner Jugend" (483). Schopenhauer ist damit gemeint, und Schopenhauer führt ihn zu Jung, in den Worten Manns „ein kluger, aber etwas undankbarer Sprößling" (488) der Schopenhauerschen Lehre. Über beide vollzieht Mann wieder eine Wendung, die ihn wegführt von der Betonung der Passivität: Alles Zustoßen wird als Machen entlarvt, indem das Geschehen oder „Schicksal" als Produkt des Innern verstanden wird, wir also „das, das uns zu geschehen scheint, selbst veranstalteten". (487) Geschehen und Machen, wie auch Subjekt und Objekt, Welt und Ich, Schicksal und Charakter bilden zusammen eine „geheimnisvolle Einheit" (479).

Kehren wir kurz an den Anfang der Rede zurück. Im ersten Abschnitt sind zwei Wörter kursiv gedruckt, *Objekt* und *Subjekt*. Diese Wörter heben sich aus einem sehr langen Satz hervor, einer Frage, in deren Verlauf der Dichter von dem Wissenschaftler auf eine Weise unterschieden wird, die bereits ankündigt, daß auch die Trennung von Subjekt und Objekt nicht aufrechtzuerhalten sein wird. Wir erinnern uns, die Rede beginnt mit der Frage nach der Legitimation des Dichters als Festredner Freuds, und ein Dichter, so fährt Mann fort, sei ein Menschengeist, „der wesentlich nicht auf Wissen, Scheidung, Einsicht, Erkenntnis, sondern auf Spontaneität, Synthese, aufs naive Tun und Machen und Hervorbringen gestellt ist und so allenfalls zum *Objekt* förderlicher Erkenntnis werden kann, ohne seiner Natur und Bestimmung nach zu ihrem *Subjekt* zu taugen" (478). Die Bestimmung des Dichters, die Thomas Mann hier vornimmt, widerspricht nicht allein dem Wesen dieser Unternehmung, der Rede selbst, die alle genannten Elemente, „Wissen", „Scheidung", „Einsicht", „Erkenntnis" in hohem Maße vereint, sondern sie widerspricht auch Manns eigenem Selbstverständnis als Schriftsteller. Oft klagt er, daß ihm Naivität und Spontaneität abgehen, und er betont statt dessen den Wert der Analyse. Dieser lange, gewundene Fragesatz mit der rein rhetorischen Scheidung von Dichter und Wissenschaftler, die allein dazu dient, von Objekt und Subjekt sprechen zu können, um dann beides ineinanderfließen zu lassen und die Ununterscheidbarkeit aufzuzeigen – dies also zeigt uns, wie auch der Rest der Rede gelesen werden muß als performativer Akt, der vor allem immer wieder eine Bewegung vollführt; und in dieser Bewegung liegt die Aussage, während die einzelnen Aussagesätze nur von begrenztem Wert sind.

Zunächst ging es um das Subjekt als das Subjekt der Rede und um das Objekt als das Objekt der Erkenntnis. Freud und Mann stehen sich hier als Subjekt und Objekt gegenüber. Dann aber vollzieht sich erneut eine Wendung: Das Wesen aller psychoanalytischen Initiation sei, so Mann, „die Vereinigung von Subjekt und Objekt, ihr Ineinanderfließen, ihre Identität, die Einsicht in die geheimnisvolle Einheit von Welt und Ich, Schicksal und Charakter, Geschehen und Machen, in das Geheimnis also der Wirklichkeit als eines Werkes der Seele" (479). Das Objekt ist jetzt das Objekt der Ereignisse (als Objekt des Schicksals), nicht das Objekt von Wissen oder Erkenntnis. Diesem Objekt aber korrespondiert kein Subjekt, denn es gibt kein Subjekt der Wirklichkeit. Daher ist ein Rollentausch zunächst nicht möglich. Der Mensch droht in seinem Objektsein gefangen zu bleiben. Um dieser reinen Objekthaftigkeit zu entgehen, deutet Thomas Mann Geschehen als Machen um: die leidende und erleidende Passivität ist zugleich eigene Wahl und eigenes Tun. Die Formel, die Mann im Anschluß an Jung dafür findet, heißt: „die Seele als Geberin des Gegebenen." (491) In dieser paradoxen Formulierung bleibt ein Äußeres erhalten, das zwar nicht unabhängig von der Seele, aber doch außerhalb ihrer existiert. Wichtig ist hierbei weniger, wo genau die Grenze zwischen Subjekt und Objekt verläuft, sondern daß beide aufeinander angewiesen sind, und zwar in einem unaufhörlichen Doppelprozeß. Dadurch, daß keines für sich fest umschlossen ist, ist es auch prinzipiell unabschließbar. Joseph wandelt sich, indem er sich äußeren Bildern anverwandelt, diese Anverwandlung ändert aber auch fortlaufend die Bilder. Die Einheit von Subjekt und Objekt, Ich und Welt bedeutet nichts anderes als eine Spaltung des Ich in Eigenes und Fremdes, Persönliches und Überpersönliches, Individuelles und Formelhaftes. Diesem Ich tritt eine Welt gegenüber, die, vom Ich aus gesehen, ebenso in sich gespalten ist, denn sie trägt immer schon einen Teil des Ich in sich.

Das Ich repräsentiert keine Urform, sondern entsteht erst durch das Vorhandensein von Mustern. Der Einzelne wüßte sich, „wenn seine Realität im Einmalig-Gegenwärtigen läge, überhaupt nicht zu benehmen, wäre haltlos, ratlos, verlegen und verwirrt im Verhältnis zu sich selbst, wüßte nicht, mit welchem Fuße antreten und was für ein Gesicht machen." (494) „Ich" kann nur sagen, wer gleichzeitig zitiert, und zwar eine Reihe von Vorgängern: „Denn durch Zeitaufhebung rücken in ihm sämtliche Eliezers der Vergangenheit zum gegenwärtigen Ich zusammen, so daß er von Eliezer, Abrahams ältestem Knecht, obgleich er realiter dieser bei weitem nicht ist, in der ersten Person spricht." (492) Die Zeit wird aufgehoben, aber nicht sämtliche Eliezers, sie rücken nur zusammen, bleiben also noch als verschiedene erhalten. Und warum trägt Eliezer den Namen dessen, der er „realiter bei weitem nicht ist"? Der Unterschied wird also betont, und doch findet über ihn hinweg eine Identifikation statt, allerdings in „humoristischer Feierlichkeit" (492), die also wohl letztlich das Bewußtsein der Differenz behält.

Thomas Mann zeigt, daß seine Position als Redner nicht selbstverständlich ist und problematisiert damit den Status des Menschen überhaupt. Der Mensch ist immer zunächst Objekt. Zu dem Subjekt seines Daseins wie seiner Rede muß er sich immer erst aufschwingen, doch indem er es bewußt tut, tut er es spielerisch, zelebriert er, feiert er nicht nur den Geburtstag Freuds, sondern auch die Geburt des Subjekts. Wie die Geburtstagsfeier, am deutlichsten in der Feier der Geburt Christi, das ursprüngliche Geschehen zelebriert und in der Zelebrierung erneut geschehen läßt, ist jedes Feiern Wiederholung, Wiederholung eines Urgeschehens. Mann nennt sich als Künstler dazu berufen: „Der Dichter versteht sich auf Lebensfeste." (478) Das heißt auch, er versteht sich als Künstler auf die Wiederholung. Welches Urgeschehen wiederholt der Künstler? Oder welches Urgeschehen wiederholt der Text? Zunächst einmal auch hier die Konstitution des Subjekts der Rede. In der Rede vollzieht sich die Geburt des Redners. Aber der Text ist nicht allein Feier und Wiederholung eines Ereignisses, des Geburtstags Freuds und der Geburt des Redners Thomas Mann, sondern als Text wiederholt diese Rede, wie jede Rede und jeder Text, ein Urgeschehen, das nicht ereignishaft ist, sondern vielmehr das Geschehen erst zum Geschehenden macht und damit das Urgeschehen der Wirklichkeit ist, das jeder Text wiederholt: das Vergehen der Wirklichkeit ist ihr Urgeschehen. Das Subjekt kann sich nur innerhalb dieses Vergehens konstituieren. Das Vergehen ist die äußere Wirklichkeit, die noch vor der Geburt des Subjekts bestand, außerhalb seiner besteht und über es hinaus Bestand hat. Das Subjekt ist Objekt dieser Wirklichkeit, sie vergeht sich an ihm und es vergeht in ihr.

Die Frage, die die *Freud*-Rede stellt, ist, wie sich der Mensch in diesem beständigen Vergehen behaupten kann. Die Antwort ist: durch Wiederholung. Als Beispiel nennt Mann die Todesart Kleopatras, die sich tötete, indem sie sich eine Giftschlange an die Brust legte und damit den Tod der Göttin Ischtar wiederholte. In dieser Geste, im Sterben den Tod eines anderen zu kopieren, liegt eine letzte Behauptung und Selbstbehauptung des Subjekts gegenüber der Wirklichkeit.

Die Wirklichkeit wiederholt sich nie; sie wiederholt sich allein für und in den Augen des Menschen. Ansonsten gäbe es nichts als die stumme Ähnlichkeit der Dinge, die, durch die indifferente Differenz der Zeit auseinandergetrieben, sich nicht zur einheitlichen Reihe der Wiederholungen zusammenfügen würde. Die Wirklichkeit ist reines Vergessen. Der Mensch erkennt die Ähnlichkeiten und prägt die Wirklichkeit als sich wiederholende. Nur innerhalb einer in Gegensätzen und Ähnlichkeiten strukturierten Welt kann der Mensch sinnvoll leben. Sinn und Sinnlosigkeit aber liegen nahe beieinander: Scheint die Wiederholung einerseits die Bedeutung des Einzellebens zu erhöhen, so kann sie sie auch wieder zunichte machen. Die sinnstiftende Suche nach Ähnlichkeiten raubt dem Einzelnen seine Einzigartigkeit. In den Augen der Menschen wiederholt sich die Wirklichkeit immer, und vor solchen Augen versagt jeder Anspruch auf Originalität. Thomas Mann spricht vom Schema, dem das vermeintlich ganz Individuelle folge, „nicht ahnend in dem naiven Dünkel seiner Erst- und Einmaligkeit, wie sehr sein Leben Formel und Wiederholung, ein Wandeln in tief ausgetretenen Spuren ist." (493f.) Diesem äußersten Angriff auf die eigene Individualität kann nichts entgegengesetzt werden, er kann nur noch überboten werden: durch die bewußte Imitation eines besonders herausragenden Modells.

Der moderne Mensch vor allem ist bedroht vom Ausufern der Ähnlichkeiten. Er weiß, daß alles schon einmal dagewesen ist. Auch er selbst ist schon einmal dagewesen. Die Welt, in die er tritt, ist alt. Jede Existenz wird kommentiert von dem schon Dagewesenen, und jede Existenz ist ein Kommentar des Vergangenen. Der *Joseph* gibt darauf eine andere

Antwort als *Doktor Faustus*. Der „Abgrund der Vergangenheit"[26] wird im *Joseph* umgedeutet als das Musterhafte im positiven Sinn, als das, was dem Einzelnen Sicherheit, Bedeutung und Würde verschafft. Im *Doktor Faustus* dagegen ist die Vergangenheit das Barbarisch-Archaische, wie es das Stadtbild Kaisersascherns prägt und dem nicht zu entkommen ist. Vergangenheit ist zudem die Fülle der musikalischen Formen, denen nichts mehr hinzuzufügen ist und die zu einer Sterilität in Leverkühns Schaffen führt, aus der ihn nur der Teufel befreien kann – und jede Befreiung, die ein Teufel erwirkt, ist eine höchst zweifelhafte.

Alles Leben ist also Wiederholung, der Mythos die Lebensgründung. In der Rede heißt es auch, der Mythos gründe die Urnormen und Urformen des Lebens und sei das zeitlose Schema: „Denn Mythus ist Lebensgründung; er ist das zeitlose Schema, die fromme Formel, in die das Leben eingeht, indem es aus dem Unbewußten seine Züge reproduziert." (493) Im *Joseph* aber sehen wir, daß auch das Ur in einer Reihe steht, die zu ihrem Anfang nicht findet und daß der Mythos ein sich ständig wandelndes Schema ist. Der Eindruck der Zeitlosigkeit entsteht allein dadurch, daß etwas wiederkehrt, ohne daß es aber in genau dergleichen Weise oder Form wiederkehren müßte. Denn „Wiederkehr ist Abwandlung, und wie im Guckrohr ein immer gleicher Bestand an farbigen Splittern in immer wechselnde Schauordnungen fällt, so bringt das spielende Leben aus dem Selben und Gleichen das immer Neue hervor." (IV, 827) Wenn etwas sich aber nicht genau gleich wiederholt, ist es fraglich, ob sich überhaupt etwas wiederholt. Es ist dann nicht möglich zu wissen, ob sich etwas wiederholt oder ob sich etwas neu ereignet, was einem vorherigen Ereignis nur ähnelt. Und diese Ähnlichkeit selbst kann von einem noch unentdeckten oder zukünftigen Ereignis, das dem ersten noch ähnlicher ist, in den Schatten gestellt werden, so daß am Ende die ersten beiden Ereignisse überhaupt nicht mehr aufeinander bezogen zu sein scheinen.

Urnorm ist der Mythos also nicht als absoluter Anfang, sondern insofern sich Späteres darauf beruft. Zeitlos ist er durch seine Wiederholbarkeit, nicht durch seine Unveränderlichkeit. Das Typische oder Wesentliche ist nie einmalig, sondern manifestiert sich in einer Reihe von Ähnlichkeiten. Die Aufhebung der Zeit, das Raumwerden der Zeit gewährt Vergleichbarkeit. Und doch ist diese Zeitaufhebung nichts als ein

[26] „Es genügt zu wissen, daß der Mensch, nach einem Wort Schellings, ‚ein Abgrund von Vergangenheit' ist." Karl Kerényi: Wesen und Gegenwärtigkeit des Mythos 1964. In: Kerényi: Eröffnung. S. 234-252, hier S. 252.

gedanklicher Festakt, ein kurzzeitiges Aussetzen des Zeitbewußtseins, der den gedanklichen Freiraum der Identifikation mit einem anderen verspricht, ohne ihn je ganz zu ermöglichen. Die Umkehrung findet niemals vollständig statt, die Aufhebung gelingt nicht, die Synthese besteht nur als Versprechen, das jedoch immer in die Zukunft verschoben wird. Es ist nur ein Zusammenrücken, wobei die Unterschiede letztlich bestehen bleiben. So bleibt das Moment der Übergänglichkeit gewahrt. Genau so verhält es sich in der Beziehung des Einzelnen zur Außenwelt: Die Grenzen zwischen Inneren und Äußerem lassen sich nicht genau feststellen, beides kann sogar in eins zusammenfallen, und doch bleibt zuletzt etwas außerhalb des Einzelnen bestehen, denn die Unterscheidung zwischen Subjekt und Objekt völlig aufzugeben und die Welt ganz als Erzeugnis oder Produkt der Einzelseele zu begreifen, ist „für den abendländischen Geist ein Paradoxon, das seiner Logik widerstreitet" (490). Der Widerstand des abendländischen Denkens gegen eine solche, Inneres und Äußeres verschmelzende, Auffassung zeigt sich nach Thomas Mann besonders angesichts der Gottesfrage, denn die Idee einer Gottheit, die „nicht reine Gegebenheit, absolute Realität, sondern mit der Seele eins und an sie gebunden wäre, [ist] abendländischer Religiosität unerträglich" (490). Am Beispiel Abrahams sucht Thomas Mann so den Gedanken des Ineinandergehens von Subjekt und Objekt mit dem Festhalten an eine absolute, äußerlich gegebene Realität zu versöhnen: „Abram ist gewissermaßen Gottes Vater. Er hat ihn erschaut und hervorgedacht; die mächtigen Eigenschaften, die er ihm zuschreibt, sind wohl Gottes ursprüngliches Eigentum, Abram ist nicht ihr Erzeuger, aber in gewissem Sinn ist er es dennoch, da er sie erkennt und denkend verwirklicht. Gottes gewaltige Eigenschaften – und damit Gott selbst – sind zwar etwas sachlich Gegebenes außer Abram, *zugleich* aber sind sie auch in ihm und von ihm" (490).

Gott wird nie Abraham und Abraham nie Gott, aber beide gehen ineinander über.[27] Erst in diesem Übergang konstituiert sich das Individuum. Der Übergang ist eine Bewegung. Das Überschreiten des einen auf den anderen hin, die dialogische Beziehung, die selbst in der Umkehrung den Unterschied zwischen Ich und Du bewahrt, ist eine Bewegung

[27] Vgl. Pütz, der von der „unabschließbare[n] Selbstveränderung sowohl Gottes als auch des Menschen" spricht. Peter Pütz: Verwirklichung durch „lebendige Ungenauigkeit". *Joseph* von den Quellen zum Roman. In: Thomas Mann und seine Quellen: Festschrift für Hans Wysling. Hg. v. Eckhard Heftrich u. Helmut Koopmann. Ffm. 1991. S. 173-188, hier S. 180.

gegen den Tod. Der Mythos ist ein ebensolches Du, das dem Menschen sein Ich erst ermöglicht. Und doch besteht immer die Gefahr der Übermacht des Anderen. Das Vorbild kann zugleich schützen und entstellen, dem eigenen Ich Würde und Legitimität verleihen, oder aber es zur Farce und Kasperliade werden lassen: „Es gibt eine mythische Kunstoptik auf das Leben, unter der dieses als farcenhaftes Spiel, als theatralischer Vollzüg von etwas festlich Vorgeschriebenem, als Kasperliade erscheint, worin mythische Charakter-marionetten eine oft dagewesene, feststehende und spaßhaft wieder Gegenwart werdende ‚Handlung' abhaspeln und vollziehen." (497f.)[28] Theater, Fest und Spiel – in all diesen immer wiederkehrenden Wörtern manifestiert sich die Spannung oder der Abgrund zwischen dem Wunsch nach Zeitlosigkeit und dem Wissen um die Endlichkeit und Begrenztheit des menschlichen Lebens. Der Humor dient immer wieder dazu, diesen Abgrund zu überbrücken, spielerisch zu bewältigen. Aber darüber hinaus gibt es eine weitere Diskrepanz. Wenn Mann vom Spiel redet, so verschleiert dies häufig, daß es beim Spiel wieder Subjekt und Objekt gibt, den Spieler und das Gespielte. Das Wort „Kasperliade" zeigt genau dies und offenbart das hinter dem Wort ‚Spiel' verdeckte Problem: es ist nicht deutlich, wer spielt und mit wem gespielt wird. Nicht deutlich aber heißt nichts anderes als: immer beides zugleich. So spielt der Schauspieler eine Rolle, er verkörpert jemanden, der er nicht ist; gleichzeitig aber vollzieht sich ein Spiel an ihm, über das er keine Kontrolle hat.

Der Schauspieler, der in eine Rolle schlüpft, läßt seine persönliche Geschichte hinter sich. Die Welt als Spiel zu sehen und sich darin seine eigene Rolle zu suchen, ist auch der Versuch, der eigenen Vergangenheit zu entkommen. Nicht umsonst parallelisiert Mann das Unbewußte des Einzelnen mit der Vorgeschichte der Menschheit. Beides hat das Ich zur Voraussetzung, aber gegen beides muß es sich auch beständig behaupten. Die Macht der Vorgeschichte kann auch wieder gebrochen werden, weil sie als Geschichte immer schon eine Kette von Ereignissen ist, die auf ein immer früheres Vor verweisen: „Die nächste Vorgeschichte einer Handlung bezieht sich auf diese: aber *weiter zurück* liegt eine Vorgeschichte, die *weiter hinaus* deutet: die einzelne Handlung ist zugleich Glied einer viel umfänglicheren *späteren* Thatsache."[29] Am Beginn des *Joseph*ro-

[28] Vgl. auch Feuerlicht: „Was Mann gelebten Mythus nennt, kann man ebensogut gelebte Parodie nennen." Ignace Feuerlicht: Thomas Mann und die Grenzen des Ich. Heidelberg 1966. S. 80.

[29] Nietzsche: Kritische Gesamtausgabe. Bd. VIII.1. S. 291.

mans erscheint die Vorgeschichte auf zweierlei Weise: als unergründliche Tiefe des Brunnens und als nicht endende Reihe von Dünen.

Doch man kann sich immer auf Wanderschaft begeben, entlang den Dünenkulissen. Der Wanderer wandert immer dem Tode entgegen, entlang einer Kette von Ähnlichkeiten, immer schon abgetrennt von seinem Ursprung. Getrieben von Unruhe begibt er sich in die Zerstreuung, die sich aber wieder in Ähnlichkeiten gliedert, so daß er sich nie ganz verliert. Eine Ähnlichkeit verweist auf die nächste, so daß die Bewegung des Wanderns sich fortsetzt und den Moment des Todes verschiebt. Nur in der Erinnerung kann die Richtung dieser Wanderung umgekehrt werden. In dem Verschieben des eigenen Anfangs hin auf Vorgängiges, Vergangenes übersteigt der Einzelne die Grenze seines Menschenlebens. Der Mensch, der spielt, indem er andere nachahmt, spielt über die Umrissenheit seines eigenen Daseins hinweg. Der Mensch ist ein Knotenpunkt vieler Geschichten, die man zu ihren Anfängen zurückverfolgen kann. Er wird von all diesen Geschichten bestimmt. Durch seine Wahl, welche er vergegenwärtigt, kann er jedoch zu einem gewissen Grade mitbestimmen, welche Geschichte ihn vorrangig formt. So wendet sich Joseph von der Naturgeschichte des Menschen ab, denn verfolgt er sie bis zu ihren Anfängen, so stößt er auf den Menschen als Larve, Urschleim. In diesem, ihm so Unähnlichen, sein Selbstbild zu finden, würde ihn entmenschlichen. So sucht er sich ein anderes, ihm ähnlicheres Selbstbild in einer anderen Geschichte.

Das Einzelne, Einmalige ist zugleich unmöglich und unbedeutend. Alles steht immer schon in einem Verweisungszusammenhang, und alles erhält seine Bedeutung erst durch die Beziehung auf ein anderes. Das bedeutet aber auch immer die Vorrangigkeit, die Verlockung und die Übermacht des Anderen. Alles verweist auf ein Bevor. Alles verweist auf ein anderes. Das ist die Bewegung der Auflösung, des Aufweichens der individuellen Grenzen, der Verlust von Identität. Die andere Bewegung ist die der Assimilation und des Kontrastierens. Sie hält den unendlichen Strom des Verweisens auf, indem sie es in Ähnlichkeiten und Gegensätze gliedert. Dadurch wird Identität gewonnen. Der ersten Bewegung ist der Mensch immer schon ausgesetzt; er ist dem unendlichen Verweisen ausgeliefert. Die zweite Bewegung aber geht vom Menschen aus: Das Individuum konstituiert sich durch Analogie und Differenz zum Anderen.

Das ist auch die Beziehung von Leben und Tod. Weil aus der Beziehung von Leben und Tod eine Spannung entsteht, die unaufhebbar ist, perpetuiert sie sich in einem unendlichen Verweisspiel, in dem das eine auf das andere verweist. In diesem Verweisungszusammenhang sucht der Mensch nach Ähnlichkeiten, und er strukturiert ihn in Gegensätzen. Der Gegensatz, der alle anderen Gegensatzstrukturen bestimmt, ist der unaufhebbare Gegensatz von Leben und Tod. Gleichzeitig aber ist der Tod die Auslöschung aller Differenz, die Vernichtung aller Gegensätzlichkeit. Auflösung und absolute Identität sind die beiden Gesichter des Todes. Auch das Vergangene als Nichtgegenwärtiges, Nichtseiendes ist der Tod. Die Macht des Vergangenen ist die Präsenz des Todes. Daher die Notwendigkeit der Vergegenwärtigung. Indem der Mensch die Vergangenheit vergegenwärtigt, wird er Herr oder Subjekt des Vergangenen, das ihn sonst als Abwesendes bestimmt. So wird der Mensch von zwei Seiten bedroht: das Zuviel an Bedeutung oder die Übermacht des Anderen kann ihn überwältigen, die Abwesenheit oder Negation von Differenz droht, ihn auszulöschen.

Es gibt immer entweder ein Zuviel oder ein Zuwenig an Bedeutung. „Form, so habe ich einmal zu sagen versucht, ist etwas Lebensgesegnet-Mittleres zwischen Tod und Tod: zwischen dem Tode als Unform und dem Tode als Überform, zwischen Auflösung also und Erstarrung, zwischen Wildheit und Erstorbenheit, sie ist das Maß, sie ist der Wert, sie ist der Mensch, sie ist die Liebe.“ (XI, 371)

Der Mensch also steht immer zwischen Tod und Tod, zwischen dem Zuviel und dem Zuwenig an Bedeutung, und nur die Bewegung hält die schmale Lücke zwischen Tod und Tod aufrecht. Was aber ist Bewegung? Ist sie alles, was den Tod ausschließt? Ja, nur daß sie durch den Akt des Ausschließens dem Tod verwandt ist. So ist der Tod zum einen das absolute Gegenteil des Lebens und damit der Bewegung, insofern aber alles Leben Bewegung auf den Tod hin ist und darüber hinaus die Bewegung als Bewegung des Ausschließens dem Tod verwandt ist, sind Tod und Leben – obwohl absolute Gegensätze – nicht immer eindeutig voneinander zu trennen. Das Leben ist eine lineare Bewegung auf den Tod hin. Das Leben ist gleichzeitig aber ein Begehren, das dem Tode entfliehen will, weil es sich selbst als das Leben will.[30] Sich selbst als das Leben wollen, also weiterleben, treibt aber das Leben weiter auf den Tod zu, da sich das Leben immer nur in der einen linearen Linie, von der Geburt zum Tod, bewegen kann. So ist das Begehren paradox: Es will das Leben und nicht den Tod, aber indem es das Leben will, kann es zuletzt nichts

[30] Vgl. *Joseph*: „[…] das Lebende strebt vorwärts, es strebt nach Zurücklegung der Zeit, es strebt im Grunde nach dem Tode, während es nach Zielen und Wendepunkten des Lebens zu streben meint“. (IV, 247f.)

anderes als den Tod wollen. Das Fest nun ist eine Gelegenheit, für kurze Zeit diesem Paradox zu entkommen. In der Anerkennung der Unmöglichkeit von Grenzziehungen liegt die Bejahung des Fests und der Kunst als Fest. Die Zeiten werden aufgehoben, alles bewegt sich gleichzeitig im Raum und durchbricht so die Linearität der Zeit. Letztlich ist es nicht das Maßhalten, was die Mitte, d.h. die Distanz zum Tod, hält, sondern die karnevaleske Vielstimmigkeit und überbordende Spielfreude, wie sie den *Joseph* charakterisiert, dessen Hauptfigur ja „der Mittler" genannt wird: „In dieser Improvisation gingen alle möglichen Weitläufigkeiten und Ideenverbindungen durcheinander, denn wenn er damit dem Monde babylonische Schmeichelnamen sagte, ihn Abu, Vater, und Chammu, Oheim, nannte, so spielte doch auch der Name Abrams, seines wahren und vermeintlichen Ahnen, hinein, dazu in abwandelnder Erweiterung dieses Namens ein anderer, ehrwürdig überlieferter: Chammurabi's". (IV, 66) Der *Joseph*roman ist nicht zuletzt ein Fest der Namen, ein sprachliches und mythologisches Durcheinander. Der *Joseph*roman folgt am genauesten dem Modell Blumenbergs: Hier wird tatsächlich der Absolutismus der Wirklichkeit durch die spielerische Vieldeutigkeit des Mythos gebrochen, oder anders gesagt: der Mythos wird durch Mythologie, die Macht des Realen durch das Geschichtenerzählen gebrochen. Das Fest sprengt die Grenzen des Alltäglichen. Das Fest verwandelt. Alles wird sich selbst unähnlich gemacht. Der Raum wird dekoriert, die Personen schmücken sich. Sich selbst unähnlich werden, aber eine neue Ähnlichkeit entdecken, das ist die Idee der mythischen Nachfolge.

Daß das Leben ein Fest ist, wie es in der *Freud*-Rede heißt, ist nicht zuletzt ein Wortspiel auf „Lebensfest", und Thomas Mann hält die Rede, um das Lebensfest eines Mannes, nämlich Freud, zu würdigen und zu feiern. Das Fest ist also nicht allein Gegenstand seiner Rede, sondern auch ihr Anlaß und ihr Rahmen. Wenn Thomas Mann zu Beginn die Frage nach seiner Legitimation als Redner stellt, so stellt sich auch die Frage nach dem Status einer Festrede überhaupt. Jede Rede ist eine Unterbrechung des Fests. Teil des Fests zwar, obligatorischer oft sogar, und dennoch Einschnitt, Zäsur, Trennung. Einer redet, der Rest schweigt. Die Rede ist ein Wagnis. Wer, was legitimiert den Redner? Und wohin wird es ihn verschlagen? Angetreten über einen anderen zu reden, spricht er zuletzt über sich selbst, aufgefordert, des Festtages eines anderen zu gedenken, erklärt er das Leben als Ganzes zum Fest. Alles aufs Eigene zurückzuführen (man denke an den Ausspruch des jungen Thomas Mann, in den *Buddenbrooks* spreche er nur über sich) und das Individuelle ins Allgemeine übergehen zu lassen – das sind die beiden grundsätzlichen Bewegungen, die Thomas Mann in seinem Vortrag sowohl durchführt als auch thematisiert. Die Welt als „Veranstaltung der Seele" (488) und die Seele als Produkt der Welt – diese zwei extremen Pole umkreist der Text. Das Individuelle ist schockierend und das Individuelle ist unmöglich, beides sagt der Text. Der Redner, der das Fest unterbricht, sich als Redner absondert und ins Abseits stellt, die anderen zum Schweigen nötigt, die Distanz markiert und seine Spur – als Rede – hinterläßt, ist das Skandalon des Individuellen. Als Programmpunkt des Festes aber war er immer schon vorgesehen und hat immer schon stattgefunden. Und doch hält das Publikum den Atem an, wenn der Redner die Tribüne betritt. Das Individuelle, Einmalige ist an das Gegenwärtige, Augenblickliche geknüpft, an den kurzen Moment vor oder jenseits jeder Rückerinnerung oder Antizipation. Das Individuelle ist schockierend, aber das Wiedererkennen bannt den Schrecken des Individuellen: „dem Menschen ist am Wiedererkennen gelegen; er möchte das Alte im Neuen wiederfinden und das Typische im Individuellen." Das Leben „als vollkommen neu, einmalig und individuell sich darstellend" würde „nur erschrecken und verwirren." (492) Das Wiedererkannte wird nach und nach zum Typischen und damit zum Vertrauten, das beruhigt, weil dem Einzelnen nun das Verstörende genommen ist, das allein darin besteht, eben einzeln, individuell zu sein: „es war der typische ‚hydrocephale Schrei', gegen den nur das Gemüt des Arztes, eben weil er ihn als typisch erfaßt, leidlich gewappnet ist. Das Typische läßt kühl, nur das als individuell Verstandene macht, daß wir außer uns geraten." (VI, 630)

Die eigene Individualität aber ist nicht nur verwirrend, sondern auch in weit geringerem Maße vorhanden, als wir üblicherweise annehmen: was individuell erscheint, entpuppt sich als formelhaft, außerpersönlich, konventionell und schematisch.

Das Individuelle und die Wiederholung gehen also drei verschiedene Verbindungen ein:

1. Das Individuelle ist das Diskontinuierliche der Wirklichkeit, das den Menschen verstört und dem er durch Aufsuchen und Herstellen von Beziehungen der Identität, der Ähnlichkeit und (daraus abgeleitet) der Kausalität begegnet. (Der Mensch produziert; d.h. subjektive Aneignung der Wirklichkeit, die sich jedoch den Schein des Objektiven gibt, so z.B. in der Wissenschaft.)
2. Das Individuelle des Menschen bzw. des menschlichen Erlebens ist Schein, insofern der Mensch in seinem Handeln und Erleben unwei-

gerlich und unbewußt andere nachahmt und wiederholt. (Der Mensch als Produkt; er ist das Erzeugnis anderer).

3. Der Mensch wird erst dadurch zum Subjekt, indem er wiederholt, d.h. vorgegebene Muster imitiert. (Der Mensch reproduziert; er gebiert sich durch Anverwandlung fremder Muster neu).

Das Individuelle kann sich dem Menschen, der es ersehnt in seinem Wunsch nach Singularität, Einzigartigkeit und Besonderheit, nur als Schein darstellen, da sich Bedeutungen nur aufgrund von Wiederholungen konstituieren und so das Einzelne als Bedeutendes sich notwendig seiner Individualität entkleiden und als Wiederholung auftreten muß. Dem Scheinhaften des Individuellen sucht der Mensch, so wie es Mann darstellt, durch Imitation zu begegnen, in der das Individuelle einerseits verschwindet, sich aber im Akt der Imitation behauptet, wenn diese Behauptung auch nichts ist als eine Spur; das heißt die Individualität kann sich nur in der Abwesenheit als Versuch des Dagewesenen manifestieren, das, indem es erscheint, sofort in der Maske der Wiederholung verschwindet. Die Wiederholung hält das Versprechen der Individualität aufrecht als das ursprünglich Einzigartige, an das in der Wiederholung fortwährend erinnert wird, das aber selbst sich nie darstellen könnte.

Gleichzeitig jedoch ist das Individuelle immer als Gefahr präsent, als das, was nicht ins System der Bedeutungen integriert ist: als ganz und gar Einzigartiges ist es das, was der Mensch sein will, nicht sein kann und immer fürchtet, denn diese Einzigartigkeit kommt nur dem Unbenannten, dem ganz Anderen, Unbeherrschbaren zu – es ist damit das Reale als das Mythische der Wirklichkeit.

IV. Sprache und Zeit

1. Anfänge – Frühe Texte

In den nächsten Kapiteln beschäftigen wir uns mit sehr frühen Texten Manns und den Erzählungen vor der ersten ‚Heimsuchungsgeschichte', dem *Friedemann*. Das Verhältnis des Einzelnen zur Wirklichkeit erscheint noch nicht so zugespitzt, daß es zu einem totalen, demütigenden Zusammenbruch kommt, wie in vielen der späteren Erzählungen. Aber gerade die oft noch tastenden Anfänge, die von der Forschung vernachlässigt wurden, weil die Texte als künstlerisch minderwertig gelten, lassen die Strukturen des Mythischen hervortreten, noch bevor es in der Erzählung selbst zu einer Mythisierung kommt. Der kleine Herr Friedemann scheint kurz nach der Begegnung mit Gerda von Rinnlingen „irgendwohin" zu horchen, auf „irgendein unheimliches Geräusch." (87)[1] Mit diesem unheimlichen Geräusch kündigt sich früh der Zusammenbruch seiner Existenz an, und dann heißt es: „Da war diese Frau gekommen, sie mußte kommen, es war sein Schicksal, sie selbst war sein Schicksal, sie allein!" (99) Was ihn mit „unwiderstehlicher Gewalt" (99) zugrunde richtet, ist das Schicksal, erschienen in der dämonischen Frau – eine Vorwegnahme Gerda Buddenbrooks und selbst bereits eine mythische Figur, eine zerstörerische Wassergöttin, wie sich in ihrem Namen verrät – und ins Wasser schleudert sie ihn zuletzt, während aus dem Garten das Lachen der Gäste ertönt. Aber letztlich vollendet Gerda nur das Werk einer anderen Frau; die Amme hatte die Schuld, heißt es im ersten Satz, und eigentlich war das schon die erste Gewalt, die ihn zugrunde richtete, und alles Weitere, das Epikuräertum, nur ein Warten auf den letzten Stoß, auf daß sich das Schicksal vollende.

In dieser geballten Schicksalhaftigkeit erreicht die Mythisierung, gerade weil sie ohne Mythologie auskommt,[2] das Gegenteil des spielerischen Aufbrechens des Absolutismus der Realität, wie Blumenberg es beschreibt. Das Weibliche, die Kunst, das Leben im allgemeinen – es ist nicht ganz klar, was die Schuld trägt – und gerade daher erscheint

---

[1] Seitenangaben beziehen sich, wenn nicht anders vermerkt, auf Bd. VIII der Thomas-Mann-Gesamtausgabe.

[2] Zwar lassen sich solche Bezüge herstellen, aus dem Nachnamen Gerdas etwa oder über die Wagner-Oper, doch überläßt der Text das dem Leser.

die zugrunderichtende Gewalt als die opake Macht, an der der Einzelne zerbricht.

In den in den folgenden Kapiteln besprochenen Texten dagegen findet dieser Zusammenschluß der Bedrohungen zum *einen* ‚feindlichen' Leben, zum Schicksal, man könnte auch sagen, zum Absolutismus des Lebens, noch nicht statt. Daher läßt sich an ihnen besonders gut analysieren, was im einzelnen die Gefährdungen des Menschen ausmacht. Besondere Aufmerksamkeit gilt dabei der Sprache, die nach Blumenberg Bewältigung der Bedrohung ist, sich aber hier dem Menschen selbst als Problem stellt.

Es wird sich zeigen, daß Thomas Mann zu Recht die Kontinuität seines Denkens und Schaffens betont: zumindest im Hinblick auf die Mythosthematik werden uns die Probleme, die in der *Freud*-Rede zutage kamen, auch im Frühwerk wiederbegegnen.

Die Lebensangst, aus der Blumenberg den Mythos ableitet, bestand in der Angst vor dem plötzlichen Einbrechen unbekannter Gefahr: der Mensch, zum ersten Mal aufrecht gehend, schutzlos in der Weite der Savanne, ausgesetzt allen möglichen Schrecknissen, die von allen Seiten an ihn herankommen konnten und an denen das Schreckendste war, daß sie noch unbekannt waren. Dieses Modell wiederholt sich in etwa im *Friedemann,* wenn Friedemann, verborgen in der künstlichen Schutzhöhle seines Hauses (und Lebens) auf ein unheimliches Geräusch zu horchen scheint und der Zusammenbruch dann mit der Elementarkraft eines Naturereignisses erfolgt. Dabei wird aber das eigentlich Mythische verdeckt; es ist eine Mythisierung eher im Sinne Girards, die den Ursprung der Gewalt verdeckt.

In den *Buddenbrooks* läßt sich in der Familienchronik nachlesen, wie das Leben der älteren Generationen bestimmt ist durch eine Abfolge von Katastrophen; immer wieder, als Kind schon, hätte man um ein Haar nicht überlebt. Das aber ändert sich für die jüngeren Buddenbrooks. An die Stelle der plötzlichen Katastrophen, der unvorhersehbaren Ereignisse tritt die Angst vor dem, was immer schon vertraut ist: der eigene Körper, das Essen, die Verwandten. Hanno am Ende ist mit dem Tod so vertraut, daß er nicht mehr leben kann. Nicht mehr das große Unbekannte, das einen jederzeit ereilen kann, ein Unfall beispielsweise, bei dem man vom Dach fällt, ist der Ursprung der Angst, sondern das Kleine, Alltägliche wie der Pfirsichkern, an dem Christian fürchtet zu ersticken. Es ist nicht allein so, daß der Pfirsichkern an die Stelle des großen Unglücks tritt, vielmehr konzentriert sich in ihm das Gefühl beständiger Gefährdung durch den Tod. Dieses aber läßt sich nicht mehr sinnvoll in eine narrative Form wie die der Familienchronik bringen, die zwar in der Aufzählung der Mißgeschicke, Krankheiten und Unglücksfälle das Leben eines Familienmitglieds erfassen, aber die allgemeine, allumfassende Angst vor dem Tod nicht zum Ausdruck bringen kann: Christians Angst, an einem Pfirsichkern zu ersticken, ist als Eintrag ebenso unvorstellbar wie Thomas' Angst vor seinem zerfallenden Körper. Dabei geht es nicht allein um den Unterschied von Fakten und bloßen Vorstellungen, die per se nicht zum Eintrag kommen, sondern darum, daß an die Stelle des Rechnens mit dem Tode als *immer möglichem Ereignis*, widergespiegelt in den katastrophengeprägten Chronikeintragungen, ein Leben mit dem Tod als *ständig präsente Gegebenheit* tritt. Unvorhersehbare Schicksalsschläge und die Angst vor ihnen werden mehr und mehr abgelöst durch die Bedrohung des gleichzeitig Vertrauten und nicht Kontrollierbaren. Immer wieder sind das vor allem die Zeit und der Tod, dazu kommt die Sprache, die mit beiden verwandt ist, gleichzeitig aber auch zu deren Bewältigung dienen soll. Das Mythische, wie es hier verstanden wird, ist also nicht so sehr das, was plötzlich aus der Ferne herankommen kann, sondern das, was immer schon da ist, wie die Zeit und die Sprache, in die der Einzelne mit der Geburt eintritt und die ihn als Individuum gleichermaßen konstituieren und bedrohen.

Die Widerständigkeit der Wirklichkeit bedeutet eine ständige Herausforderung an den Menschen – die Herausforderung, sie mit Sinn zu versehen und sie zu benennen. Dabei steht der ängstigenden Bedeutungslosigkeit immer die drohende Bedeutungsfülle, das Zuviel an Bedeutungen, gegenüber. Bedeutungslos ist jedes einzelne Ereignis für sich genommen. Bedeutung erhält es erst, indem es die Gegenwart nach vorne oder hinten, auf die Vergangenheit oder Zukunft hin überschreitet. Ein solches Überschreiten ist aber in jedem Gegenstand immer schon angelegt, ja es ist unvermeidbar. Die Wiederholung, nach Blumenberg Stiftung von Bedeutsamkeit, Garant der Vertrautheit und Wiedererkennung, kann als Bedrohung des Einzigen und Einmaligen ebenso verstörend wirken und als Zwang zum Immer-Gleichen bedrohlich: Wiederholung als unerbittliche Gesetzlichkeit, die den Menschen in ihrem Kreislauf festhält wie in den Strafmythen der Unterwelt: Tantalos, Sisyphos, die Danaiden – verdammt dazu, immer das Gleiche zu tun.[3]

---

[3] Vgl. Horkheimer/Adorno: Dialektik. S. 18 u. S. 65f.

Wir machen einen Sprung – vom späten Thomas Mann zurück in die frühen Jahre und begeben uns selbst auf eine mythische Spurensuche. Die Frage lautet: Lassen sich die Probleme, für die der Mythos in der Joseph-Zeit eine Lösung zu bieten scheint, bereits im Frühwerk Manns finden? Wir beginnen mit zwei Briefen des vierzehnjährigen Thomas Mann an Frieda Hartenstein. Wer genau Frieda Hartenstein war, ist nicht bekannt; möglicherweise war sie ein Kindermädchen der Manns, vermutlich hat sie längere Zeit in deren Haus verbracht.[4] Den Briefen ist jedenfalls zu entnehmen, daß Frieda Hartenstein aus Lübeck abgereist ist – beide Briefe beziehen sich auf die Abschiedsszene am Bahnhof.

2. Zwei Briefe

„Liebes Fried!" So beginnt der erste Brief, geschrieben 1889.[5] Dann heißt es im ersten Satz: „(Die altgewohnte Anrede.)" Sofort wird deutlich gemacht, daß die Anrede „altgewohnt" nicht neu, sondern die Wiederholung ungezählter voriger Anreden ist. Dieser erste Satz steht in Klammern, der Anfang des Briefes soll noch für einen Moment aufgeschoben werden, er soll aufgehoben werden für den zweiten Satz, dessen erste Worte denn auch lauten: „Ich beginne." „Ich beginne unsere Korrespondenz mit einem Citat aus ‚Aischa' von einem gewissen T..... M... ‚Noch keine Nachricht!'" Doch ist auch dieses „Ich beginne" nur eine vorbereitende Einführung, die Ankündigung des Anfangs. Zu dem Zeitpunkt, der den eigentlichen Beginn des Briefes darstellen soll, hat der Anfang längst stattgefunden – es ist ununterscheidbar, was eigentlicher, was uneigentlicher Anfang ist, und in dieser Ununterscheidbarkeit verliert sich jede Eigentlichkeit. Uneigentlich sind beide auch, insofern sie beide Zitat sind und damit auf noch Früheres zurückweisen. Der Bruch zwischen Anfangen-Wollen und gleichzeitig den Anfang-immer-schon-uneinholbar-hinter-sich-Haben bestimmt den Menschen in jeder seiner Aussagen und jeder seiner Handlungen.

Nach dem verschobenen Anfang der Abschied: Thomas Mann erinnert Frieda an die letzte Abschiedsszene, die Abfahrt Friedas nach einem Besuch in Lübeck: „Wie fanden Sie die Abschiedsscene vor Ihrem Wagen auf dem Bahnhofe? Rührend?! Nicht wahr?" In seinem nächsten Brief an Frieda Hartenstein kommt Mann auf diese Szene nochmals zu-

[4] Vgl. Mendelssohn: Der Zauberer. S. 105; Harpprecht: Eine Biographie. S. 43.

[5] Alle Zitate Thomas Mann: Briefe 1889-1936. Bd. I. S. 3f.

rück. Der Briefanfang ist zunächst wieder ein in Klammern gesetzter Kommentar der Anrede „Liebes Fried": „(Bei der Anrede soll es bleiben.)" Gegen Ende des Briefes dann die erneute Erwähnung der Abschiedsszene: „Ich lese jetz immer sehr fleißig in Schillers Werken, welche ich zu Weihnachten bekam, und war eben gerade bei dem Gedicht: ‚Hecktors Abschied von Andromache', da fiel mir der Abschied vor Ihrem Wagen ein an dem Morgen, wo Sie abfuhren. Das war doch wirklich eine dramatisch rührende Scene alsob die guten Damen mit Schiller sagen wollten: ‚Hecktors Liebe stirbt im Lethe nicht!'" Zweimal kommt Thomas Mann auf diese Abschiedsszene zurück, beim ersten Mal wird sie nur erinnert, beim zweiten Mal dagegen mythisch überhöht. Hier geschieht beim jungen Mann, spielerisch und wohl noch kaum bewußt, etwas, was er viel später innerhalb seiner Mythoskonzeption entwickeln und gezielt einsetzen wird: die mythische Imitation. Ein Ereignis wird bedeutungsvoll, indem es als die Wiederholung eines früheren auftritt. Das einzelne Ereignis ist unbedeutend, gleichzeitig in seiner Einzelheit beunruhigend. Das Wiederholte ist das Vertraute; es beruhigt den Zweifel, der Welt könne vielleicht kein Sinn innewohnen. Die Wiederholung verbürgt den Sinn, denn was mehr als einmal geschehen, kann nicht Zufall gewesen sein. Die Wiederholung verleiht nicht nur Sinn, sie garantiert auch die Faktizität eines Geschehens, verbürgt die Realität. Das einzelne Geschehen ist zu flüchtig, zu traumhaft, erst indem es sich wiederholt, wissen wir, daß es wirklich stattgefunden hat. Der Abschied von Frieda hat stattgefunden, das Ereignis ist vorbei, aber damit noch nicht abgeschlossen. Thomas Mann kommt darauf zurück. Das Ereignis hat einmalig stattgefunden, doch vielfach gewirkt. Thomas Mann will sich des Eindrucks der anderen, der abfahrenden Person vergewissern: „Wie fanden Sie die Abschiedsscene [...]?" Jedes Ding, jedes Ereignis stellt eine Frage an den Menschen dar, eine Aufforderung zu bezeichnen, zu interpretieren, mit einem Wort Thomas Manns, das Geschehene „zu erledigen"[6]. Doch die Abschiedsszene ist immer noch nicht erledigt. Mann kommt ein weiteres Mal auf sie zurück. Weitere Fragen sind offen geblieben. Vielleicht hat Frieda in ihrem Antwortbrief den jungen Mann vergewissert, daß sie das gleiche wie er empfunden hat, daß auch sie die Szene rührend fand. Was aber mögen die anderen Teilnehmenden, die den Wagen umstehenden Damen gefühlt haben? Hierzu werden nicht die betreffenden Damen selbst befragt, sondern Schiller, und seine Worte werden den Damen in den Mund gelegt: „Das war doch wirklich eine

[6] Vgl. VIII, 301.

dramatisch rührende Scene alsob die guten Damen mit Schiller sagen wollten: ‚Hecktors Liebe stirbt im Lethe nicht!'"

Das Schiller-Zitat dramatisiert den Abschied. Es handelt sich nun nicht mehr allein um die Abreise aus einer Stadt, der Abschied ist vielmehr ein endgültiger: Hektor zieht in die Schlacht und wird von Achilles getötet. Dem Tod aber und dem Vergessen, dem Vergessen, das die Toten aus dem Unterweltfluß Lethe trinken, wird das Weiterleben und das Nichtvergessen entgegengestellt: die Liebe Hektors wird dem Vergessen entrissen, und indem er nicht vergißt, seine Liebe nicht stirbt, lebt auch Hektor weiter, denn sein Weiterleben besteht darin, daß die Beziehung des in der Unterwelt Wandelnden zu der noch auf der Erde weilenden Andromache nicht abgebrochen wird. Eine Beziehung zwischen zwei Getrennten aufrechtzuerhalten ist aber gerade die Funktion des Briefes. Der Brief ist ein „Lebenszeichen", und Thomas Mann beschwert sich in seinem ersten Brief, ein solches von Frieda nicht erhalten zu haben. Der Brief ist der Garant dafür, daß der Abschied, der stattgefunden hat, nicht ein endgültiger war. Der Brief steht für das Weiterleben der anderen Person ein, weswegen er auch mit „*inbrünstiger* Sehnsucht" erwartet wird. Und der junge Briefeschreiber fährt fort: „Haben Sie auch schon wiedereinmal einen ‚Brief' vom Fridele, das operiert werden soll auf Tod und Leben (?) oder vom Herminele, das liebenswürdig sein kann, wenn es will, – oder von der Großmutt – – ? Ach nein, – die ist ja wohl tot!"

Die Bedingung jedes Briefes ist die Abwesenheit, und der Tod ist als Möglichkeit in jedem Brief immer mitenthalten, der seinen Empfänger vielleicht nicht mehr antrifft[7]; wenn aber aus der Aufzählung der Personen, von denen man einen Brief erwartet, eine auf einmal seltsam auffällt und herausfällt, weil sie schon gar nicht mehr unter den Lebenden ist, dann wird auf einmal die absolute Abwesenheit des Toten spürbar, die aller wartenden Sehnsucht ein Ende setzt und eine radikale Trennung zwischen den Briefeschreibenden und Briefeerhaltenden und denen, die es nicht mehr können, einführt. Diese radikale Trennung kehrt im Abschied Hektors von Andromache wieder. Und dort wird sichtbar, wie die Erinnerung sich der Macht des Todes und des Vergessens entgegenstellen kann. In dem Zitieren Schillers wiederum geschieht bereits die Vermittlung von Gegenwart und Vergangenheit, öffnet sich das individuelle Erlebnis und geht ein in ein mythisches Bild. Gleichzeitig aber eröffnet sich eine Verweisungskette: der zweite Brief verweist zurück auf den ersten, der erste Brief zurück auf die Abschiedsszene, diese wiederum zu-

---

[7] Vgl. Jacques Derrida: Marges de la Philosophie. Paris 1972. S. 374f.

rück auf Schiller und das Schillerzitat zurück auf Homer. Hektors Abschied kann jedem zum Modell dienen: Porcia, die vor einem Gemälde, das Hektors Abschied darstellt, über die bevorstehende Trennung von ihrem Gatten Brutus weint, und Amalia in den *Räubern*, für die Karls Tod mit dem Hektors verschmilzt und die sich in ihrer Trauer mit Andromache identifiziert[8]; und nach der tragischen nun die parodierende Imitation, in der Frieda zum Homerischen Helden wird. In der Rückbeziehung auf Vorhergegangenes liegt nicht allein Stiftung von Bedeutsamkeit. Jeder Moment gegenwärtigen Erlebens ist unweigerlich von Vergangenem angefüllt, das Vergangene kann bedrohlich einbrechen wie Dionysos oder beruhigend die Gestalt des Vertrauten zeigen wie Apollon. „Hecktors Liebe stirbt im Lethe nicht" – durch das Vergessen hindurch bewahrt das Geschehene seine Macht. Bedeutet das aber auch, daß es nichts Neues geben kann?

Alles ist Wiederholung. Diese Einsicht, schon in den frühen Briefen Manns andeutungsweise zu erkennen, zieht sich durch sein ganzes Werk. Die Wiederholung ist unvermeidlich, sie bedroht die Individualität des Einzelnen, wird aber auch gesucht als Bestätigung und Legitimierung. Sie geschieht und wird gestiftet. Sie geschieht auf der Seite des Lebens, der Natur, wie die immer wiederkehrenden Sintfluten, von denen im *Joseph* die Rede ist. Sie geschieht in der Natur, aber nicht für die Natur; was geschieht, wiederholt sich, aber es geschieht nicht als Sich-Wiederholendes. Denn die Natur hat kein Gedächtnis, jeder von ihr geführte Schlag ist neu und erstmalig. Jenseits von Sprache, Gedächtnis, Geschichte ist sie absolute, rohe, ungegliederte Macht. Oder, um präzise zu sein, Natur ist die „indifferente Macht"[9], die die Differenz von neu und alt nicht zuläßt, in der die Ereignisse einfach nur *sind*. Wahrgenommen wird die Wiederholung nur vom Menschen, und sie ereignet sich erst in dieser Wahrnehmung und durch diese. Die Wiederholung, die geschieht, geschieht als Wiederholung in der Natur nur dem Menschen bei gleichzeitigem Indifferentsein der Natur. Dem Menschen, der in der Zeit lebt, wird die

---

[8] Vgl. hierzu die Ausführungen Borchmeyers zu Schillers Gedicht. Dieter Borchmeyer: Hektors Abschied. Schillers Aneignung einer homerischen Szene. In: Jahrbuch der deutschen Schillergesellschaft 16 (1972). S. 277-298.

[9] Vgl. Nietzsche: „‚Gemäss der Natur' wollt ihr *leben*? […] denkt euch die Indifferenz selbst als Macht wie *könntet* ihr gemäss dieser Indifferenz leben? Leben ist das nicht gerade ein Anders-sein-wollen, als diese Natur ist? Ist Leben nicht Abschätzen, Vorziehn, Ungerechtsein, Begrenzt-sein, Different-seinwollen?" Nietzsche: Kritische Gesamtausgabe Bd. VI.2. S. 15f.

zeitlose Natur zum Geschehen in der Zeit. So wie kein Ereignis je ganz neu sein kann, so ist es auch nie genau das gleiche. Die Zeit schiebt immer eine Differenz dazwischen. So wird aufgrund der Zeit die Natur im Ereignis bedeutungsvoll für den Menschen, ohne daß er diese Bedeutungszuschreibung kontrollieren könnte. Im Namen aber liegt die menschliche Möglichkeit, Bedeutung zu organisieren. Durch den gleichen Namen, das gleiche Wort kann die durch die Zeit in die Dinge geschobene Differenz überwunden werden. Das ist die Stiftung der Wiederholung und der Identität durch den Menschen.

Mit Namen aber verbinden sich Geschichten. Es ist auffällig, daß sowohl Nietzsche als auch Freud für die den Menschen treibenden Grundkräfte mythologische Namen verwenden: Dionysos und Apollon, Eros und Thanatos – und Ödipus. Was will das besagen? Warum reichen abstrakte Begriffe nicht aus? Die Mythologie antwortet auf das Problem der Sprache: die Allgemeinheit der Sprache und die Geschichtlichkeit und jeweilige Besonderheit des Menschen laufen einander zuwider. Daher gilt es, die Geschichtlichkeit der sprachlichen Begriffe aufzuzeigen, wie Nietzsche es tut, Begriffe durch Geschichten zu ersetzen, und gleichzeitig das Allgemeine, Wiederkehrende in der Geschichte des Menschen aufzudecken. Beides leisten die mythologischen Namen. Der Ödipus-Komplex ist allgemein, durch seinen Namen aber verweist er auf eine bestimmte Erzählung. Die Wiederkehr der Begriffe und die Wiederkehr der Ereignisse sind etwas Grundverschiedenes. Die Wiederkehr der Ereignisse oder vielmehr die Wahrnehmung ihrer Wiederkehr ist an die bewußte Erinnerung gebunden, durch sie vollzieht sich der Ablauf der Zeit für den Menschen. Die Wiederholung aber, die Sprache erst möglich macht, die Tatsache, daß sich hier ein Wort zum unzähligsten Male wiederholt, muß sogar vergessen werden, um sich nicht in einer unabschließbaren Wortverweisungskette zu verlieren. Aus Begriffen aber ist die Zeit scheinbar entschwunden, sie wird erst durch Namen und die Geschichten, die sich an sie knüpfen, wieder sichtbar. Wörter sind allgemein, Ereignisse aber stoßen mir zu. Die Wiederholbarkeit der Ereignisse kann die Einmaligkeit des Erlebens bedrohen, aber auch die Besonderheit hervorheben. Es ist in jedem Fall immer noch ein Ereignis, das mir in einem bestimmten Moment zustößt. Es bedarf eines Ausdrucks, der diese Besonderheit nicht sogleich vernichtet.

Durch das Erwähnen der Abschiedsszene in seinem ersten Brief entreißt der junge Thomas Mann das Ereignis dem Vergessen und erweckt in der Wiederholung die verflossene Szene zu neuem Leben.

Doch damit nicht genug. Vielleicht muß nicht allein das Ereignis in der Sprache, sondern auch die Beschreibung des Ereignisses, die Erinnerung wiederholt werden, um nicht das erstmalige Erwähnen an der gleichen Flüchtigkeit teilnehmen zu lassen wie das einmalige und bereits vergangene Ereignis.

Vielleicht auch ist das erste Heraufbeschwören der Abschiedsszene noch zu sehr der Gegenwart verhaftet (und damit dem Vergehen ausgesetzt). Zu nah an der Gegenwart kann auch bedeuten, noch nicht die Distanz zur sprachlichen Bemeisterung des Ereignisses gefunden zu haben. Erst im zweiten Bild wird das Ereignis erlöst, trifft Apollos Pfeil: im mythischen Bild. Nun steht für das Ereignis nicht mehr allein das Wort Abschied, sondern eine Erzählung. Das Ereignis ist sowohl aus der Isoliertheit des rein persönlich Erlebten und der Allgemeinheit des Begriffs „Abschied“ in ein Bild getreten, in dem Allgemeines und Besonderes vermittelt sind.

3. *Frühlingssturm*

In Thomas Manns letzter Erzählung *Der Erwählte* ist immer wieder von der „festhaltenden Hand“[10] die Rede: „Weißt du von der festhaltenden Hand?“ (217) Gemeint ist der Erwählte selbst, Gregor, für den die Bezeichnung „festhaltende Hand“ zur stehenden Formel wird. Damit aber dieser Ausdruck zum Beinamen Gregors werden kann, muß zunächst eine Geschichte erzählt werden. Es ist die Geschichte vom Kampf Gregors gegen die seine Mutter belagernden Freier: „Kurz, Truchseß, unter solchen Taten weicht Schritt vor Schritt der Degen zurück vor ihnen gegen das Tor, das er allein gehalten, und rasselnd fallen vor ihren Nasen die Flügel zu, da er herrinnen. Ihr denkt Euch auf der Mauer das Jubel- und Spottgeschrei. Man nahm ihn auf die Schultern, in Eil lief ich herbei. Mit Blut war beronnen all sein Gewand, desgleichen die scharfe Waffe, so fest in seiner Hand.“ (VII, 129)

Diese Erzählung wird zum Bild, dem Bild Gregors, der die scharfe Waffe „so fest in seiner Hand“ hielt. Dadurch geschieht zunächst zweierlei: Der Moment der Bedrohung, die Nähe des Todes und die Singularität des Ereignisses werden aufgehoben in der wiederkehrenden Formel. In der Wiederholung ist gleichsam die Zeit ausgelöscht, das Ereignis ist

[10] Vgl. XIII,151, 156, 162, 200, 217, 240.

zum Namen geworden, jederzeit anwendbar. Aber nicht nur ist die Erzählung zum Eigennamen geworden, sondern auch zur Metapher, die jederzeit in neuem Kontext einsetzbar ist. So heißt es, nachdem Gregor Papst geworden ist, er wußte „mit festhaltender Hand dem Heiligen Stuhl Patrimonien zu bewahren" (238). So hat die Erzählung den Grund gelegt für zweierlei: einen neuen Eigennamen und eine neue Metapher. Das Individuum gewinnt so eine Identität, die sich aus seiner eigenen Geschichte und Vergangenheit ableitet, und die Sprache, die wie die Vergangenheit die Singularität des Einzelnen bedrohen kann, zeigt sich, wenigstens in diesem einen Ausdruck, von der persönlichen Geschichte des Einzelnen abhängig. Gleichzeitig aber verweist die durch ihre Formelhaftigkeit scheinbar zeitlose Wendung auf das ursprüngliche Ereignis und auf die Erzählung, die sie überhaupt erst begründete. In der Bewältigung der Zeit kommt dadurch ihr Vergehen überhaupt erst zu Bewußtsein. Dazu aber tritt noch ein anderer Aspekt. Weist die ‚festhaltende Hand' einerseits auf das ursprüngliche Ereignis, so dient die Umwandlung zum Beinamen Gregors auch der Loslösung vom Ursprungsereignis, eine Loslösung, die notwendig ist, da es sich um kein unschuldiges Ereignis handelt: Der Kampf, der Gregor zu seinem Beinamen verhalf, machte ihn zum Ehemann seiner Mutter. Dieses Ereignis kann in seiner Monstrosität nicht vergessen werden; die Erinnerung aber, statt Bedeutung und Kontinuität zu verleihen, droht die Sinnhaftigkeit der Existenz in Frage zu stellen. So flüchtet sich das Geschehene in die Formel von der „festhaltenden Hand" – eine Bewältigung, bei der der Schrecken des zu Bewältigenden immer noch mitenthalten ist. Am Schluß der Erzählung tritt die Unerhörtheit des singulären Ereignisses, das die Wiederholung hatte vergessen machen sollen, wieder hervor – und zwar in den Worten der Mutter: „Denn plötzlich sei das Kind ein Mann gewesen oder doch ein ritterlicher Knabe mit größtem Anspruch auf Männlichkeit und habe in ihrem Leben den wilden Freier gebändigt mit unglaublich festhaltender Hand." (VII, 254)

Hier kommt das Erstaunen zum Ausdruck, wie das Skandalon des Inzests sich hatte verbinden können mit so etwas wie einer „festhaltenden Hand", die doch gerade das Wilde hatte bändigen sollen. Steht aber die bildhafte Formel im Gegensatz zum einmaligen Ereignis, erweist sich wiederum das Ereignis selber als nur bedingt einzigartig. Anders als der Name und die Metapher ist es zwar geknüpft an die Singularität des Moments, in dem es stattfand, und doch erweist sich auch der Inzest als Wiederholung, zumindest für die Mutter, deren Ehemann Gregor ja bereits der Sohn aus der Verbindung zwischen ihr und ihrem Bruder ist. So erweist sich die Wiederholung nicht nur als Bewältigung und Bewahrung des Singulären, sondern auch als Fluch der Verdammung und als mythisches Abtragen der Schuld durch Wiederholung. Durch die explizite Anknüpfung der Geschichte an ein „mythisches Vorbild", die Gregoriuslegende, ist jedoch auch die Möglichkeit spielerischer Befreiung im Sinne Blumenbergs gegeben – und so wird in einem heiteren Ende Gregor und seiner Mutter verziehen.

In den *Buddenbrooks* finden sich viele Redensarten. Als Thomas Tony nach Travemünde begleitet, echauffiert diese sich wieder einmal über die Hagenströms. Ihr Bruder mahnt zur Gelassenheit: „Ihre wunden Punkte hat jede Familie", sagt er, und „ich finde, man soll keinen Stein aufheben" (I, 119). Mehr und mehr erweist sich im Laufe des Romans die Nutzlosigkeit solcher Redensarten. Kurz nach dem zitierten Gespräch aber ist erneut von Steinen die Rede: Morten und Tony gehen am Strand spazieren, und bald sehen sie die Lübecker Stadtgesellschaft. Tony bietet Morten an, ihn ihrem Bekanntenkreis vorzustellen, doch er, sich der hierarchischen Gesellschaftsverhältnisse sehr bewußt, lehnt ab. Kurz hintereinander sagt er dreimal Wort für Wort den gleichen Satz: „Ich setze mich da hinten auf die Steine..." (I, 131)[11] Noch am gleichen Tag verwandelt sich diese kleine Szene in eine Metapher: „Diese Steine waren seit dem ersten Tage zwischen den beiden zur stehenden Redewendung geworden. ‚Auf den Steinen sitzen', das bedeutete: ‚vereinsamt sein und sich langweilen'. Kam ein Regentag, [...] dann sagte Tony: ‚Heute müssen wir beide auf den Steinen sitzen...'" (I, 136)

Neun Seiten später bereits werden die Steine zum Bild für Mortens Ausgeschlossenheit: „Sie können wohl einmal mit einem von uns zur Erholung ein bißchen an der See spazierengehen, aber wenn Sie wieder in Ihren Kreis der Bevorzugten und Auserwählten treten, dann kann man auf den Steinen sitzen..." (I, 140) Tony hat diese Ausweitung der Metapher noch nicht mitvollzogen und nimmt die Steine noch einmal

[11] Vielleicht erinnerte sich Mann auch an den „Stein der Freudenlosigkeit", von dem in Nösselts Mythologiebuch, das er als Kind las, berichtet wird: Demeter, aus Trauer um Persephone, nimmt die Gestalt einer alten Frau an und setzt sich auf den Stein der Freudenlosigkeit, nahe am Wege, neben der Jungfrauenquelle. Friedrich Nösselt: Lehrbuch der griechischen und römischen Mythologie für höhere Töchterschulen und die Gebildeten des weiblichen Geschlechts. Leipzig 1853. S. 78.

ganz wörtlich: „Nun haben Sie sich *doch* geärgert, wenn Sie auf den Steinen saßen!" (I, 140) Doch Morten hatte ganz allgemein gesprochen, das Auf-den-Steinen-sitzen ist zum Bild für sein gesamtes Leben geworden: „...wenn Sie als eine Madame Soundso einmal endgültig in Ihrem vornehmen Bereich verschwinden werden und...man zeit seines Lebens auf den Steinen sitzen kann..." (I, 141)

Auf dem Rückweg von Travemünde nach Lübeck überkommt Tony auf einmal die Erinnerung an Morten: „Aber da, plötzlich, [...] sie hörte mit leiblichem Ohr, wie er sagte: ‚Heute müssen wir beide auf den Steinen sitzen, Fräulein Tony...', und diese kleine Erinnerung überwältigte sie. Ihre Brust zog sich zusammen vor Wehmut und Schmerz, ohne Gegenwehr ließ sie ihre Tränen hervorstürzen...In ihren Winkel gedrückt, hielt sie das Taschentuch mit beiden Händen vors Gesicht und weinte bitterlich." (I, 156f.)

Für beide, für Tony wie für Morten, nimmt also die zufällig, in einem Moment aus einer Situation heraus entstandene Wendung eine Bedeutung an, die zum Sinnbild für ihr ganzes Leben wird: Mortens gesellschaftliche Stellung, die eine Heirat oder auch nur die Fortsetzung der Bekanntschaft mit Tony unmöglich macht, und Tonys Verzicht auf ihr eigenes Glück. Die bildhafte Wendung, nur ihnen beiden verständlich, stiftet ein Band zwischen ihnen, und doch ist es gerade dieses Bild und schon der Anlaß seiner Entstehung, das die unvermeidliche Trennung vorwegnimmt. Zur Formel geworden übersteht der Satz aber den Abschied.

Viel später, gegen Ende des Romans, kehrt die Wendung noch einmal wieder. Alles ist für Tony schief gegangen, und jetzt soll auch noch ihr Schwiegersohn verhaftet werden. Weinend fleht sie ihren Bruder um Hilfe an und sagt: „Wir werden wieder zu Mutter ziehen, wenn sie es erlaubt, bis er wieder auf freiem Fuße ist...und dann wird es beinahe noch schlimmer, denn wohin dann mit ihm und uns?...Wir können einfach auf den Steinen sitzen". Thomas, erstaunt angesichts dieser unvertrauten Wendung, fragt: „Auf den Steinen?" Und Tony antwortet: „Nun ja, das ist eine Redewendung...eine bildliche..." (I, 553) Weiter geht sie nicht darauf ein, und so bleibt ihrem Bruder die Herkunft dieser bildlichen Redewendung verborgen.

Wieder also steht eine Geschichte hinter einer wiederkehrenden, metaphorischen Redewendung, und anders als bei den üblichen Redensarten und Sprichwörtern muß der Bezug zur eigenen Erfahrung nicht erst hergestellt werden.[12] Interessanterweise verschweigt Tony, die doch sonst so gern über ihr Leben redet, ihrem Bruder, wie es zu dieser Metapher gekommen ist. Indem die Geschichte zum Bild geworden ist, das jederzeit und in jedem Kontext eingesetzt werden kann, ohne die Geschichte zu verraten oder auch nur ahnen zu lassen, daß ein Bezug zu einer Geschichte überhaupt besteht, kann Tony, auch nachdem ihr alles genommen ist, etwas als ihr Eigenes bewahren.

In *Frühlingssturm*, einem sehr frühen Text Manns, findet sich bereits eine ähnliche Verknüpfung von Bild und Erzählung. Der 1893 entstandene Text wurde von Mann als Vorwort für das erste Heft der von ihm herausgegebenen Schülerzeitschrift ‚Der Frühlingssturm' verfaßt.[13] Als Vorwort der ersten Ausgabe einer neuen Zeitschrift hat er vor allem eine Funktion: den gewählten Namen, „Frühlingssturm", zu erklären.

„Frühlingssturm" – dieses Wort wird zur Metapher für die geistige Erneuerung Lübecks, deren die Stadt in den Augen des Schülers Thomas

---

[12] Renner sieht in der Anfangsszene der *Buddenbrooks*, in dem Fragespiel Johann Buddenbrooks mit Tony, ein „Paradigma der im Roman geschilderten innerfamilialen Kommunikation […] Die Sprache wird als Formel benutzt, die individuelle Erfahrung in der Regel unterdrückt." Renner: Lebens-Werk. S. 58. Renners Beobachtung ist durchaus zutreffend, beschränkt sich aber, wie u.a. *Gefallen* und *Enttäuschung* zeigen, nicht allein auf familiale Kommunikation, sondern zeigt sich als generelles Problem der Sprache, die das Individuelle zunichte zu machen droht. Die Bedeutsamkeit der Wendung „auf den Steinen sitzen" liegt gerade darin, daß durch die Prägung einer neuen Formel die individuelle Erfahrung in die Sprache hinübergerettet werden soll. Vgl. dagegen Renner: „Es zeigt sich zwar, daß sie [Tony] von Morten mehr Sprache übernimmt und mehr seiner Anschauungen reproduziert, es zeigt sich aber ebenso, daß sie gerade nicht in der Lage ist, die Inhalte dessen, was sie mit Morten bespricht, zu ihrem eigenen Leben in Beziehung zu setzen. […] Denn die Bedeutung der oft zitierten Redewendung vom ‚Auf den Steinen sitzen' hat Tony von Anfang an nicht auf sich bezogen. Deshalb nimmt sie diese Formulierung auch später in völlig anderer Bedeutung wieder auf." Ebd. S. 60f. Renner übersieht dabei, trotz seiner insgesamt recht überzeugenden Analyse, daß in dem Wiederaufnehmen der Formel mit neuer Bedeutung auch eine Bewahrung und Aufbewahrung des Ursprungserlebnisses zu sehen ist: Tony versucht, ihr eigenes Leben doch noch zur Geltung zu bringen.

[13] Die in den *Gesammelten Werken* gedruckte Fassung beruht auf den Versionen Arthur Eloessers und Alfons Hermanns; beiden lag noch das entsprechende Heft der Zeitschrift vor. Der Originaltext Manns ist nicht erhalten. Vgl. hierzu Mendelssohn: Der Zauberer. S. 144.

Mann so dringend bedarf. Bevor jedoch Lübeck erwähnt wird, bevor die Metapher „Frühlingssturm“ erscheint, wird eine kleine Erzählung eingeschaltet. Der Ich-Erzähler schlendert nach der Schule gedankenlos vors Tor. Die Zeit wird mitgeteilt, es „war mittags“ zwischen 1 und 2 Uhr; der Schüler wird durch einige Details treffend charakterisiert: „meinen Cäsar unterm Arm und eine Bostanjoglo zwischen den Lippen“[14]. Der Name des Tores wird nicht genannt; daß es eigentlich genannt werden müßte, darauf macht der Erzähler selbst aufmerksam: „Vor welches?“ Auch wenn er zunächst behauptet, dies sei ganz egal, erklärt er daraufhin dennoch, warum er das Tor nicht genauer bezeichnen könne: „ [...] ich gab nicht im mindesten acht darauf, wohin ich ging. Ich schlenderte völlig gedankenlos – wenn man aus der Schule kommt, ist man das immer – ins Ungewisse hinein“. Auf einmal dann befindet sich der Ich-Erzähler auf einer Bank, gedankenlos wie er war, scheint er nicht zu wissen, wie er dort hingekommen ist. Vor ihm breitet sich eine umfangreiche Grasfläche aus. Erst jetzt werden die Jahreszeit und das Wetter erwähnt: „Es war ein merkwürdig warmer Frühlingstag.“ Dann entfaltet sich das Bild einer „schlaffen Trockenheit“. Alles Knospen und Blühen leidet unter der Hitze, regungslos ragen Kastanienbäume, zolldick liegt Staub über der Höhe, und kein Luftzug regt sich. Jetzt erst, nachdem der Text die träge, faule Stimmung eines schwülen Nachmittags erweckt hat, geht es in einem schnelleren Ton fort, wird Lübeck diesem staubigen Grasplatz verglichen, und die Notwendigkeit eines Frühlingssturms beschworen.

Die Erzählung selber gliedert sich in zwei Teile. Der erste ist die realistische Wiedergabe einer alltäglichen Situation. Das Hinausschreiten vor das Tor, das nicht genannt werden kann, zeigt den Übergang auf eine andere Ebene an. Der Schüler ist in Gedanken verloren, und der Leser kann nicht mehr wissen, ob es sich bei dem nun Erzählten um ein Erlebnis oder um eine Vision handelt. Erst jetzt wird der Frühling erwähnt, noch dazu ein „merkwürdiger“ Frühling. Ist es auch Frühling, als der Schüler zwischen ein und zwei Uhr die Schule verläßt? Oder wird schon hier der merkwürdig warme Frühling zum Bild für die Stimmung des Schülers, ausgelöst durch den Gedanken an die Heimatstadt oder auch durch den Schulbesuch? Bevor also Frühling, Trockenheit, Sturm etc. ausdrücklich zu Metaphern werden, finden sie sich in einem Schwebezustand, einerseits noch wörtlich genommener Teil eines Erlebnisses, doch möglicherweise schon in einen imaginären Bereich verschoben. Bevor das Wort „Frühlingssturm“ als Metapher seine ganze Wirkung errei-

[14] Alle Zitate XI, 545.

chen kann, wird es zunächst in seiner ganzen Wörtlichkeit ernst genommen und als Bildbeschreibung entfaltet. Der Aufsatz zeichnet so den Weg vom Wort zur Metapher nach und führt Kritik und Reflexion zurück auf ein Erlebnis, das sich im Bild kristallisiert. Indem er diesen Weg nachzeichnet, wird aber der Status der Metapher wie der der Wirklichkeit unklar: Wo verlaufen die Grenzen zwischen Erlebnis und sprachlichem Bild? Warum kann die Metapher nicht gleich als solche erscheinen und muß erst das Bild als Geschichte entfaltet werden, um dann als Bild funktionieren zu können? Es gibt immer ein Tor, das von einem zum anderen führt, aber welches genau bleibt ungewiß und auch, wie man von einem zum anderen gelangt ist.

4. *Vision*

Vergessenes steigt in *Vision* auf – und wird zum Bild. *Vision*, ein früher Text Manns aus dem Jahr 1893[15], entfaltet eine schnell vorüberziehende Abendimpression. Der Erzähler dreht sich mechanisch eine Zigarette, und während er raucht, gleitet er in einen traumartigen Zustand über. Die Ruhe des Abends und das tiefsinnige „Studium der bizarren Rauchschriftzeichen“ (9)[16] wird unterbrochen von einer Vision: Vergessenes steigt auf, und aufgetaucht aus dem Vergessenen erscheint eine Mädchenhand. So durchbricht ein Bild das Lesen der Rauchzeichen, dieser flüchtigen Schrift, ein Bild, durch das Vergessenes sich erneut. Bereits im Titel „Vision“ ist das Wort ‚Sehen‘ enthalten, und auch das in der feuchtwarmen Abendluft aufsteigende Bild verkörpert „einst dem Sehsinn Eingeprägtes“ (9). An dieses dem Sehsinn Eingeprägte knüpft sich das Fühlen von damals. Das Fühlen von damals ist auch das der Gegenwart, das Bild löscht Vergessen und Zeit aus: „Aber schwer und mit

[15] Thomas Mann selbst hat diesen Text in seinen autobiographischen Schriften nie erwähnt. Die Forschung behandelt ihn selten; hauptsächlich werden Motivübernahmen und literaturgeschichtliche Einordnungsfragen behandelt. Vgl. Hans Rudolf Vaget: Thomas-Mann-Kommentar: zu sämtlichen Erzählungen. München 1984. S. 141-143; Hermann Wiegmann: Die Erzählungen Thomas Manns. Interpretationen und Realien. Bielefeld 1992. S. 14-18; Paul Requadt: Jugendstil im Frühwerk Thomas Manns. In: Deutsche Vierteljahresschrift für Literatur- und Geistesgeschichte 40 (1966). S. 206-216.

[16] Alle Seitenangaben beziehen sich bis auf weiteres, wo nicht anders vermerkt, auf Bd. VIII der Thomas-Mann-Gesamtausgabe.

grausamer Wollust lastet mein Blick, wie damals. Lastet auf der Hand, in der bebend der Kampf mit der Liebe, der Sieg der Liebe pulsiert...wie damals...wie damals..." (10)

Der Untertitel „Prosaskizze" scheint zunächst im Gegensatz zum Titel „Vision" zu stehen: Schrift und nicht Bild, Skizze und nicht Erscheinung, das Prosaische der Prosa statt des Visionären der Vision – eine unüberbrückbare Distanz kündigt sich an zwischen der zu beschreibenden Vision, die, wie es später im Text heißt, „ein All", „eine Welt" (10) enthält, und der Form der Beschreibung, die als Skizze nur bruchstückhaft wiedergibt, was als Vision vollkommen gewesen sein muß. Aber die Erzählung schildert nicht allein die Vision, sondern auch die ihr vorausgehende Situation, und in dieser wird die Schrift selbst wieder zum Bild: bizarre Rauchschriftzeichen irren um den Erzähler herum. Die Rauchschriftzeichen narren den, der sie entziffern will, sie täuschen eine Schrift vor, die keinen Sinn ergibt, sie ahmen Buchstaben nach, die nicht zu lesen sind und die sich beim Betrachten verändern und verschwinden. Sie kommen aus dem Nichts und entschwinden ins Nichts, ohne Vergangenheit und Zukunft.

Flüchtig sind beide, Schrift wie Bild, und beide, die Rauchzeichen wie die Vision, entstehen zufällig, sind ein „Kunstwerk des Zufalls" (9). Anders aber als die Schrift der Rauchzeichen kommt das Bild nicht aus dem Nichts und bleibt nicht rätselhaft. Die Vision steigt aus Vergessenem auf, formt sich langsam, gewinnt an Deutlichkeit und ergibt Sinn, wird „lesbar". Sie wird „wiedergeschaffen, geformt, gemalt von der Phantasie" (9). Aus der Passivität des Empfangens wird der Erzähler so zum Subjekt: zum Gestalter der eigenen Vision. Und doch behält die Vision das Charakteristikum der Offenbarung. Eine Vision ist eine Erscheinung, ein Trugbild, und doch erscheint in ihr die Wahrheit. Die Wahrheit dieser Vision ist die Erkenntnis der Liebe, des Geliebtwerdens: „Du liebtest mich doch..." (10) Diese Liebe wird sichtbar an der Mädchenhand; kein Laut dringt in dieses Bild – und kein Geständnis bürgt für diese Wahrheit. Sie bleibt an das Ich gebunden, an sein Sehen und Fühlen. Was empfangen wurde, was hinzugemalt – die Konturen verschwimmen. Das Ganze ist nicht zu erkennen. Was bürgt für die Interpretation des Zeichens, die Wahrheit des Fragments? Vielleicht nichts anderes als die Wiederholung: „Aber ich weiß es nun so sicher wie damals: Du liebtest mich doch..." (10) Wenn über die Wahrheit Gewißheit nicht zu erlangen ist, wenn sie, wie auch bei Nietzsche, eine Frau ist und rätselhaft, bleibt nur die Sicherheit des „noch einmal". Wenn die Wiederholung ernst genommen wird, entfällt die Frage nach Originalität und Authentizität, ist es unwichtig, ob das zweite Mal ein Trugbild ist – oder auch schon das erste – solange es so ist „wie damals".

Warum zerrinnt das Bild? Es wird nicht von außen gestört, sondern löst sich aus dem inneren Geschehen des Bildes her auf: Eine Perle steigt hoch, nimmt die Farbe des Rubins an, erlischt – das Bild löst sich auf, so sehr der Betrachter sich auch bemüht, die Konturen aufzufrischen. Ein Bild kann nur bestehen bleiben, wenn die Unterscheidbarkeit der Bildelemente gewahrt bleibt. Wenn die Eigenschaft des einen Elements auf ein anderes übergeht, erlischt zunächst dieses und dann alles. Die Perle steigt vom Grund des Kelches auf, gerät in den Lichtbereich des Rubins, flammt blutrot auf und erlöscht: „Da will wie gestört alles schwinden" (10). Das Bild zerrinnt im Dunkel. Das Aufsteigen der Perle bringt Bewegung ins vorher stille Bild, das einen Kristallkelch auf blendendem Damast zeigte und träumend davor hingestreckt die Hand. Die Bewegung führt zur Auflösung des Bildes, zum Erlöschen der Vision. Der Übergang eines Gegenstandes von einem Bereich zum anderen wäre jedoch nicht möglich gewesen, wenn es sich wirklich um ein Bild oder eine „lichte Plastik" gehandelt hätte. Ein Bild oder eine Plastik wäre bewegungslos und zeitlos; die Vision aber kommt und verschwindet, und es ist dieses Kommen und Verschwinden, das der Erzählung selbst ihren Spannungsbogen verleiht, sie vorantreibt. So ist es nicht zuletzt die Erzählung selbst, die die Dynamisierung des Bildes bewirkt – und auch fordert, die Prosaskizze, die die Vision zerreißt. Und auf einmal wird deutlich, daß der Untertitel fiel weniger im Gegensatz zum Titel steht, als es zunächst den Anschein hatte: die Skizze ist ein unfertiges Bild, ein Fragment, wie auch die Vision nur die Hand zeigt, aber bereits, „wo es nach dem zarten Gelenk im Formencrescendo Arm werden will" (10), verschwimmt. Erst jetzt, wo die Bewegung, das konstitutive Element der Prosa, das Bild aufgelöst hat, kommt dem Wort „Skizze" im Untertitel seine volle Bedeutung zu: Skizze nicht allein als die nicht ganz fertige Prosaerzählung, sondern Skizze als dem Bereich des Bildhaften und damit Stillstehenden, Zeitlosen zugehörig. Die Verbindung des Wortes „Skizze" mit dem Wort „Prosa" im Untertitel verschleiert diesen Gegensatz zwischen zeitloser Bildhaftigkeit und Temporalität der Prosa; durch die Annäherung des Erzählens selbst an den Bereich des Bildhaften wird das Gewaltsame der Zerstörung des Bildes durch die Bewegung, ihr blutrotes Aufflammen und Verlöschen, verdeckt. Umgekehrt aber ist eine Vision selbst Erzählung, visuelles Geschehen, das sich in der Zeit abspielt, so daß sie selbst von innen getrieben zur Auflösung drängt, die dann geschieht, wenn sich zwei Bereiche (Perle und Hand und auch Bild und Erzählung) nicht mehr voneinander trennen lassen. Anders als die Vision erlaubt aber die Erzählung den Rückbezug, die Reflexion auf Vergangenes. Während sich vor den Augen des Erzählers die Vision abspielt, führt er sich selbst und den Leser zurück in die Vergangenheit, die selbst nicht sichtbar ist, aber sichtbar insofern wird, als uns versichert wird, das gegenwärtige Bild sei die Wiederholung des einst Erlebten. So kehrt sich das Verhältnis von Bild und Schrift gewissermaßen um: die Vision, näher dem Bildhaften, löst sich in der Bewegung auf; die Erzählung dagegen, in der Insistenz auf Wiederholung und Identität der Szene bei gleichzeitiger Anerkennung der Differenz („Nichts dringt hinein von dem lachenden Lärm ringsum. Wohl nicht jetzt ringsum, aber damals." 10) löscht die Zeit aus. Gerade weil sie das Vergehen der Zeit anerkennt, im pochenden „wie damals" das Auseinandergetriebensein von Jetzt und Vergangenem betont, gelingt ihr im Bestehen auf der Gleichheit des Verschiedenen die Aufhebung der Zeit: Wenn sich die Dinge trotz des Vergehens der Zeit dem Wesen nach wiederholen können und die Wiederholung an der durch die Zeit bedingten leichten Veränderung („Wohl nicht jetzt ringsum") keinen Abbruch leidet, so verliert das Vergehen der Zeit an Bedeutung.

„Aber ich weiß es nun so sicher wie damals" – zu diesem Wissen gelangt der Erzähler erst, nachdem das Bild zerronnen ist, vorher hatte er es vergessen: „Ich atme tief – tief auf, denn ich bemerke, daß ich das vergessen hatte darüber. Wie damals auch...." (10) Betrachten und Erkennen schließen sich aus. Die Erkenntnis folgt erst auf das Zerrinnen des Bildes, erst nach dem Aufatmen im Dunkeln, im müden Zurücklehnen. Das Betrachten schließt das Erkennen aus, denn es ist ein kämpferischer, ein erobernder, ein grausamer Akt. Der Betrachter ist nicht unschuldig – „schwer und mit grausamer Wollust" lastet der Blick auf der Mädchenhand, verführt zum immer rascherem und wilderem Zucken der Ader, in der das Leben pulsiert, die Leidenschaft pocht: „Und wie es meinen Blick fühlt, wird es rascher und rascher, wilder und wilder, bis es zum flehenden Zucken wird: Laß ab..." (10) Doch der Blick tastet weiter.

Die Erkenntnis kann erst zum Schluß erfolgen; während der Erzähler ganz in dem erobernden, selbstbehauptenden Akt der Betrachtung aufgeht, kann er sich dem Erlebnis des anderen aus der Sicht des anderen nicht öffnen, kann er sich nicht als Objekt des Blicks eines anderen erleben. In der Erkenntnis „Du liebtest mich doch" sieht sich der Erzähler als Objekt des Begehrens eines anderen. Allerdings ist er noch immer Subjekt der Rede, und so bleibt es zuletzt fragwürdig, ob dieses „Du" je seine Liebe kundgetan, wie indirekt auch immer, oder ob der Erzähler das grausame Spiel der Betrachtung nur etwas raffinierter fortsetzt, so daß zuletzt, wenn das Betrachtete zu sprechen scheint, nichts als der Betrachter aus ihm spricht.

Aber die Vision ist schon erloschen, der Betrachter hat sich bereits müde zurückgelehnt, es ist dunkel, es gibt nichts mehr zu sehen, und in dem Aufzucken des Schmerzes wird sich der Erzähler seiner eigenen Objekthaftigkeit bewußt: er erlitt etwas, vermutlich einen Verlust. In dem Satz, „Aber ich weiß es nun so sicher wie damals: Du liebtest mich doch", steckt noch einmal die Selbstbehauptung des Subjekts, das mit diesem Wissen sich der Passivität des Verlierens und Erleidens entgegenstellt. Und ebenso ist der letzte Satz die Rückeroberung der Selbstkontrolle des Erzählers, in dem das Weinen zu einem Können statt zu einem unkontrollierten Ausbruch wird: „Und das ist es, warum ich nun weinen kann." (10)

Scheint der Erzähler im Akt des Betrachtens und Beschreibens souverän, erobernd, jede Einzelheit bis ins Detail kontrollierend, erweist sich auch dies als ein Akt des Erzählers, der sich damit aneignet, was ihm zustößt. Erinnern wir uns: Der Erzähler drehte sich eine Zigarette, wird dann aber in seinem Studium der Rauchzeichen gestört: „Aber nun ist die Ruhe zum Teufel." (9) In seine Sinne fährt „tolle Bewegung", und in dieser Stimmung, „fibrisch, nervös, wahnsinnig" (9), spaltet sich das Subjekt: „Wie interessiert ich es bemerke, daß mein Blick sich gierig erweitert" (9). Das Empfangen der Vision aber wird sofort umgedeutet in ein Schaffen: „Und er [der Blick] empfängt immer mehr. Das heißt gibt sich immer mehr; macht sich immer mehr; zaubert sich immer mehr..." (9) Der Blick wird in der Folge zu „mein Blick"; „ich" aber heißt es erst wieder nach dem Verschwinden der Vision.

Das Aufsteigen des Vergessenen bedeutet also auch einen Selbstverlust. Die Vision hat den Erzähler heimgesucht, was er vergessen hatte, vielleicht vergessen wollte, steigt wieder auf in einer seltsamen Erneuerung, in der sich das Ich spaltet und der eigene Blick hinüberwechselt in das Reich der Kräfte, die das Ich (was immer dieses dann noch sein mag) zu verwirren trachten. Zuletzt stellt sich die Frage: Da die Vision den Zweikampf zwischen dem Blick des Erzählers und der Mädchenhand beschreibt, mit welchen Augen sieht der Erzähler selbst diese Szene, die er uns berichtet, wie sieht er seinen Blick?[17]

Die Erkenntnis, die auf das Betrachten folgt, hat, wie das Betrachten selbst, schon einmal stattgefunden. In der Vision vollziehen sich die Spontaneität des Betrachtens und das obsessive Bewußtsein der exakten Wiederholung gleichzeitig. Die Erkenntnis der Liebe, die ja auch schon stattgefunden hatte, kann wieder erst am Ende erfolgen, und was damals vergessen wurde, muß noch einmal vergessen werden: „Ich atme tief – tief auf, denn ich bemerke, daß ich das vergessen hatte darüber. Wie damals auch...Wie ich mich müde zurücklehne, zuckt Schmerz auf. Aber ich weiß es nun so sicher wie damals: Du liebtest mich doch..." (10) Nichts wird dadurch gewonnen, daß das Erlebnis bekannt, alles schon einmal dagewesen ist. Es muß noch einmal genau so erlebt werden.

Die Vergangenheit ist nicht vergangen, die Grenzen zwischen Gegenwärtigem und Vergangenen zerfließen, und der Erzähler erlebt alles noch einmal. Sein wiederholtes „wie damals" will einerseits die Grenzen zwischen Vergangenem und Gegenwärtigem wieder festschreiben, deutlich absondern, was dem einen, was dem anderen zugehört, doch genau dadurch wird das Gegenteil erreicht: in der Wiederkehr des Gleichen zeigt sich die Macht des Vergangenen.

5. *Gefallen*

Die Erzählung *Gefallen*[18] beginnt mit der Schilderung vier befreundeter Männer, die sich zu einem Abendessen zusammenfinden. Einer von ih-

[17] Auch Frey fällt das Außergewöhnliche dieses selbstbeobachtenden Blicks während der Vision auf: „Daß das Ganze als Bildgeschehen, gewissermaßen wie ein stummer Film, abläuft, liegt im Wesen der Vision selbst bedingt. Keineswegs aber verlangt das Wesen der erzählerischen Darstellung eines visionären Vorgangs, daß auch das Vermittlungsinstrument, das erschauende Auge, vom Erzähler so hervorstechend eingeschaltet wird." John R. Frey: Blick und Auge in Thomas Manns Erzählkunst. In: Jahrbuch der deutschen Schillergesellschaft 13 (1969). S. 454-481, hier S. 456.

[18] Soweit die Forschung diese und die drei folgenden Erzählungen überhaupt bespricht, konzentriert sie sich auf das Außenseitermotiv oder spürt Quellen und Einflüssen nach. Diersen sieht die Gemeinsamkeiten der frühen Erzählungen in der Frage: „Wie kann ein zum Außenseiterdasein verurteilter

nen ist ein glühender Vertreter der Frauenemanzipation, und auch während des Essens kommt er auf sein Lieblingsthema zurück. Er spricht von den „blöden Vorurteilen“, der „bornierten Ungerechtigkeit“ der Gesellschaft, am meisten aber empört er sich über die „beschränkte Grausamkeit“, die im Bereich des Erotischen und Sexuellen der Frau gegenüber herrsche. (12f.) Lasse sich ein Mädchen mit einem Manne ein, so sei dieser ein Ehrenmann, die Frau aber „ist die Verlorene, von der Gesellschaft Ausgestoßene, Verfemte, die Gefallene. Ja, die Ge-fal-le-ne!“ Und dann stellt er die Frage: „Ist der Mann nicht geradesogut gefallen?“ (13)

Dieser Ausspruch, diese In-Frage-Stellung eines gängigen Vorurteils, das sich an das Wort „Gefallen“ anknüpft, gibt den Anlaß zu einer Erzählung des Zynikers Dr. Selten. Man begibt sich in eine andere Welt, die Welt der Erzählung: die Männer verlassen den Eßtisch, setzen sich in einen Plauderwinkel, über dem blaues Dämmerlicht und Zigarettenrauch liegt. Das Gesicht des Erzählers liegt im Dunkeln.

Der Held der Geschichte verliebt sich in eine Schauspielerin. Zunächst in ihr Gesicht, dann in ihre Hände, dann in ihre Arme, schließlich „liebte er sie ganz und gar.“ (15) Ihre Stimme wird nicht erwähnt, obwohl diese bei einer Schauspielerin einer der ersten Eindrücke sein müßte. Aber es soll herausgehoben werden, daß sich der junge Mann zunächst in ein Bild verliebte. „Er wollte nur immer so vor ihrem Bilde, das er sich längst gekauft, müde weiterdämmern“ (16). Alles verläuft klischeehaft, der Verliebte ist jung und unberührt, die Geliebte naive Liebhaberin am Theater, und der junge Mann schreibt aus Kummer klischeebeladene Gedichte.

Der schüchterne Student begnügt sich damit, von seiner Geliebten zu träumen und vor sich hinzuweinen. Es bedarf eines Anstoßes von au-

---

Mensch Glück und Lebenssinn finden.“ Inge Diersen: Thomas Mann. Episches Werk, Weltanschauung, Leben. Berlin, Weimar 1975. S. 14. Vgl. auch Lehnert: „[…] ein Außenseiter soll in seinem Verhältnis zur Gesellschaft gezeigt werden.“ Herbert Lehnert: Thomas Mann: Fiktion, Mythos, Religion. Stuttgart 1968. S. 42. Vaget betont vor allem das Thema der Dekadenz, während Anderson eine Nähe zum Melodrama sieht. Hans Rudolf Vaget: Die literarischen Anfänge Thomas Manns in ‚Gefallen‘. In: Zeitschrift für deutsche Philologie 94 (1975). S. 235-256; Mark M. Anderson: Mann’s early novellas. In: Ritchie Robertson (Hg.): The Cambridge Companion to Thomas Mann. Cambridge, New York 2002. S. 84-94. Zum Melodramatischen der frühen Erzählungen vgl. auch Reed: Uses. S. 31ff.

ßen, um ihn und die Geschichte voranzutreiben. Dieser Anstoß kommt von seinem robusten, ja brutalen Studienfreund Rölling und führt zu einer schriftlichen Avance, die unbeantwortet bleibt. Dem Brief folgt der Besuch, den Besuchen, die sich auf Gespräche beschränken, die sexuelle Verführung. Es ist Rölling, der zu jedem weiteren Schritt antreibt, allerdings unterstützt von der Natur. Rölling regt zu einem ersten Besuch an, doch der Verliebte ist zu schüchtern oder ängstlich. Erst der aufkeimende Frühling schenkt ihm die nötige Zuversicht: „Er fühlte, roch, schmeckte, sah und hörte den Frühling. Alle Sinne waren ganz Frühling. Und es war ihm, wie wenn der breite Sonnenstreif, der drüben über dem Hause lag, in zitternden Schwingungen bis in sein Herz flösse, klärend und stärkend." (18) Das Frühlingswetter löst also die Handlung aus, die aber schon vorauszusehen war durch den Vergleich der Jahreszeiten mit dem psychischen Zustand des Helden: „Nun kamen, wie draußen mit dem Mai der Winter ein letztes Ringen versuchte, Tage schweren Kampfes." (18) Bevor der Frühling also als Ereignis die Wandlung des Studenten bewirkt, dient er als Bild für die Überwindung seiner inneren Widerstände. Durch die Vorwegnahme des Frühlings als Bild ist es in dem Moment, wo er als auslösendes Ereignis auftritt, als Metapher nicht mehr wegzudenken. Da die Wandlung bereits angekündigt war, ist nicht mehr eindeutig zu sagen, ob tatsächlich der Frühling der Auslöser ist oder nur Spiegel eines Ereignisses, das auch unabhängig von ihm stattgefunden hätte. Wir können mehrere Ebenen unterscheiden. Zunächst eine realistische, physiologisch-psychologische: die Auswirkungen des Frühlingswetters auf die Stimmung des Menschen. Dann eine metaphorische: der Frühling wird zum Bild für die innere Wandlung. Zuletzt eine Ebene, die schwieriger zu benennen ist und den beiden anderen vorausgeht, strikt genommen, keine Ebene, sondern die Vorbedingung aller Aufteilung in Ebenen: die Bedingung der Möglichkeit der Metaphorisierung oder aber ihr Resultat. Das Bild entsteht als Folge von Ähnlichkeiten oder der Behauptung von Ähnlichkeiten, und es erschafft neue: ein schillerndes Wechselspiel findet statt, ein ständiges Auffinden von Korrespondenzen, Spiegelungen, Wiederholungen.

Die Entsprechung in der Natur nimmt dem Erlebnis des Einzelnen das Einsame, Isolierte.[19] Er kann sich in ihr spiegeln, eine Spiegelung, die

---

[19] Auf die Entsprechung von Natur und Seltens innerem Zustand sowie die spätere Inkongruenz wird in der Forschung häufig hingewiesen. Lehnert sieht darin eine versteckte Kritik an Goethes Naturfrömmigkeit. Lehnert: Thomas Mann: Fiktion. S. 40.

rein erscheint im Vergleich zum alles verzerrenden und beschmutzenden Austausch mit den Freunden, der daher gemieden wird. In der Verdoppelung des individuellen Erlebnisses in der Natur liegt scheinbar eine Legitimierung, eine Bestätigung des eigenen Tuns und Empfindens. Wie wir sehen werden, ist aber diese Struktur der Widerspiegelung doppeldeutig: sie ist gleichzeitig auch die der Verführung und des Verrats.

Wie der Frühling vom Bild zum Ereignis, so wird auch der Traum des Verliebten Wirklichkeit. Seine Träume sind wahr geworden, das macht ihn trunken, er küßt das Geländer und taucht, nach dem ersten Besuch, sein glühendes Gesicht in einen Fliederbusch und saugt den „jungen, zarten Duft" (23) ein. Er ist wie neugeboren, das Ereignis seines ersten Besuchs wird als Geburtstag gefeiert; „Geburtstag" ist gleichzeitig Metapher seines neuen Zustands und Deckmantel, um den Freunden den wahren Grund zu verheimlichen. Auf dem Weg vom Traum zur Wirklichkeit liegt die Lüge: die Briefe an die Mutter, in denen um Geld gebeten wird, „wofür er die abenteuerlichsten Erklärungen ausheckte." (15)

Auch die Geliebte entdecken wir bei einer harmlosen Täuschung. Sie hatte ihrem treuen Besucher nachgesehen. Als er sich plötzlich umwendet, täuscht sie die Haltung des Suchens vor. Sie sucht scheinbar etwas am Boden. Man denkt unwillkürlich an das Wort „gefallen", das Titelwort der Erzählung. Was sucht man am Boden anderes, als was einem hinuntergefallen, verlorengegangen ist? Und die Haltung, die man einnimmt, ist unweigerlich gebückt, dem Boden zugewandt. So ist schon, scheinbar, etwas gefallen; Irmas nicht mehr ganz Aufrechtstehen aber läßt sie selbst als Halbgefallene, im Fall Begriffene erscheinen. Für einen Augenblick wird das Wort „gefallen", das in seiner metaphorischen Bedeutung eine solche Rolle in der Erzählung spielt, zum Bild, zur Szene, eine Szene, die das Wort in seiner Wörtlichkeit inszeniert.

Die Unschuld des Helden besteht darin, nie über das Jetzt hinauszudenken. Es ist der Mephisto Rölling, der das Geschehen vorantreibt. Der junge Student reagiert jedesmal mit Zittern oder Schwindel. Nach dem Vorschlag, der Geliebten zu schreiben, dann der Aufforderung, sie doch direkt zu besuchen, setzt Rölling ihm nun den Gedanken der sexuellen Avance in den Kopf. Wie zuvor, weist der Student den Vorstoß Röllings zunächst ab. Doch den Gedanken wird er nicht mehr los. Wieder ist es das Wetter, das schließlich den Entschluß hervortreibt. Und wieder ist die Jahreszeit auch Spiegelung seines Inneren. Der junge Student hatte geglaubt, sein Glück, seine Erfüllung erreicht zu haben, nun muß er feststellen, daß er „wieder" krank ist, daß ihn „wieder" durstige Sehnsucht treibt.

Diesmal findet sich im Text eine direkte Bestätigung für die oben angesprochene dritte Ebene: „Er saß und starrte und wagte keine Bewegung, weil sonst auch nichts sich regte." (26) Die Schwüle lastet gleichermaßen auf ihm und der Natur, beide scheinen der Erlösung zu bedürfen, und wenn der Student sich schließlich für den befreienden Akt entscheidet, so ist es, als wollte er gleichermaßen stellvertretend die Natur erlösen, und in ihr sucht er die Bestätigung für die Richtigkeit seines Tuns: „Und nun, wie er da stand und regungslos zum Monde emporsah, war es doch wohl richtig so, und sein Platz." (27) In der Nacht der Verführung flutet beim ersten Kuß der Duft des Flieders „schwül und begehrlich" (29) durchs offene Fenster. Später in der Nacht dann geht ein Gewitterregen nieder, der zum einen das verkündet, was sonst unausgesprochen bleibt. Doch es ist auch, als ob der Student die Natur tatsächlich befreit hätte. Der „verjüngte[] Frühling" (30) scheint nicht nur Bild, sondern fast Folge seiner Handlung zu sein. Und sein „glockenfeierlich[es]" Gemüt am Morgen danach entspricht so ganz dem „zwitschernden Frühling" (30) und dem milde lächelnden Himmel, daß er den Namen der Geliebten als Morgengebet in den Frühling herausspricht.

In einem Gedicht des verliebten Studenten, das die zeitliche Begrenztheit des Glücks ausdrückt und damit das Ende des Verhältnisses vorwegnimmt, tritt erneut die Jahreszeitenmetaphorik auf: noch lache der Sonnenschein, doch unweigerlich folgt auf den Frühling der Winter. Dieses wehmütige Wissen, so heißt es, sei aber nur eine musikalische Stimmung und nicht wirklich der Gedanke an das Ende. Eine musikalische Stimmung? Vielleicht, aber auch mehr als das. Sie liefert den Gegensatz, durch den das Gedicht seine rhetorische Struktur entfalten kann. Mehr noch aber als das Gedicht verlangt die Erzählung selber, um ihr eigenes Gesetz zu erfüllen, das Ende des Glücks: „ […] und die Geschichte würde langweilig, wenn nicht dann einmal ein lustiger, ein amüsanter Morgen gekommen wäre." (34)

An diesem „amüsanten" Morgen ist wieder schönes Wetter, wie „damals an jenem Morgen nach der ersten wundersamen Nacht." (34) Auch treibt wieder das Wetter den Studenten zu seiner Geliebten. Wenn es regnete, wäre er ins Kolleg gegangen. Aber Wiederholungen sind trügerisch, und die gesuchte Entsprechung von Mensch und Natur erweist sich als fragwürdig. Vor und nach der Enttäuschung ist der Sommertag gleich lieblich, ein fast spöttischer Kommentar auf das Menschenschicksal. Und doch verlieren die vorhergegangenen Entsprechungen deswegen nicht ihre Gültigkeit, nur ihre Verläßlichkeit. Das Spiegelverhältnis, das zwischen Mensch und Welt besteht, läßt sich nicht aufbrechen.[20]

Die Rolle des Fliederbuschs

Von dem Fliederbusch heißt es an einer Stelle, der Student „sah in ihm kraft seiner permanenten lyrischen Entrücktheit weit mehr als eine bloße szenische Beigabe in seinem Roman." (35) Was ist dieses „mehr", das der Student in seiner lyrischen Entrücktheit in dem Fliederbusch sieht? Der Fliederbusch ist Symbol des Begehrens und der Kontinuität, und er ist heimlicher Gesprächspartner des Studenten. Seine Eltern muß er anlügen, seine Freude kann sich nur im Gestammel und in Ausrufezeichen ausdrücken und gleichzeitig verbergen. Von Rölling hat er nichts als grobe Redensarten zu erwarten; von seinen Studienkameraden will er nicht ausgelacht werden. Das Geheimnis seines Glückes kann er nur dem Fliederbusch anvertrauen. So schließt der Student nach und nach eine „innige Freundschaft" mit dem Fliederbusch, und ein „stummes, überaus gemütvolles Zwiegespräch" findet zwischen beiden statt. (35) Der Fliederbusch spricht zu dem Studenten, und er wird ihm nichts sagen, als was dieser ihm in den Mund legt – ein veräußerlichtes Selbstgespräch: „Dann erzählte ihm der Flieder in leisen, zarten Verheißungen von all dem Süßen, das ihn wieder einmal erwartete" (35). So sieht der Student im Fliederbusch etwas „zur Sache Gehöriges, Mitfühlendes, Vertrautes", und das heißt, der Flieder bedeutet ihm weit mehr als eine „bloße szenische Beigabe in seinem Roman" (35).

Ein interessanter Satz – man kann lyrisch oder theatralisch-romanhaft leben, eine andere Alternative scheint es nicht zu geben. Und so stellt sich die Frage, ob etwas überhaupt „nur" szenische Beigabe sein kann – wenn sich das Leben unweigerlich als Roman gestaltet, wenn das sogar das Alltägliche ist und nur im Lyrischen eine Überhöhung oder Entrücktheit besteht, dann ist jedes Ding, auch die bloße Beigabe, Teil dieses Romans und seiner Bedeutungsstruktur. Der Mensch kann nicht anders, denn als Geschichte, als Erzählung leben, und um seiner Einheit willen, muß der Mensch alle Dinge in Beziehung zu sich setzen, auch

---

[20] Wie sehr der Mensch angewiesen ist auf die Interpretation der natürlichen Zeichen, sich aber in dem Bemühen, sie zu entziffern, tragisch irren kann, wird viel drastischer noch in der weitaus späteren Erzählung *Die Betrogene* vorgeführt.

wenn sie sich dem angestrebten Erzählmuster widersetzen, es sogar verraten. Der Verrat ist nur die äußerste Umkehrung dieser Spiegelung, die Dinge können nicht stumm bleiben, sie sind unweigerlich Kommentar. Der Student rächt sich nicht an seiner Geliebten, ihr Bild auf seinem Tisch bleibt intakt, aber er zerreißt den Fliederbusch. Das ist nicht nur eine Verschiebung der Aggression, sondern eine Geste gegen sich selbst – er war der Fliederbusch. Aber die Geste ist auch Rache an dem Ding, das sich geweigert hat, seine Geschichte zu erzählen. Nichts anderes ist das Dionysische – wenn die Dinge anfangen, ihre eigenen Geschichten zu erzählen.

Innerhalb der Binnenerzählung ergibt sich die Alternative, der Fliederbusch könne „mehr", d.h. ein lyrisches Symbol oder aber „nur" eine szenische Beigabe sein. Der Erzähler kann frei walten; Selten, der sein Jugenderlebnis als fertige Novelle erzählt, hätte den Fliederbusch nicht erwähnen müssen. Aber der Fliederbusch ist auch Teil der Rahmenhandlung, in der der Erzähler selbst zum Erzählten, zum Objekt der Erzählung, zur szenischen Beigabe wird. Der Fliederbusch kehrt wieder als Fliederstrauß, der, wie wir im Rückblick erfahren, die Erzählung überhaupt erst ermöglicht. Sein Geruch verleitet Selten, seine Geschichte zu erzählen. Darüber hinaus wird der Fliederstrauß selbst zum erzählerischen Mittel. Sein Duft webt sich in den Vortrag Seltens, und dieser Fliederduft verstärkt die Wirkung der Novelle auf die lauschenden Zuhörer. Die Freiheit des Erzählers endet hier, der Flieder verströmt seinen Duft, auch nachdem er ihn innerhalb der Erzählung zerrissen hat. Auch wenn die Erzählung erst diesem Duft seine suggestive Kraft verleiht[21], dauert sie unabhängig fort. Daher bleibt dem Erzähler nichts, als auch diesen Flieder zu zerreißen.

Die Suche nach dem Jasminbusch

Das sexuelle Begehren, geweckt oder doch angetrieben durch die Worte Röllings, nimmt der Student wahr als süßen Duft, von dem er annimmt, daß er von einem Jasminbusch ausgeht. Auch wenn er gleichzeitig weiß, daß der Jasmin zu dieser Jahreszeit noch gar nicht blühen kann, so ver-

---

[21] Leibrich vergleicht die Bedeutung des Flieders in seiner suggestiven Kraft mit der Madeleine bei Proust: „Ressurgissement du souvenir, de nouveau comme chez Proust, sous l'effet d'une sensation. Thomas Mann précède donc de vingt ans le symbole de la fameuse madeleine." Louis Leibrich: Thomas Mann. Une recherche spirituelle. Paris 1974. S. 19.

sucht er doch, ihn zu finden. Vielleicht liegt tatsächlich ein süßer Duft in der Luft, vielleicht aber ist es auch nur sein eigenes Begehren, das ihm die Luft so erscheinen läßt. Hätte er den Jasminbusch gefunden, so hätte er eindeutig einen Ursprungsort außerhalb seiner selbst für diese betörende Stimmung ausmachen können. So aber wird er auf sein eigenes Begehren zurückgeworfen und muß ihm schließlich nachgeben.

Gleichzeitig zeigt die Suche nach dem Jasminbusch auch die Suche des Studenten nach einer äußeren Entsprechung seines inneren Zustandes. Bestätigung des Inneren durch Spiegelung im Äußeren zu finden und gleichzeitig das Innere vom Äußeren nicht genau scheiden zu können, diese Grundkonstellation durchzieht die Erzählung. *Gefallen* ist so nicht zuletzt die Geschichte einer Suche nach dem adäquaten Ausdruck eines Erlebnisses oder Gefühls. Gedichte, verklausulierte Briefe an die Eltern, die „Geburtstagsfeier" mit den Mitstudenten, die Zwiegespräche mit der Natur – in all diesen Formen drängt das Gefühl, das sich am Körper jederzeit verrät, nach Mitteilung. Aber auch die Sprache des Körpers ist nicht differenziert genug. „Zitternd" reagiert der Student sowohl auf die Vorstöße Röllings, die ihn in Erschrecken und Scham, aber doch unter dem Vorzeichen einer vagen Hoffnung, versetzen, als auch auf die plötzliche Enttäuschung, die ein Zunichtemachen jeglicher Hoffnungen bedeutet.

Traum, Wirklichkeit, Theater

Die Geliebte existiert für den Studenten zunächst als Schauspielerin des Theaters, dann als Bild und Traumgestalt. Durch die Vermittlung oder Verführung Röllings lernt er sie in Wirklichkeit kennen. Doch bald zeigt sich, daß die Grenzen zwischen Theater und Wirklichkeit, zwischen Fiktion und Realität nicht so klar zu ziehen sind. Irmas Lachen haftet eine Theaternote an, die Liebesbegegnungen werden Liebesszenen genannt, die Erlebnisse des Studenten sind ein „Roman". Das Theater selbst hat einen Doppelstatus: für die Zuschauer ist es Fiktion, für Fräulein Weltner Teil ihrer Lebenswirklichkeit. So wenig wie ihr Lachen außerhalb des Schauspielhauses frei ist von jeglicher Theaternote, kann sie ihrer Rolle als Schauspielerin jenseits der Bühne entkommen. Nachdem Irma „gefallen" ist, nennt sie zwei Gründe für ihr Verhalten: „Das tun ja doch alle [beim Theater]" und „Es wußten ja doch alle" (40). Der Begriff ‚Schauspieler' greift über die Berufsdefinition hinaus ins Private; an ihn knüpfen sich bestimmte Vorstellungen des Lebenswandels, denen der

Einzelne zuletzt erliegt. Solange Irma noch bei ihrer Mutter lebte und sich ganz von Männern fernhielt, bot sich der Gesellschaft noch die Möglichkeit, ihr Dasein gemäß eines anderen Klischees zu interpretieren: das des völlig unnahbaren, bei der Mutter lebenden, „gräßlich anständige[n]" (16) Mädchens. Die Unschuld des Studenten besteht darin, jenseits solcher festgelegten Kategorien zu denken und zu empfinden. Er hält an der absoluten Einzigartigkeit und Unvergleichbarkeit seines Erlebnisses fest. Welcher Täuschung er damit erliegt, deutet bereits der nicht anders als ironisch zu lesende Satz an, „Kaum war er vierzehn Tage in P., als er sich natürlich verliebte. Nicht in eine Kellnerin, wie es das gewöhnliche ist, sondern in eine junge Schauspielerin" (14). Spätestens seit *Wilhelm Meister* dürfte auch der sich in eine Schauspielerin verliebende Student ein Klischee sein.[22] Indem Irma ein Verhältnis mit ihm eingeht, wird sie anderen Schauspielerinnen ähnlich – und wie die Perle in *Vision*, die in den Farbkreis des Kelches gerät, sich auflöst, so erlischt ihre Individualität. In den Augen der Welt wird sie sofort zur gefallenen Schauspielerin – und Irma wird zur Gefallenen, weil auch sie an die Andersartigkeit ihres eigenen Falles nicht glauben kann.

Narziß und Echo

Um den Redensarten nicht zum Opfer zu fallen, hatte der Student sich dem Flieder zugewandt. Sich vom Fliederbusch die eigene Geschichte erzählen zu lassen, in der Natur sich spiegeln zu wollen, erinnert an den Mythos von Narziß.

Die Grundproblematik der Ovidschen Geschichte von Narziß und Echo bezeichnet die Ausgangsposition des modernen Menschen: seine Selbstbezogenheit und Isoliertheit und die Fremdheit der Rede. Der moderne Mensch ist Narziß und Echo in einem. Überall sieht er sein Spiegelbild, wenn er sich ausdrücken will aber, stehen ihm nur Wörter zur Verfügung, die immer schon von anderen gebraucht worden sind. Er ist zur Wiederholung verdammt. Manchmal gelingt die Aneignung des Fremden, wird sie zum Ausdruck des Eigenen, wie wenn Echo freudig ruft: „Uns vereinen."[23] Dann aber wieder ist die Rede fremd und verräterisch, „Daß ich würde dein eigen"[24], und Echo verbirgt sich aus Scham.

[22] Darauf weist auch, daß Irma am Goethe-Theater arbeitet. Wolff sieht die ganze Erzählung als Nachfolge der Mariane-Episode in *Wilhelm Meister*. Hans M. Wolff: Thomas Mann. Bern 1957. S. 11f.

[23] Ovid: Metamorphosen. III, 387.

[24] Ebd. 392.

Wenn der Student zu Rölling sagt: „Aber…aber das geht ja nicht!“ (17), so spricht er eine grundsätzliche Unmöglichkeit aus; er meint seine moralischen Bedenken hinsichtlich einer Annäherung an die Geliebte, seine Schüchternheit und Scheu. Röllings Antwort aber verfälscht diesen Satz, er faßt ihn rein pragmatisch auf: „Warum nicht? Jeder Dienstmann geht für vierzig Pfennig.“ (17) Das bewußte Mißverstehen des Satzes seitens Rölling zielt auf die Verschiebung von „Es ist *mir* unmöglich. *Ich* kann es nicht tun.“ zu „*Es* ist unmöglich“. Rölling negiert die inneren Widerstände, die Gewissensbisse, den persönlichen Konflikt des Einzelnen zugunsten eines allgemein übertragbaren, äußeren Hindernisses, das von „jedem“ Briefträger überwunden werden kann. Der Student will das von ihm als einzigartig empfundene Erlebnis Rölling nicht erzählen, da dieser ihm doch nur mit Redensarten begegnen würde. Er behält die Liebesnacht mit der Schauspielerin für sich, aber Rölling weiß dennoch nach acht Tagen Bescheid. Was für den Studenten unaussprechliches Glück, wird schnell Gerede der Stadt: man weiß, welcher Sprache und welcher Begriffe man sich in so einem Fall zu bedienen hat: „Man erzählte sich sehr bald in der Stadt, ‚die Weltner vom Goethe-Theater‘ habe ein ‚Verhältnis‘ mit einem blutjungen Studenten“ (31). Und so wird Fräulein Weltner in den Augen der Leute zur „Person“, an deren Anständigkeit man sowieso nie recht geglaubt habe. (31)

Das Zunichtemachen des Einzelnen durch das Allgemeine spiegelt sich auch in den Namen wider. Der Student heißt Selten, die Geliebte Fräulein Weltner. „Gefallen“ ist am Ende der Student, der die Seltenheit, die Einzigartigkeit seiner Geschichte nicht behaupten konnte und dessen Geschichte am Ende nur in der Erfüllung einer Redensart besteht. Die Einzigartigkeit selbst ist, wie die *Freud*-Rede gezeigt hat, unmöglich: auch das Einzigartige entpuppt sich als Redensart – und darin enthüllt sich das Mythische, das das Einzigartige grundsätzlich nicht zuläßt.

Rölling wird einmal Mephistopheles genannt. Man könnte sagen, daß er für den Genuß, den er dem Studenten verschafft hat, tatsächlich dessen Seele geholt hat. Das Ergebnis seiner Verführung ist, daß er den Studenten sich gleich gemacht hat. Dem älteren Dr. Selten begegnen wir als einem Zyniker, für den alle Frauen gleich sind.

„Wenn eine Frau heute aus Liebe fällt, so fällt sie morgen um Geld.“ (42) Daß er selber, der seine eigene Lebensgeschichte, „fix und fertig in Novellenform“, nur noch als Illustration einer solch „abgestandenen Redensart“ sehen kann, der „Gefallene“ ist, bestätigt der letzte Satz der Erzählung: „Wirklich –, wie er das so sagte und dazu mit dieser verbitterten, traurigen Brutalität in den Flieder griff,... gerade wie damals, – wirklich, von dem ‚guten Kerl' war nichts mehr an ihm zu bemerken." (42)[25]

6. *Der Wille zum Glück*

Der Wille zum Glück weist eine Gemeinsamkeit mit der Erzählung *Gefallen* auf. In beiden findet sich am Ende eine Art Moral der Geschichte, die jeweils bereits im Titel vorweggenommen oder zumindest angedeutet wird. In *Gefallen* ist das eindeutig. Dort ist die Erzählung, zumindest vordergründig, eine Illustration des Satzes, der Redensart: „Wenn eine Frau heute aus Liebe fällt, so fällt sie morgen um Geld."

In dieser Erzählung verhält es sich etwas anders. Die Moral dieser Geschichte wird zunächst als Frage formuliert: „War es nicht der Wille, der Wille zum Glück allein, mit dem er so lange den Tod bezwungen hatte?" (61) Auch wird hier nicht verallgemeinert. Das Fazit der Geschichte bezieht sich allein auf Paolo, den Helden der Geschichte. Beide Erzählungen aber haben gemeinsam, daß am Ende ihr Sinn in einem Satz erklärt wird, so daß die Erzählung als Illustration dieses Gedankens erscheint. Auf den Punkt gebracht lautet diese Geschichte: „Als Paolos Willen zum Glück Genüge geschehen war, mußte er sterben."

Wie sieht nun die Entfaltung dieses Satzes aus? Was wissen wir über Paolo? Er ist Maler. Das erste Werk, von dem wir hören, ist ein Blatt, das die Züge eines Mädchens trägt, in das der Schüler Paolo sich glühend verliebte. Das nächste Bild ist eine Zeichnung, die Paolo ebenfalls noch als Schüler anfertigte. Sie stellt eine „sehr weibliche Gestalt" dar, die sich „ohne jedes Schamgefühl den Blicken darbot." (45) Allerdings ist es nicht ganz fertig, der linke Fuß fehlt noch. Das Einschreiten des Religionslehrers verhindert die Vollendung. Das nächste Bild ist wieder ein weiblicher Akt, lobend erwähnt es der Baron von Stein: „Eine wirklich feine Arbeit [...] Der Fleischton auf dem roten Teppich ist eminent wirkungsvoll." (49) Aus der unvollendeten Skizze ist das vollendete Ge-

[25] Obwohl *Gefallen* durch den wiederholten Verweis auf „Redensarten" und „abgestandene Redensarten" das Problem allgemein faßt, macht Lehnert die Schauspielerin verantwortlich: „ [...] sie zerbricht den ‚guten Jungen' gerade dadurch, daß sie das Liebesverhältnis mit den Augen der Konvention sieht." Er übersieht dabei, daß auch Weltner Opfer der Konventionen geworden ist. Lehnert: Thomas Mann: Fiktion. S. 39.

mälde geworden, dazwischen liegen fünf Jahre. Während der folgenden fünf Jahre bis zum Tod Paolos ist das einzige, was wir hinsichtlich Paolos künstlerischer Tätigkeit erfahren, daß er Saracenis[26] musizierenden Engel kopiert. Diese Verschiebung hin vom eigenen künstlerischen Schaffen und dem Malen von weiblichen Akten zur Kopie und zum musizierenden Engel könnte auf eine andere Verschiebung hindeuten. Ging es in den ersten fünf Jahren um die Vollendung und Vervollkommnung einer Skizze, so in den letzten fünf Jahren um die Verwirklichung des Bildes. Anders gesagt: nicht eine Frau zu malen, sondern sie zu besitzen treibt Paolo an, hält ihn in den letzten fünf Jahren in ruheloser Wanderschaft. Hier geschieht, konzentrierter und zeitlich zusammengezogen, das gleiche wie in der vorigen Erzählung. In *Gefallen* folgte der Verwirklichung das Glück und dann die Enttäuschung; in *Der Wille zum Glück* fallen Verwirklichung, Glück und Tod in eins zusammen. Mit dem Übergang von weiblichem Akt zu musizierendem Engel deutet sich damit auch ein anderer Übergang an: das Ableben Paolos in der Hochzeitsnacht. Die weiblichen Akte, die Paolo malte, sind nicht zuletzt deshalb so ausführlich beschrieben worden, weil in seiner Hochzeitsnacht eine unheimliche Vereinigung von Sexualität und Tod stattfindet.

Ada und Paolo sind sich ähnlich, als Jüdin oder Halbjüdin ist sie wie er ein Außenseiter, und sie gleicht mit ihrem glänzend schwarzen Haar, dem matten Weiß ihres Teints und den mandelförmigen, dunklen Augen dem südländisch aussehenden Paolo, von dem es heißt, er sei das Ebenbild seiner südamerikanischen Mutter. Und beide kennzeichnet der gleiche starke Wille, die gleiche Zähigkeit ihres Wollens und Wartens. Am Ende triumphieren beide, nicht weil sie ihr Glück erreicht hätten, sondern weil sie ihrem Willen zum Glück Genüge getan haben. Was aber bedeutet dieses Genüge tun? Nichts anderes als das Zuendebringen einer einmal begonnenen Bewegung, das Ausführen des Sprunges, zu dem man einmal angesetzt hat. In der Romantik lag der Akzent auf der Liebeserfüllung, die im Tod beider gipfelt. Glücklich werden können die Liebenden nur gemeinsam, und als höchste Erfüllung des Glücks muß auch der Tod ein gemeinsamer sein. Hier aber halten sich die Liebenden nicht sterbend umschlungen, denn es geht nicht um das Glück, sondern um den Willen zum Glück. Diesem Genüge zu tun aber kann jeder für

[26] Das in der Erzählung beschriebene Bild ist von Caravaggio, wurde aber lange Saraceni zugeschrieben. Vgl. Ernest M. Wolf: The „False" Saraceni. In: Ernest M. Wolf: Magnum Opus. Studies in the Narrative Fiction of Thomas Mann. New York 1989. S. 243-253.

sich, muß jeder für sich. Es handelt sich nicht um die inhaltliche Erfüllung, sondern um die formale des Etwas-zu-Ende-Bringens.

Paolo, der den Tod in sich trägt, beugt sich mit langsamer Schläfrigkeit über die weiße, knochenlos scheinende Hand Adas, die „mit ihren sehr weichen und fast trägen Bewegungen kaum den Eindruck eines so jungen Mädchens" (48) macht. Eine fast geisterhafte Begegnung, in der Tod auf Tod zu treffen scheint: Paolo, todkrank, und Ada, mit den für ihr Alter reifen Formen, der leicht verschleierten Stimme, dem dunklen, leise zitternden Blick und der knochenlosen, kraftlosen Hand selbst eine Todesfigur.

Ada ist das Opfer, auf das der zum Sprung bereite Panther abzielt, doch dann ist das Raubtier selber Opfer, dem zu Häupten sie steht. Ada verzögert den Tod und bringt ihn, steht zuletzt als Todesengel am Sarg des gestorbenen Paolos: „Aber ich habe sie gesehen bei seinem Begräbnis, als sie zu Häupten seines Sarges stand; und ich habe auch in ihrem Antlitz den Ausdruck erkannt, den ich auf seinem gefunden: den feierlichen und starken Ernst des Triumphes." (61) Den Tod fliehen und ihn aufsuchen ist eine Bewegung.

Die Erzählung selbst endet mit einem Bild: Ada zu Häupten des Sarges. Die Erzählung ist eine Bewegung, die sich auf ein Bild und damit auf den Stillstand von Bewegung hinbewegt. Die Bewegung der Geschichte aber wird angetrieben durch das Begehren Paolos. Das Begehren Paolos, das Begehren, das ihn in einen Panther verwandelt, der zum Sprung ansetzt, erhält ihn am Leben. Gleichzeitig aber, wie schon das dem Dionysischen[27] verwandte Bild des Panthers andeutet, ist es ein Sprung, der auf den Tod als sein Ziel ansetzt. Das aber ist die mythische Struktur des Begehrens: das Leben zu wollen, in diesem Wollen aber gleichzeitig auf den Tod zuzueilen. Nichts anderes drücken die der Arbeit vorangestellten Worte Petrarcas aus: Das Leben steht unter dem Schatten des Todes; dieser Schatten aber ist es auch, was das Leben als Flucht vor dem Tod vorantreibt. Wie gewohnt folgt das Begehren, denn es ist die vorantreibende, die den Tod fliehende Kraft. Vor dem Tode wegzulaufen aber kann nichts anderes bedeuten, als dem Tode zuzulaufen, denn jede Bewegung, und Begehren und Bewegung sind eins, ist unweigerlich eine Bewegung zum Tode.

---

[27] Zu den Nietzschezitaten und -anspielungen in dieser Erzählung vgl. Peter Pütz: Thomas Mann und Nietzsche. In: Thomas Mann und die Tradition. Hg. v. Peter Pütz. Ffm. 1971. S. 225-249. S. 233ff.

7. *Enttäuschung*

Die nächste Erzählung heißt „Enttäuschung“. Ein Mann, dessen Alter unbestimmbar ist, der dreißig oder fünfzig sein kann, aber der schon so gebückt geht, daß er meistens nur noch den Boden vor seinen Augen sieht, erzählt von seiner Enttäuschung. Dabei handelt es sich eigentlich um viele Enttäuschungen, die sich doch in eine zusammenfassen lassen. Daher ist es gleichgültig, ob er das Leben noch vor oder bereits hinter sich hat, ob er also dreißig oder fünfzig ist. Denn Teil seiner Enttäuschung ist die Erkenntnis, daß sie sich immer wieder wiederholen wird und daß sein Leben nichts anderes ist als die fortwährende Bestätigung dieser Enttäuschung. Worin besteht nun diese Enttäuschung? Sie besteht in der Inkongruenz „großer“[28] Wörter wie Schönheit, Schmerz, Glück, Tod mit der individuellen Lebenserfahrung, die hinter diesen Wörtern zurückbleiben muß.[29] Dabei ist es nicht allein so, daß diese Begriffe in ihrer pathetischen Größe mehr versprechen, als das Leben einhalten kann, sondern auch, daß sie das Erleben verkürzen, verstümmeln und

[28] Zur Bedeutung des von Nietzsche häufig verwendeten Beiworts „groß“ vgl. Pütz: Kunst. S. 25f. Vgl. zu den Nietzsche-Bezügen in *Enttäuschung* R. A. Nicholls: Nietzsche in the Early Work of Thomas Mann. Berkeley 1955. S. 13ff.

[29] In den Augen Andersons stellt die in dieser Erzählung gezeigte Sprachskepsis eine Ausnahme dar. Anderson: Mann's early novellas. S. 84. Auch wenn in keinem anderen Text die Sprache so explizit zum Gegenstand wird wie in *Enttäuschung*, darf dabei nicht übersehen werden, daß die Reflexion über Sprache, die Problematisierung ihrer Ausdrucksfähigkeit, ihrer Ambivalenz und Zeitgebundenheit, ihrer verführerischen Macht wie ihrer Machtlosigkeit Thomas Manns gesamtes Werk durchzieht. Vgl. auch Dittmann: „Die Frage, wie die Sprache der Wirklichkeit gerecht zu werden vermag, durchzieht als bestimmendes Moment die ersten Veröffentlichungen Thomas Manns.“ Ulrich Dittmann: Sprachbewußtsein und Redeformen im Werk Thomas Manns. Stuttgart 1969. S. 23. Vgl. auch Burgard: „The language crisis in ‚Enttäuschung‘ is not an entirely isolated instance of such thoughts in Mann's work, but something to which he returned and the devolution of which, *as an explicit concern*, can be traced.“ Peter J. Burgard: From „Enttäuschung“ to „Tristan“: The Devolution of a Language Crisis in Thomas Mann's Early Work. In: The German Quarterly 59 (1986). S. 431-448, hier S. 444. Es ist allerdings wohl angemessener, wie Reed von Sprachskepsis statt von Sprachkrise zu sprechen, eine Skepsis, die auf dem Wissen um die eigene Ausdrucksfähigkeit bei gleichzeitigem Mißtrauen in den Wirklichkeitsbezug der Sprache beruhe. Vgl. Reed: Uses. S. 28f.

schließlich verhindern. Scheint es vordergründig um die Unvereinbarkeit von Sprache und Leben[30] zu gehen, so ist das eigentliche Problem die Zeit. Das Wissen kommt zu früh. Noch bevor sein Leben eigentlich begonnen hatte, in seiner Kindheit schon wurde er mit den „großen" Wörtern bekannt: Gut und Böse, Schön und Häßlich, Abstrakta allesamt, die auf den Begriff gebrachte Summe der Erfahrungen anderer, die der Erfahrung des Einzelnen keinen Raum und keine Zeit mehr läßt. Daher ist es gleichgültig, ob er dreißig ist oder fünfzig.

Wo das große Wort, aufgrund seiner Allgemeinheit, schnell benennt, und die von ihm geweckten Ahnungen in die Zukunft vorauseilen, ist das Leben und die Erfahrung an die Zeit gebunden. Den allgemeinen Begriff und die individuelle Erfahrung zur Deckung zu bringen ist schwierig oder unmöglich, geschieht es zu schnell, überdeckt das Allgemeine das Individuelle des Erlebnisses, geschieht es nicht, bleibt die Erfahrung stumm. Doch das Erlebnis drängt zur Mitteilung, das bezeugt der gebückte Mann selbst.

Mit seiner Geschichte widerlegt er sich selbst, sie ist es, die zwischen der Isoliertheit und Individualität seiner Erfahrung und der Allgemeinheit der Begriffe vermittelt. Der Blick zum Boden und der Blick in den Sternenhimmel sind das gleiche, Abkehr vom Leben, doch das Unendliche liegt nicht jenseits des Lebens, sondern in diesem selber, in dem Nicht-Fertig-Werden, der unendlichen Enttäuschung, die bodenlos ist, unbegrenzt und unabschließbar, und mit der selbst der Tod nicht fertig wird.[31] Daher trägt die Erzählung *Enttäuschung* selbst ein „großes" Wort als Titel, und es ist weder ein individuelles Erlebnis noch die unbegrenzte Vorstellungskraft, sondern die Geschichte unzähliger und wiederkehrender Einzelerlebnisse, die es mit Sinn erfüllt, die unabgeschlossene Serie von Enttäuschungen, die sich auf den einen Begriff Enttäuschung bringen läßt. Doch ist diese Serie vielleicht nur deshalb unabschließbar, weil der alterslose Mann, der den Tatsächlichkeiten nicht ins Auge blickt, um die Erfüllung dieses einen großen Wortes selbst nicht weiß.

[30] Vgl. Heller, der von der Kluft zwischen Sprache und Wirklichkeit, Sein und Bedeutung spricht. Heller: Der ironische Deutsche. S. 292f.

[31] „Ach, ich kenne ihn bereits so genau, den Tod, diese letzte Enttäuschung! Das ist der Tod? werde ich im letzten Augenblicke zu mir sprechen; nun erlebe ich ihn! – *Was ist das nun eigentlich?* –" (VIII, 68).

8. *Der Tod*

Was ist der Tod? Er ist zunächst nicht anders als das Leben, ebenso alltäglich, ein Zahnarzt, mit dem man es abmacht: „Er war bei mir [...] Es ist lächerlich, aber er benahm sich wie ein Zahnarzt! – ‚Es ist am besten, wenn wir es gleich abmachen', sagte er." (74)[32] Der Tod nimmt sich nicht viel Zeit, aber er ermöglicht immerhin noch den Widerspruch: „Aber ich wollte nicht" (74). „Es ist am besten" bedeutet nicht, „es muß jetzt und kann nur jetzt sein", und läßt damit die Möglichkeit zu, den Satz als Frage zu verstehen, vor allem wenn man selbst nach dem Tod geschickt hat: „Ist es nicht am besten, wenn wir es gleich abmachen?" Und so kann man den Tod auch noch einmal wegschicken, am besten warten wir noch ein wenig...

Die „stete Verbindung zwischen dem Menschen und dem Tode" (72) ist die ständige Präsenz dieser Frage. Leben bedeutet den ständigen Aufschub der Antwort oder zumindest den Aufschub des Abmachens. „Gleich" oder „noch nicht, etwas später" sind die einzig möglichen Antworten, „nein, niemals, überhaupt nicht" sind die nicht zulässigen, die unmöglichen Antworten. Leben heißt also, noch nicht zu sterben, aber auch, insoweit leben die Bewegung zum Tode ist, immer schon sterben. Es kommt auf die Perspektive an. Derjenige, der um seinen Tod weiß, der, wie der Protagonist der Erzählung, das Datum seines Todes kennt, erlebt das Leben als Sterben. Jedem Leben aber ist ein Todesdatum eingeschrieben. Dabei ist es gleichgültig, wie zutreffend die eigene Bestimmung dieses Datums letztlich ist. Thomas Mann selber glaubte, er würde mit fünfzig sterben.

---

[32] Hatfield sieht in der Enttäuschung, daß der Tod sich wie ein Zahnarzt verhalte, das Hauptthema der Geschichte: „*Death* [...] is remarkable mainly for Mann's ironic counterpointing of reality against the ideal; for death, romantically imagined as beautiful and majestic, appears as ‚dry boring, and bourgois.'" Henry Hatfield: Thomas Mann. New York 1962. S. 14. Auch Leibrich betont das Thema der Enttäuschung, das beide Erzählungen, *Der Tod* und *Enttäuschung*, verbinde. Leibrich: Thomas Mann. S. 27. Insgesamt finden sich wenige Besprechungen dieser Erzählung. Vgl. Vaget: „Die Novelle gilt allgemein als eine der schwächsten Arbeiten des jungen TM und wird deshalb meistens ignoriert." Vaget: Thomas-Mann-Kommentar. S. 60. Dagegen stellt sich Wiegmann, der diese Erzählung aufgrund ihrer „einheitlichen Strukturierung und inneren Stimmigkeit" als Sonderfall unter den frühen Novellen betrachtet. Wiegmann: Erzählungen. S. 36.

Der Geburtstag ist ein ganz persönlicher Tag, so wird immer wieder betont. Die Allgemeinheit des Ereignisses wird durch das Datum zu einem besonderen. Selten oder nie bestimmt sich Individualität durch die Verschiedenartigkeit der Erlebnisse angesichts der Gleichheit des Datums, sondern umgekehrt. Darauf beruht auch das Prinzip des Tagebuchs. Es geht weniger darum, besondere Ereignisse festzuhalten, als die Erlebnisse, seien sie auch noch so banal, eines jeweils besonderen Tages. So zumindest scheint Thomas Mann es aufgefaßt zu haben. Wie aber bezieht man den Tod auf sich? Der Tod wird zu meinem Tod durch sein Datum. Nicht, daß es nicht auch andere Möglichkeiten gäbe, den Ort des Todes, beispielsweise, oder Todesarten. Wie aber nichts die Individualität des eigenen Lebens so deutlich sichtbar und öffentlich markiert und regelmäßig zelebriert wie das Feiern des Geburtstages, so ist die Annahme eines Todesdatums die Konkretisierung und Individualisierung des allgemeinen Abstraktums „Tod".

Um zu verstehen, was es ist zu sterben, muß ich wissen, wann ich sterbe. Das zeigt die Erzählung, aber sie zeigt auch, daß man, trägt man der Endlichkeit des Lebens Rechnung, indem man sein Todesdatum voraussieht, den Tod wegschicken kann. Wie sonst könnte man sagen, er sei zu früh gekommen? Wie anders, als in dem Wissen, daß das eigene Leben fortdauern soll, fortdauern muß, könnte man auf die stets präsente Anfrage antworten: „Noch nicht." Man kann nicht leben, ohne leben zu wollen, so heißt es in diesem Text wie auch in anderen Texten Manns. Nicht das Leben ist das Selbstverständliche, sondern der Tod, er tritt ein, wenn die Kraft zu leben nachläßt, aber sie läßt nicht nach, solange man etwas will. Sowohl der *Wille zum Glück* als auch diese Erzählung berichten von der Verzögerung des Todes, in beiden Geschichten wird der Tod fortgeschickt, weil das Gewollte noch nicht erreicht ist. Der Protagonist der letzten Erzählung will nicht einfach sterben, er will an einem bestimmten Tag sterben, hätte er dieses nicht gewollt, wäre er eher gestorben.

Was ist der Tod? Der Tod ist auch das Wissen um die Nichtigkeit der Begriffe und den Zusammenhang der Dinge: „Oftmals wenn meine Gedanken sich wie graue Gewässer vor mir ausbreiten, die mir unendlich scheinen, weil sie umnebelt sind, sehe ich etwas wie den Zusammenhang der Dinge und glaube die Nichtigkeit der Begriffe zu erkennen." (73) Vom Tode aus gesehen, hängt alles zusammen und lassen sich Unterscheidungen nicht mehr machen, womit auch den Begriffen der Boden entzogen ist. Vom Tode aus gesehen, ist das Leben sterben. Das zeigt die Geschichte. Um das Leben zu wollen, muß aber ein Unterschied zwischen Leben und Tod angenommen werden. Insofern stehen Begehren und Wissen gegeneinander, muß sich der Wunsch zu leben gegen das Wissen um das Leben als Sterben durchsetzen. Ist das Begehren stark genug, kümmert es sich nicht um dieses Wissen, „weiß“ nichts davon. Das sind die Blonden, Blauäugigen bei Thomas Mann. Für die anderen bleibt nur der Weg, über das Wissen vom Tode zum Leben zu gelangen. Das heißt, trotz des Wissens um die Nichtigkeit der Begriffe und den Zusammenhang aller Dinge an den Begriffen festzuhalten und den Zusammenhang der Dinge, das absolute Ununterschiedensein zu zerreißen oder vielmehr zu zergliedern. Dies geschieht durch die Zeit. Der Tod hat sein Datum, und dadurch erhalten die anderen Ereignisse und Erlebnisse, auch wenn sie sich alle auf den Tod beziehen lassen oder beziehen lassen müssen, allein durch ihr Datum eine gewisse Unabhängigkeit. Die Begriffe mögen in ihrer Abstraktheit zwar nichtig sein, fragt man sich aber, was bedeuten sie konkret, oder was können sie konkret bedeuten, so können sie, zumindest in oder mit Hilfe der Vorstellung, wieder zu einem Wissen oder zumindest einer Vorspiegelung von Unterschieden führen, die wiederum das Begehren anstacheln oder, mit anderen Worten, zum Leben verführen. Was heißt es also, vom Tode aus, vom Todesdatum aus gesehen zu leben, das heißt zu sterben? Für den Protagonisten, den Sterbenden, oder vielmehr den das Leben bis zu einem bestimmten Zeitpunkt Wollenden, aber das Leben nur als Sterbender Wahrnehmenden, heißt es: Stille, Herbst, Eintönigkeit, auf einem Stein sitzen, grauer Regen, grauer Himmel, graues Meer, Zeitlosigkeit, Unendlichkeit, das Brausen des Windes, das Rauschen des Meeres, das Trommeln des Regens, das einzelne graue Haus, welke Blumen, nasse Pflanzen, Nicht-Wiederkehr, Nicht-Wiederholbarkeit, Abschied, Schlaflosigkeit, nicht lesen können, dem Wahnsinn nahe sein, nichts als „der Tod, der Tod“ denken können, die Traurigkeit des Regens, Einsamkeit, Monologie des Sterbens.

Nebenbei erfahren wir auch ein wenig über das Leben. Es kann auch still sein, aber auch wirr und bunt, es bedeutet Wanderungen, ein Sammethimmel über Lissabon, ein schmaler Arm um einen Hals.

Auch wenn die Beschreibung des Lebens zu sentimental gerät, auch wenn gerade das „Glück“, das mit der Geburt des Kindes auch den Tod der Mutter bringt, den Zusammenhang der Dinge offenbart, so zeigt sich doch, daß die Nichtigkeit der Begriffe selbst wiederum nichtig wird, angesichts dessen, was sich anhand ihrer erzählen läßt.[33] So läßt sich auch der Titel dreifach lesen: als allgemeiner Begriff, als Personifikation und als Ankündigung der Geschichte des Todes eines bestimmten Menschen (der Tod des Mannes, der wußte, daß er am 12. Oktober sterben wird). Der ersten Bedeutung entspricht in der Erzählung der Gedanke des Mannes „Der Tod! Der Tod!“ (72), der zweiten das Herantreten des Todes mitsamt seiner zahnärztlichen Frage, der dritten der Abbruch des Tagebuches und der Erzählung zugleich, die drei Auslassungspunkte am Ende.

Der Tod hat zugleich das letzte Wort und läßt sich nicht mehr sagen. Will man durch den Tod zum Leben gelangen, so bedeutet leben oder leben können auch: solange sich noch etwas sagen oder schreiben läßt.

[33] Vgl. Lehnert, der zwar einen Gegensatz zwischen dem „Zusammenhang der Dinge“ und der „Nichtigkeit der Begriffe“ annimmt, aber auch den Ansatz einer Überwindung des Todes betont: „Märchen und Tod, der ‚Zusammenhang der Dinge‘ und die ‚Nichtigkeit der Begriffe‘ dies ist nur schwach gestalteter Ausdruck der eigenen Metaphysik des Autors, die die Kunst (das Märchen, den Zusammenhang der Dinge) sich über dem Nichts in der Schwebe halten sieht.“ Lehnert: Thomas Mann: Fiktion. S. 44.

V. Ähnlichkeit und Differenz

1. *Tristan* und *Wälsungenblut*

Mythisch ist die Wirklichkeit, die sich nicht eingrenzen läßt und von der der Mensch sich nicht abgrenzen kann. Die im letzten Kapitel untersuchten frühen Texte Manns ließen in dem Ineinander-Verwobensein von Sprache und Zeit, Tod und Begehren dieses Problem der fehlenden Grenzen und Unterscheidungen hervortreten. Allerdings stand dabei immer ein Einzelner im Vordergrund.

Schwieriger aber gestaltet sich diese Frage der Abgrenzung, wenn es nicht mehr allein um den Einzelnen und die Wirklichkeit geht, sondern um die Familie, die den Einzelnen einerseits schützend umgreift, andererseits das Problem der Grenzziehungen verschärft. Was die Familie exemplarisch darstellt, ist nichts anderes als die Struktur des Mythischen. Sie wird in den Erzählungen *Tristan* und *Wälsungenblut* als Problem des Unterschiedsverlusts entfaltet.

Schlägt man den Band der Erzählungen Thomas Manns auf und überschlägt man mit einem Blick die frühen Texte, so fallen sofort zwei Titel auf, die offensichtlich mit dem Thema dieser Arbeit verknüpft scheinen: „Tristan“ und „Wälsungenblut“. Zwei Mythen – nicht antike, sondern germanische – die Mythenwelt also, in die Thomas Mann als junger Mann eingeführt wurde durch die Werke Richard Wagners.

Beide Geschichten, *Tristan* und *Wälsungenblut*, sind Parodien der Wagneropern.[1] Dem Pathos wird Ironie, der archaischen Einfachheit der Gefühle moderne Gebrochenheit, der Kraft der Götter und Helden spätbürgerliche Dekadenz entgegengesetzt. Aber die Transponierung ins Bürgerliche dient nicht allein der Parodie. Hinter aller Ironie steht unver-

---

[1] Vgl. Vaget: „Eine Sonderform von Kontrafaktur bilden die beiden Wagner-Novellen *Tristan* und *Wälsungenblut*, insofern dort das Vorbild ausdrücklich in den Text hereingeholt und neu inszeniert wird. Thomas Mann folgt hier der höhnischen Empfehlung Nietzsches, die Wagnerschen Mythen ins Moderne und Bürgerliche zu übersetzen, ohne jedoch dessen Kritik an Wagner nachzuvollziehen.“ Vaget: Thomas-Mann-Kommentar. S. 38. Ob die „Wagner-Travestien“ oder „Parodien“ tatsächlich nicht als Kritik an Wagner zu verstehen sind, wird in der Forschung sehr unterschiedlich bewertet. Vgl. dazu ebd. S. 168.

kennbar ein eigenes mythisches Gewebe. Dieses mythische Gewebe wird bestimmt durch Wiederholung und Familie. Familie ist dabei nur die Kondensierung, Dramatisierung, aber auch Amplifizierung sämtlicher Wiederholungsstrukturen, die unser Verhältnis zur Wirklichkeit bestimmen. Die bürgerliche Welt steht daher nicht nur in ironischer Distanz zum Mythos, sie rückt ihm in der zentralen Bedeutung der Familie auch wieder nahe. Es ist kein Zufall, daß Familie wie Wiederholung eine wichtige Rolle in den Entdeckungen Freuds spielen und daß er zur Bezeichnung der für die individuelle Entwicklung charakteristischen Familienkonflikte auf Namen aus antiken Mythen zurückgriff.

Eine der Schicksalsgöttinnen trägt den Namen Ananke. Sie gehört zur Welt des Kronos und hat daher kein Gesicht. Gestalten formen sich erst in der Welt, die nach ihnen kommt. Ananke heißt zugleich „Zwang" und „Verwandtschaft".[2] Die Gestalten der Notwendigkeit, Adrasteia, Moira, Tyche, Ananke, Ate, Aisa, Dike, Nemesis, Erinnys, Heimarmene, sind alle miteinander verwandt.[3] Notwendigkeit, Schicksal, Zwang und Verwandtschaft sind eng miteinander verwoben. Verwandt zu sein bedeutet die Einschränkung, wenn nicht die Aufhebung der Singularität. Im Haus der Atriden, wo das Schicksal als Fluch der Wiederholung auf Generationen lastet, bedeutet Verwandtschaft die Sühnung einer Urschuld. Für den Atriden-Nachkommen ist die Zukunft erfüllt von der Vergangenheit der Ahnen.

Die Frage, was den Einzelnen unterscheidet, stellt sich innerhalb der Verwandtschaft mit größerer Dringlichkeit. Der Mensch aber sucht auch wieder, sich im anderen zu spiegeln. Der Mensch sucht die Ähnlichkeit und fürchtet sie. Blumenberg zeigt das Angsteinflößende des zu Fremden, Girard die Bedrohung durch den Zusammenbruch der Unterschiede. Zu große Ähnlichkeit und zu große Differenz – diese beiden Themen bestimmen auch die Erzählungen *Tristan* und *Wälsungenblut*.[4] Sie finden sich häufig auch in anderen Texten Manns und verbinden sich in der Regel mit der Darstellung einer großen Demütigung. Lobgott Piepsam gerät beim Anblick des jungen, lebensstrotzenden Radfahrers aus

---

[2] Roberto Calasso: Die Hochzeit von Kadmos und Harmonia. Ffm. 1993. S. 106.

[3] Ebd. S. 137.

[4] Da das Thema zu großer Differenz vor dem Hintergrund des Unterschiedsverlusts behandelt werden soll, wird die bis hierhin verfolgte, chronologische Darstellung der Erzählungen durchbrochen und die später entstandene Inzestgeschichte *Wälsungenblut* zuerst besprochen.

der Fassung; er erträgt die Andersartigkeit nicht. In seinem Zusammenbruch am Ende, als er wie ein Brot in den Krankenwagen geschoben wird, bestätigt sich aber die Differenz, sie wird auf so eklatante Weise sichtbar, daß sie die Demütigung auf die Spitze treibt. Fast alle Hauptfiguren der frühen Erzählungen sind sonderbare Figuren, was nichts anderes bedeutet, als daß sie sich von anderen unterscheiden; eine Unterscheidung aber, die, statt die Individualität zu bestätigen, diese auslöscht. Daher wendet sich Tobias Mindernickel mit solcher Zärtlichkeit dem kranken Hündchen zu, das in seiner Schwäche ihm gleich geworden ist, und daher schlägt er mit solcher Wut auf es ein, als sich mit wiederherstellender Gesundheit und zunehmender Munterkeit der Unterschied erneut manifestiert. Besonders grotesk aber wird die übertriebene Unähnlichkeit, wenn es sich um Mann und Frau handelt, vor allem, wenn sie sich voneinander angezogen fühlen (*Friedemann*) oder gar verheiratet sind (*Luischen*). Es ist auffallend, in wie vielen Geschichten Thomas Manns das Thema zu großer Ähnlichkeit oder aber zu großer Differenz eine handlungstreibende Rolle spielt. Oft steht der extremen Differenz zwischen Partnern oder Liebenden die Ähnlichkeit von Familienmitgliedern entgegen, in der Regel zwischen Vater und Sohn oder Tochter. Die zu große Unähnlichkeit zweier Figuren wird oft bis zur Lächerlichkeit getrieben, so in *Luischen*, wo die zarte, dunkelhäutige Amra mit dem fettleibigen, rosigen Rechtsanwalt verheiratet ist. Wie sie sich an ihm rächt, so rächen sich auch die Zwillinge in *Wälsungenblut* an Beckerath: Gleichheit behauptet sich gegen das Andere, als wäre das Andere die Bedrohung, und es ist auch eine Bedrohung, aber die ersehnte Gleichheit erweist sich als ebenso zerstörerisch.

2. *Wälsungenblut*

Der zentrale Satz der Erzählung heißt: „Sie waren einander sehr ähnlich.“ (381) Es sind die jungen Zwillingskinder, Siegmund und Sieglind, die sich so gleichen: „Siegmund und Sieglind kamen zuletzt, Hand in Hand, aus dem zweiten Stock. Sie waren Zwillinge und die Jüngsten: grazil wie Gerten und kindlich von Wuchs bei ihren neunzehn Jahren. [...] Sie hatten dieselbe ein wenig niedergedrückte Nase, dieselben voll und weich aufeinander ruhenden Lippen, hervortretenden Wangenknochen, schwarzen und blanken Augen. Aber am meisten glichen sich ihre langen und schmalen Hände“ (381). Was sie unterscheidet, ist das Geschlecht;

und so führt die zu große Ähnlichkeit der Geschwister statt zur Rivalität zum Inzest.

Die Zeit scheint seltsam stehengeblieben im Haus der Familie Aarenhold. Der Luxus verrät spätbürgerliche Dekadenz, und doch herrschen gleichzeitig archaische Zustände. Die Erzählung beginnt mit folgenden Sätzen: „Da es sieben Minuten vor zwölf war, kam Wendelin in den Vorsaal des ersten Stockes und rührte das Tamtam. Breitbeinig, in seinen veilchenfarbenen Kniehosen, stand er auf einem altersblassen Gebetsteppich und bearbeitete das Metall mit dem Klöppel. Der erzene Lärm, wild, kannibalisch und übertrieben für seinen Zweck, drang überall hin [...] Schlag zwölf Uhr ertönte die kriegerische Mahnung zum zweitenmal." (380)[5] Und wenn die Familie zusammenkommt, findet tatsächlich so etwas wie Krieg statt, und wie im Kannibalismus vom eigenen, d.h. menschlichen Fleisch gegessen wird, fallen hier die Familienmitglieder übereinander her. Auch der Erzähler beteiligt sich am Austausch von Gehässigkeiten, obwohl es durchaus auch sein kann, daß er nur die Sicht der Familienmitglieder aufeinander wiedergibt. Zumindest folgende Stelle läßt offen, ob es sich um einen Erzählerkommentar handelt oder wir vielmehr Frau Aarenhold mit den Augen ihres Mannes zu sehen bekommen: „Herr Aarenhold blinzelte. Seine Frau war unmöglich. Sie war klein, häßlich, früh gealtert und wie unter einer fremden, heißeren Sonne verdorrt. Eine Kette von Brillanten lag auf ihrer eingefallenen Brust. Sie trug ihr graues Haar in vielen Schnörkeln und Ausladungen zu einer umständlichen und hochgebauten Coiffure angeordnet" (380). Zu bald nur wird deutlich, daß im Grunde alle, Vater wie Kinder, kein schmeichelhafteres Bild ihrer Frau und Mutter haben, als hier wiedergegeben. Die Kinder schämen sich des Dialekts der Mutter; Kinder und Ehemann verweisen ihr die seltsame Haartracht. Frau Aarenhold aber „bestand mit

5 Vgl. auch Sjögren: „The sound waves from the gong seem to reverberate in tones of wildness and cannibalism from a primeval or mythic past." Sjögrens Identifizierung des Dieners Wendelin mit dem Götterboten Hermes scheint allerdings zu weit hergeholt, und auch ihr Versuch, die Erzählung als Vorwegnahme der mythische Nachfolge, wie Mann sie viel später in der *Freud*-Rede konzipiert, zu interpretieren, vermag nicht zu überzeugen: „The rite of incest celebrates Siegmund's kinship with ancient divinities and provides the support of preestablished mythical forms, that endow his life with significance". Christine Oertel Sjögren: Wendelin and the Theme of Transformation in Thomas Mann's *Wälsungenblut*. In: Comparative Literature Studies 14 (1977). S. 346-359, hier S. 349/355.

Zähigkeit auf ihrem Geschmack". (381) Die Geschwister befehden einander „mit einer stählernen und abstrakten Dialektik" (387), und als der Vater sich einmischt, wenden sich Frau und Kinder gegen ihn. Die Kinder machen sich über den Vater lustig, indem sie ihn ganz einfach auslachen; noch demütigender aber sind die scharfen Worte der Ehefrau: „Er erlitt ein vollkommenes Fiasko. Die Kinder lachten ihn aus. Sogar Frau Aarenhold wies ihn zurück. ‚Was redest du?' sagte sie. ‚Hast du's gelernt? Wenig hast du gelernt!'" (387)

Das erste Opfer der Scharfzüngigkeiten und Erniedrigungen allerdings ist nicht ein Familienmitglied, sondern Beckerath, der vom Erzähler auch nicht gerade schonend behandelt wird: „klein, kanariengelb, spitzbärtig und von eifriger Artigkeit" (382) sind die ihn charakterisierenden Attribute.

Die Familie hat schweigend auf den Teppichen gewartet, und als Beckerath, sich entschuldigend, vom Tiergarten kommend, hereintritt, fallen die Aarenholds wie Tiere über ihn her. Die schwarzen Augen von Sieglinds Bruder Kunz werden „zu blitzenden Ritzen" (382), und eine spitze Bemerkung folgt auf die andere. Nicht allein die Kinder, auch Herr Aarenhold verleiht seiner Mißbilligung Ausdruck: „Man ging zu Tische, voran Herr Aarenhold, der Herrn von Beckerath zeigen wollte, daß er Hunger habe." (382) So steht die Familie geschlossen gegen Beckerath.

Nach der Beschreibung des Mobiliars, das in die Vergangenheit zurückweist (18. Jahrhundert; die Kleidung Sieglinds geht sogar noch weiter zurück, sich der Mode von 1500 annähernd), und des Tischgedecks in Worten, die die Kriegsmetaphorik weiterführen („Auf dem starken, blitzend weißen und scharf gebügelten Damast stand bei jedem Besteck ein Spitzglas" 383) ergeht sich Herr Aarenhold in einer Rede über die Mahlzeit als Fest und über das Älterwerden. Das Fest, so sagt er, ist die Wiederholung ohne die Gewöhnung. „Man wird alt, gut, daran ändern wir nichts." (384) Aber, so fährt er fort, man kann seine Jugendlichkeit erhalten, indem man sich an nichts gewöhnt; „worauf es ankommt, ist, daß die Dinge einem neu bleiben, und daß man sich eigentlich an nichts gewöhnt." (384) Gewöhnung nämlich „ist der Tod." (384)

Während der Vater und Herr des Hauses versucht, das Vergehen der Zeit und damit das Altern abzuwehren, tauschen seine Kinder, „jedes mit jedem und so rücksichtslos, daß Herr Aarenhold nicht umhinkonnte, es zu bemerken" (384), Blicke aus, und der Vater gerät „sichtlich" in Verlegenheit. Die Kinder sind immer schon, allein durch ihre Existenz, ein Beweis gegen die Jugendlichkeit der Eltern, und in dem vollen Bewußtsein ihrer eigenen Jugend eine ständige Mahnung und Erinnerung an das Altern der Eltern. Ist eines der Grundmerkmale von Familie, Zeitlosigkeit herstellen zu wollen durch das Zeugen weiterer Generationen, so ist gleichzeitig das Heranwachsen dieser Generationen ein sichtbares Zeichen der eigenen Vergänglichkeit.

Die Familie konstituiert sich durch ein In- und Miteinander von Unterschieden und Ähnlichkeiten. Die entscheidende, unaufhebbare Differenz ist die von Jugend und Alter. Die Narzißthematik läßt sich nicht allein auf Siegmund bzw. Siegmund und Sieglind beziehen, sondern sie ist kennzeichnend für die Familie im allgemeinen: Die Eltern spiegeln sich in ihren Kindern, sehen sich in ihnen noch einmal verjüngt. Man denke auch an Thomas Manns Tagebuchnotiz: „Finde es sehr natürlich, daß ich mich in meinen Sohn verliebe."[6]

Die Ähnlichkeit aber, die schmeichelhaft sein kann, wird leicht zur Bedrohung, besonders für die Kinder, aber nicht nur. Weil in der Familie die Ähnlichkeiten am größten sind, ist die Gefahr des Differenzverlusts ständig präsent.

Die Kinder verachten ihren Vater, Herrn Aarenhold, „für das Blut, das in ihm floß und das sie von ihm empfangen" (384). Auch wenn das Wort „jüdisch" bislang noch kein einziges Mal gefallen ist und auch für den Rest der Erzählung vermieden wird[7], ist nach vielen Hinweisen und Stereotypen an dieser Stelle fast unvermeidlich „jüdisches Blut" zu lesen: Die Verachtung der Kinder richtet sich gegen das Judentum des Vaters, an dem sie unweigerlich auch teilhaben. Gleichzeitig aber, das Wort „jüdisch" schließlich fehlt, läßt sich die Textstelle auch allgemein lesen als Abwehr der Kinder gegen die Tatsache der Abstammung überhaupt. Der Haß entspringt dem Wissen, daß in ihren Adern immer das Blut anderer fließt, daß, auch wenn das ganze Leben des Vaters, all seine Eigenschaften und all sein Tun verachtenswert scheinen, man der beschämenden Tatsache der Verwandtschaft, der unmittelbaren Abfolge nicht entkommt. Und trotz aller Verachtung muß auch Siegmund erkennen, daß er dem Vater ähnlicher ist, als ihm lieb sein mag: „Und dennoch bestand die Tatsache, daß dieser Überfluß nie aufhörte, ihn zu beschäftigen

6 Thomas Mann: Tagebücher 1918-1921. Hg. v. Peter de Mendelssohn. Ffm. 1979. S. 454. (25.7.1920)

7 Der ursprüngliche Schlußsatz aber ließ an dem Judentum der Aarenholds keinen Zweifel. Zu den zwei Versionen des Endes und der Publikationsgeschichte vgl. Vaget: Thomas-Mann-Kommentar. S. 155ff.

und zu erregen, ihn mit beständiger Wollust zu reizen. Es erging ihm darin, ob er wollte oder nicht, wie Herrn Aarenhold, der die Kunst übte, sich eigentlich an nichts zu gewöhnen..." (392)

Die Kriegsmetaphorik bestimmt weiterhin die Beschreibung der Konversation. Entweder befehden sich die Familienmitglieder gegenseitig, oder sie stehen geschlossen gegen Beckerath: „Sie fielen über ein Wort her, ein einzelnes, das er gebraucht hatte, zerzausten es, verwarfen es und trieben ein anderes auf, ein tödlich bezeichnendes, das schwirrte, traf und bebend im Schwarzen saß... Von Beckerath hatte rote Augen und bot einen derangierten Anblick, als das Frühstück zu Ende ging." (389)

Zwar herrschen Verachtung und Streitlust innerhalb der Familie; sobald aber ein Außenstehender hinzutritt, erweist sie sich als geschlossene Einheit. Als Herr Aarenhold Beckerath widerspricht, lachen die Kinder zustimmend: „Einen Augenblick verachteten sie ihn nicht." (388) Die ganze Erzählung lebt von dem Gegensatz zwischen der sich trotz aller Differenzen und Mißhelligkeiten (und zu einem Teil auch aufgrund ihrer) einig wissenden Familie auf der einen und dem Außenseiter Beckerath auf der anderen Seite. Dieses Gleichgewicht aber ist bedroht, denn Beckerath ist dabei, Teil dieser Familie zu werden. Ein problematisches Unterfangen, scheinen die Aarenholds in ihrem Selbstverständnis doch gerade darauf angewiesen zu sein, sich von Beckerath abzugrenzen. Indem sie sich über ihn lustig machen, kehrt sich für kurze Zeit das gesellschaftliche Verhältnis um, erscheinen die jüdischen Aarenholds dem adligen Beckerath überlegen. Das Judentum der Aarenholds spitzt auch hier nur wieder zu, was für die Familie im allgemeinen gilt, die, einerseits ihre Einheit durch Abschirmung bewahrend, zum Erhalt ihrer selbst immer wieder auf die Inkorporation fremder, und daher potentiell bedrohlicher Elemente angewiesen ist. So verschwört sich die gesamte Familie Aarenhold gegen Beckerath und unterstützt insgeheim die Rache an ihm, den Inzest. Als Siegmund Beckerath um die Erlaubnis bittet, noch einmal zusammen mit Sieglind die *Walküre* hören zu dürfen, bemerkt Herr Aarenhold: „Wie sinnig!" – und wie sehr er mit dieser Bemerkung ins Schwarze trifft, sehen wir am Ende der Erzählung. Der Bruder Kunz trommelt den Rhythmus des Hunding-Motivs auf das Tischtuch, und zuletzt beugen sich alle Aarenholds lachend über ihre Teller, während Beckerath, „ausgeschlossen und blinzelnd nach Orientierung ringend" (389), verzweifelt versucht, sich an der Heiterkeit der Familie zu beteiligen.

Einmal aber, zu Beginn des Essens, wendet Sieglind sich plötzlich Beckerath zu, der neben ihr sitzt: „Sie sah in die artige Miene an ihrer Seite, groß und schwarz, prüfend, erwartungsvoll, fragend, mit einem glänzend ernsten Blick, der diese drei Sekunden lang begrifflos redete wie der eines Tieres.“ (386)

Was liegt in diesem Blick? Im stummen Reden, dem Reden ohne Begriffe, im sprachlosen Blick, „wie der eines Tieres“, scheint nur noch das Kreatürliche zu sprechen, denn das, was dieser Blick sieht, der fragende, prüfende, erwartungsvolle Blick, das, was in dem Ernst liegt, mit dem Sieglind auf Beckerath schaut, sprengt den Rahmen all der Gehässigkeiten, der bösartigen Sticheleien und mutwilligen Verletzungen, die sich in glänzende Begriffe kleiden: Die Familie verspottet Beckerath, sie schließt sich zu einem einzigen gehässigen, spottenden, herablassenden Körper zusammen gegen diese eine Person, die aber von ihr zum Verlobten Sieglinds bestimmt worden ist und sich damit auch gegen sie richtet. Die Familie mag sich rächen, weil sie zu ihrem sozialen Prestige auf eine so lächerliche Figur angewiesen ist, Sieglind aber ist von ihrer Familie diesem Prestige geopfert worden, und keine noch so spitzen Worte, keine noch so bösartige Rache, selbst nicht der Inzest, kann darüber hinweghelfen, daß ihre Zukunft an der Seite dieses etwas widerlichen Mannes ist, den sie nicht liebt. Die Wendung vom „begrifflosen Blick Sieglinds“ kehrt an anderer Stelle wieder, und zwar, als ihre Verlobung geschildert wird. Beckerath wirbt um Sieglind und hat dabei „die wohlwollende Neutralität Herrn Aarenholds, die Fürsprache Frau Aarenholds, die eifernde Unterstützung Kunzens“ (394) auf seiner Seite. Sieglind sagt ihm oft genug, daß sie ihn nicht liebe, dann aber „hatte Sieglind begonnen, ihn prüfend, erwartungsvoll, stumm zu betrachten, mit einem glänzend ernsten Blick, der begrifflos redete wie der eines Tieres – und hatte Ja gesagt.“ (394) Mit dem Nachlassen des Widerstands verstummt die Sprache, endet menschliche Kommunikation, und wie der Mensch versucht, in den Augen des Tieres zu lesen, um Aufschluß zu erhalten, was die Kreatur wohl bewegen mag und ob sie etwa leide, so kann der Leser nur Vermutungen anstellen über das, was Sieglind mit ihrem begrifflosen Reden auszudrücken versucht. Das Tierhafte jedenfalls ist hier nicht das Instinkthafte, Primitiv-Archaische und Raubtierartige, wie sonst in der Erzählung, vielmehr scheint in ihm etwas zutiefst Menschliches zum Ausdruck zu kommen, welches durch die spitzen Reden sonst verschleiert wird: das Leiden Sieglinds. „Alles Tierische in uns“ erscheint, „ist uns nur der Blick dafür aufgetan, als Larve und schwermütige Verzauberung des Menschlichen“ (VII, 542).[8]

Mensch und Tier, „die sind verwandt genug!“ (VII, 542) Der Tiergarten liegt vor Siegmunds Schlafzimmerfenster, und oft genug scheinen die Bewohner des Hauses selbst zu Tieren zu werden. Der Familienname, Aarenhold, deutet bereits darauf hin. Siegmund und Sieglind kehren in den einander zugewandten Pfauen und den vollkommen gleichen Pferden wieder, und sie spielen „wie kleine Hunde, die sich mit den Lippen beißen“ (396); die Schwester Märit hat Raubvogelaugen, der Oberkörper Siegmunds ist „zottig von schwarzem Haar.“ (394) Gerade auch in der Sprache, die doch den Menschen vom Tier unterscheidet, werden die Aarenholdkinder zu Tieren: „[…] sie widersprachen vorzüglich, und ihre Augen wurden zu blitzenden Ritzen dabei. Sie fielen über ein Wort her […] zerzausten es, verwarfen es und trieben ein anderes auf“ (389).[9] Trotz dieser Nähe zum Tierischen aber wird auf Abgrenzung bestanden. So sagt Siegmund verächtlich: „Nachmittags im Smoking? […] Das tun doch sonst nur die Tiere.“ (387) Am Ende aber liegt Siegmund auf dem Eisbärfell in seinem Zimmer, zusammen mit Sieglind. Die, die am meisten auf Reinheit bedacht sind, Siegmund und Sieglind, verlieren sich zuletzt in einem „hastige[n] Getümmel“ (410), begehen den geschwisterlichen Inzest. Sie schänden und verunreinigen sich damit gegenseitig, und das „Getümmel“ zeigt den Anbruch des Chaos, den Verlust von Ordnung und Kontrolle, den Zusammenbruch der Grenzen an. In diesem Verstoß gegen das Inzesttabu vermischt sich, was getrennt bleiben sollte; er ist die geschwisterliche Rache an Beckerath, aber auch die Folge der

---

8 Vgl. auch *Herr und Hund*: „Tiere sind ungehemmter und ursprünglicher, also gewissermaßen menschlicher in dem körperlichen Ausdruck ihrer Gemütszustände als wir“ (VIII, 599).

9 Emig deutet die vielen Anspielungen auf Animalisches allein als Verweis auf Wagners Wälsungen (Wölflinge); durch eine solche Gleichsetzung „jüdischer Dégénerés mit urgermanischen Helden“ wiederhole sich das Außenseitertum der verfemten Germanen im Judentum der Aarenholds. Christine Emig: „Wagner in verjüngten Proportionen…“. *Wälsungenblut* als epische Wagner-Transkription. In: Thomas-Mann-Jahrbuch 7 (1994). S. 169-185, hier S. 183. Für Kluge ist das Brutale und Tierhafte, das in den Zwillingen „schlummert und ausbricht“, Grund und Kehrseite der décadence. G. R. Kluge: Wälsungenblut oder Halbblut? Zur Kontroverse um die Schlußsätze von Thomas Manns Novelle. In: Neophilologus 76 (1992). S. 237-255, hier S. 251f.

zu großen Ähnlichkeit der Zwillinge, deren narzißtische Spiegelung im jeweils anderen die Vereinigung provoziert.[10]

Siegmund und Sieglind lieben sich, weil sie sich gleichen, und auch, weil sie so heißen, wie sie heißen, und ihre Namen bereits die Ankündigung des Geschehens enthalten. Und es gibt keine Abwandlung des Geschehens: Siegmund und Sieglind vollziehen den Inzest, wie er im Buche steht. Die Zwillinge sehen sich die Aufführung der *Walküre* an, und mit ihrem Inzest ahmen sie das auf der Bühne Dargestellte nach. Die Nachahmung aber „ist die für die Ordnung der Welt gefährlichste Handlung, weil sie dazu neigt, die Grenzen zu verwischen."[11] So brechen nicht allein die Grenzen zwischen Mensch und Tier, sondern auch die zwischen Kunst und Wirklichkeit zusammen.

Es gibt allerdings einen Unterschied zur Wagneroper: In der *Walküre* sind Siegmund und Sieglinde als Kinder voneinander getrennt worden. Als sie sich nach langen Jahren wiederbegegnen, wissen sie nicht, daß sie als Schwester und Bruder voreinander stehen. In ihrem ersten Wiedersehen liegt eine verführerische Mischung aus Fremdem und Vertrautem. „Mit Staunen gewahrte sie den fremden Mann" (398), zitiert Thomas Mann aus der *Walküre*, und „dann betrachteten sie einander mit einem ersten Entzücken, einem ersten, dunklen Erkennen, schweigend dem Augenblick hingegeben, der unten als tiefer, ziehender Sang ertönte..." (398f.) In *Wälsungenblut* aber fällt der Reiz des Neuen, geheimnisvoll Fremden und zugleich Vertrauten weg, gibt es nicht den magischen Moment des ersten Erkennens. Siegmund und Sieglind sind zusammen aufgewachsen; sie „war an seiner Seite gewesen seit fernstem Anbeginn, sie hing ihm an, seit beide die ersten Laute gelallt, die ersten Schritte getan, und er hatte keinen Freund, nie einen gehabt, als sie, die mit ihm geboren" (393). Wagners Siegmund dagegen kommt nach vielen Abenteuern aus der weiten Welt ins Haus Sieglindes, die dort mit Hunding lebt. So

---

[10] Vgl. Haiduk: „Ein ausgeprägter Narzißmus läßt sich bei den Zwillingen immer wieder feststellen, wobei die Verliebtheit in sich selbst das Verliebtsein in den andern einschließt." Manfred Haiduk: Bemerkungen zu Thomas Manns Novelle „Wälsungenblut". In: Georg Wenzel (Hg.): Vollendung und Größe Thomas Manns. Beiträge zu Werk und Persönlichkeit des Dichters. Halle 1962. S. 213-219, hier S. 216. Vgl. auch Finney: „In actuality the sexual union of Mann's twins is simply the consummation of their narcissism." Gail Finney: Self-Reflexive Siblings: Incest as Narcissism in Tieck, Wagner, and Thomas Mann. In: German Quarterly 56 (1983). S. 243-256, hier S. 252.

[11] Calasso: Die Hochzeit. S. 381.

hat Siegmund viel zu erzählen, bringt Geschichten von dem, was ihm in der Welt widerfahren, in die beschränkte Hütte Sieglindes, die selbst auch einiges durchlitt, bevor sie in diese Hütte kam. Die Aarenhold-schen Zwillinge aber haben sich nichts zu sagen, sie wissen immer schon alles über den andern, und von außen dringt nichts zu ihnen: „Zuweilen fanden sich ihre Blicke, verschmolzen, schlossen ein Einvernehmen, zu dem es von außen nicht Wege noch Zugang gab." (386) Sie lieben nur sich im jeweils anderen: Wenn Sieglind im seegrünen Kleid und mit wie von Meerschaum angeräucherter Haut in Siegmunds Zimmer erscheint, so ist es nicht anders, als wenn Siegmund im Wasser sein eigenes Bild erblickt.

Es gibt mehrere Spiegelszenen in der Erzählung. Siegmund macht Toilette; bei dieser Gelegenheit erfahren wir, daß er einen beträchtlichen Teil des Tages vor dem Lavoir verbringt. Dort kann er sich in seinem großen, weißgerahmten Empire-Spiegel sehen. Es ist ein Spiegeln, das sich vervielfacht: „Das Licht ward aufgenommen von den wasserklaren Spiegeltiefen des Schrankes, des Waschtisches, der Toilette; es blitzte in den geschliffenen Flakons auf den mit Kacheln ausgelegten Borden." (391) Als Siegmund nach der Opernaufführung zurückkehrt, tritt er vor seinen Schrank, „in dessen drei Teile enorme Spiegel eingelassen waren." (408) Er steht dicht davor, „Aug in Aug mit sich selbst", und betrachtet sein Gesicht: „Sorgfältig und neugierig prüfte er jeden Zug, öffnete die beiden Flügel des Schrankes und sah sich, zwischen drei Spiegeln stehend, auch im Profil." (408) Siegmund erscheint sich selbst nun dreifach, und die mehrfache Spiegelung parodiert gleichsam seine Individualität. Darüber hinaus werfen die Spiegel auch mehr zurück als nur sein Bild: „Lange stand er und prüfte die Abzeichen seines Blutes" (408). In seinem Gesicht sieht er die Spuren anderer; verrät sich eine Abstammung, die er verachtet.

Und wie in seinem Gesicht sich etwas zeigt, das vor ihm war, so gerät auf einmal das Eisbärfell, im Spiegel gespiegelt, in seinen Blick, als sei die Bedrohung seiner Individualität auch der Verlust des Menschlichen. Auf dem Eisbärfell läßt er sich nieder, und dort findet wenig später der Inzest statt. Die Spuren der Abstammung sind in Siegmunds Fall jüdisch, aber die Anspielungen auf primitiv-archaische Zustände[12] deuten auf die

[12] Vgl. Erlich: „There is some atavism that with powder, soap, and perfume he [Siegmund] is trying to deny, something native and primitive that survives beneath his polished sophistication. This atavism is present from the very first paragraph of the story". Gloria Chasson Erlich: Race and Incest in Mann's

Vorgeschichte des Menschen überhaupt und seine tierische Abstammung. Was im *Doktor Faustus* entfaltet wird und dort „mythisch" genannt wird, die Wiederkehr des Archaisch-Barbarischen auf der Spitze der Zivilisation, wird in dieser Erzählung bereits vorweggenommen.

Einen Augenblick lang stehen Siegmund und Sieglind gemeinsam vor dem Spiegel, kurz bevor sie den Opernsaal betreten, wo sie sich wieder in den Helden der Oper, ihren Namensträgern, spiegeln können. Aber wie ein Unterschied besteht zwischen der Selbstbespiegelung in einer Fiktion und deren Nachvollzug, so gibt es auch einen Unterschied zwischen Narziß und Siegmund. Nicht allein, daß Siegmund im Spiegel sich selbst als Abbild, als Spurenträger, als Träger von Vergangenem, das ihn ungewollt bestimmt, erlebt, als Echo gewissermaßen von längst Verhallendem und immer noch Weiterhallendem; im Unterschied zu Narziß, dem, übers Wasser gebeugt, die Vereinigung nicht gelingt, der vergeblich versucht, seinen Hals zu erhaschen, erreicht Siegmund die Verschmelzung mit dem geliebten Ebenbild im geschwisterlichen Inzest. So traurig das Schicksal des Narziß ist, eines gelingt ihm: die eigenen Grenzen zu wahren.

Was aber ist mit Sieglind? Sie sehen wir nie alleine vor dem Spiegel stehen. Zuletzt fragt sie, verwirrt: „Aber Beckerath [...] was ist nun mit ihm?..." (410) Genausogut aber könnte sie fragen, und vielleicht steht das auch eigentlich hinter ihrer Frage: „Aber was ist nun mit mir?" Die geschwisterliche Rache ist vor allem eine Rache Siegmunds, der, obwohl er Sieglind zur Heirat überredete, den Besitz der Schwester nicht an Beckerath abtreten will. Als Siegmund an die Verlobung seiner Schwester denkt, an deren Zustandekommen er nicht unbeteiligt gewesen war, („er verachtete sich, aber er war dem nicht entgegen gewesen, weil von Beckerath im Ministerium tätig und von Familie war" 394), bilden seine Brauen über der Nasenwurzel zwei schwarze Falten. Sieglind aber hätte wohl mehr Grund, sich an ihrer Familie, die sie an die Seite des ungeliebten Mannes drängte, zu rächen, als an dem Verlobten. Und doch – kann sich Sieglind von den Interessen der Familie trennen? Es ist auch ihr Racheakt, insofern Beckerath die geschwisterliche Einheit zerreißt; ebensowenig aber wie ihre Einwilligung zur Heirat ihr individueller Entschluß war, kann es ihren eigenen Racheakt geben – es ist „ein geschwisterlicher Racheakt", in dem sich zuletzt die Familie gegen den Eindringling behauptet.

„Blood of the Walsung's". In: Studies in Twentieth Century Literature 2. (1978). S. 113-126, hier S. 119.

Wagners Siegmund und Sieglinde sind Ausgestoßene, vom Elternhaus Verstoßene; sie haben keine Familie, nur einander; Vater und Mutter sind tot, zumindest verschwunden. Die Aarenholdschen Zwillinge dagegen ruhen ganz im Schoße der Familie, wir sehen sie – von der Opernaufführung abgesehen – nur im elterlichen Haus, und dort ist es auch, wo sich der Inzest abspielt. Herr und Frau Aarenhold nannten ihre jüngsten Kinder Siegmund und Sieglind; in der Parodie der Wagner-Oper, als die sich diese Erzählung auch lesen läßt[13], offenbart sich nicht zuletzt aufgrund der Differenz zu dieser mythischen Germanenwelt die der bürgerlichen Familie selbst innewohnende zutiefst mythische Struktur, die mit Girard die ständig präsente Gefahr des Unterschiedsverlusts genannt werden kann.

3. *Tristan*

Weiß ist die beherrschende Farbe dieser Erzählung. In hellem, weißem Schnee, in kaltem Winterfrost liegt die Landschaft. Weiß ist das Sanatorium, und weiß ist der lackierte Armsessel, in dem Gabriele Klöterjahn nach ihrer Ankunft Platz nimmt. Vor allem aber charakterisiert die Farbe Weiß Gabriele selbst, ihre blassen Hände, der blasse Mund, die transparente Stirn, während ihr Mann und Kind ganz rot und rosig sind. Und auch Spinells Gesicht ist weiß, ebenso wie seine Hände.

Durch die verschneite Landschaft, in der der Schnee alle Unterschiede überdeckt, führt Klöterjahn eines Januartages seine Gattin auf das weiße Sanatorium zu, das ‚Einfried' heißt. In die unterschiedslose Einheit tritt nun das Paar Gabriele-Klöterjahn, zwei Menschen, die sich höchst un-

---

[13] Vgl. zu den Wagner-Bezügen Gerhard Kaiser: Thomas Manns *Wälsungenblut* und Richard Wagners *Ring*. Erzählen als kritische Interpretation. In: Thomas Mann Jahrbuch 12 (1999). S. 239-258. Levesque dagegen sieht in der Erzählung keine Parodie Wagners, sondern eine bösartige Attacke, die gezielt Antisemitismus verwende, um Wagner zu diskreditieren. Levesque sieht daher das Judentum der Aarenholds als notwendig der inneren Logik der Erzählung zugehörend: „This attempt on Mann's part to poison Wagner's relationship with his audience and thus draw this same audience into his own camp guides the inner logic of *Wälsungenblut* and helps explain why this logic demanded that the Aarenholds in fact be Jewish". Paul Levesque: The Double-Edged Sword: Anti-Semitism and Anti-Wagnerianism in Thomas Mann's *Wälsungenblut*. In: Germanic Studies Review 20 (1997). Nr. 1. S. 11-21, hier S. 19.

ähnlich sind. Dieser Unähnlichkeit zwischen den Ehegatten steht die Ähnlichkeit von Vater und Sohn entgegen, die von der Mutter selbst Spinell gegenüber hervorgehoben wird: „Und er sieht meinem Mann so lächerlich ähnlich.“ (236)

Man kann die Geschichte allein unter dem Gesichtspunkt der Frage: „Wer hat Gabriele Klöterjahn getötet?“ lesen. Verschiedene Antworten sind möglich. Als die zarte Gabriele am Arm ihres robusten Gatten ins Sanatorium geführt wird, mag sich der Leser fragen, ob nicht die Vitalität des Mannes allein Ursache für das Leiden Gabrieles sein könnte. Oder hat sie ihre Krankheit dem Sohn zu verdanken, „diesem rücksichtslosen und lebensvollen kleinen Geschöpf, das seiner Mutter sehr viele Leiden und einen kleinen Defekt an der Luftröhre gekostet hatte.“ (226) Ein dritter Verdächtiger ist Spinell, von dem es heißt: „War *dies* der schädliche Einfluß, der sie berührte?“ (236)

Als Klöterjahn Gabriele ins Sanatorium bringt, wechselt sie von der Seite des dem Leben zugewandten Gatten in die Sphäre des Todes. Dort trifft sie auf Spinell, der – selber zwar gesund – in der Blässe seines Gesichts und seiner Hände Gabriele gleicht. Wie in der Oper *Tristan und Isolde* das völlige Verschmelzen der Liebenden den Tod bedeutet, so will Spinell Gabriele von der Seite ihres unähnlichen Gatten zu sich herüberziehen und mit ihr teilen, was beiden ähnlich ist: die Liebe zur Musik. Spinell, der am Ende vor dem kräftigen Anton Klöterjahn davonläuft, will Gabriele von der Seite ihres Gatten hinwegziehen und sie sich gleichmachen, denn im Grunde fürchtet er das zu Andere, die helle Tageswelt, und er bemüht sich auch, früh aufzustehen, was gar nicht seinem Charakter entspricht, und sich so der Normalität, die er doch zu verachten vorgibt, anzugleichen. Sich einen anderen Menschen völlig gleichmachen zu wollen aber ist in gewisser Weise nichts anderes, als den Tod des anderen zu wünschen. Und Spinell ist ein unheimlicher Verführer zum Tode, der Gabriele zum Musizieren überredet, obwohl es ihren Tod bedeutet.

Auf der anderen Seite ist die Unähnlichkeit der Ehepartner von der Art, daß sich die Frage stellt, ob sie nicht für den Tod Gabrieles verantwortlich ist: An der Seite des robusten Gatten wirkt Gabriele noch zarter, und fast scheint es, als ob diese Robustheit sie aus dem Leben dränge. Der Sohn Anton zumindest, dem Vater an strotzender Gesundheit in nichts nachstehend, hätte der Mutter tatsächlich fast das Leben gekostet. Es ist, als bleibe für Gabriele zwischen zwei so männlich-animalischen

Wesen kein Raum mehr, als nähmen sie ihr die Luft; und so erkrankt sie ja auch an der Lunge.

Spinell ist es wiederum, der Gabriele überhaupt erst die Inkongruenz, das Mißverhältnis zwischen ihr und ihrem Mann bewußt macht: „Nein, es sind rätselvolle Tatsachen, die Frauen...sowenig neu es ist, sowenig kann man ablassen, davor zu stehen und zu staunen. Da ist ein wunderbares Geschöpf, eine Sylphe, ein Duftgebild, ein Märchentraum von einem Wesen. Was tut sie? Sie geht hin und ergibt sich einem Jahrmarktsherkules oder Schlächterburschen." (232) Spinell zieht die Nacht vor, die alle Unterschiede auslöscht; die Sonne mag er nicht, weil diese „Schönes und Gemeines mit gleich aufdringlicher Deutlichkeit bestrahlt" (240). Daß die Sonne alle Dinge gleich behandelt, stört ihn also, er bevorzugt daher die Dunkelheit. Und doch ist es das Licht, das die Unterschiede zwischen Gemeinem und Schönem überhaupt erst hervortreten läßt. Spinell gibt vor, die Unterscheidungen zu wollen, und doch flieht er den Tag und sucht die Nacht, in deren Schwärze alle Unterschiede verschwinden. So macht er auch Gabriele glauben, daß ihre Einzigartigkeit sich an der Seite des „Schlächterburschen" nicht entfalten könne; unter dem Vorwand, ihre Einzigartigkeit hervorzuheben, aber macht er sie in Wirklichkeit ihm gleich, und daran geht sie zugrunde.

Es wird dunkel, nachdem Spinell das Konversationszimmer betreten hat, eine diabolische Figur, die sich mit leicht vorgebeugtem Oberkörper vorsichtigen Schrittes heranschleicht und mit sanfter Stimme Gabriele Klöterjahn anspricht, die einzige Person im Sanatorium, der er seine ebenso unheimliche wie abstoßende Aufmerksamkeit schenkt. Es dunkelt also, es dämmert, alles liegt in Schatten, und Spinell ist dankbar, daß sich die Sonne verhüllt. Und in dem sich verdunkelnden Zimmer bittet Spinell Gabriele, doch etwas Musik zu spielen. Zunächst, passend zur frühen Dämmerung, Chopins *Nocturnes*. Gabriele will erst nicht spielen, der Arzt hat es ihr verboten, aber Spinell insistiert, und als sie vernimmt, „Nocturnes", kann Gabriele nicht mehr widerstehen. Das heißt, sie ist fast überredet, aber noch ziert sie sich, noch will sie dem Gebot des Arztes Folge leisten, dann aber hält Spinell sein Plädoyer. Er verspricht Gabriele, wenn sie spielen würde, kehrte sie in die Vergangenheit zurück, sei sie wieder ein junges Mädchen an der Seite ihres Vaters. Dieser Verführung, zu vergessen und dem Gesetz der Zeit zu entrinnen, kann Gabriele nicht widerstehen. Sie spielt, zunächst die *Nocturnes*, dann *Tristan*. Und diese im dunkelnden Zimmer gespielte Todesmusik kündigt Gabrieles eigenen Tod an, unterstützt noch von dem plötzlichen und unheimlichen Erscheinen der Pastorin Höhlenrauch: „Plötzlich geschah etwas Erschreckendes. [...] es war die Pastorin Höhlenrauch am Arme ihrer Pflegerin. Ohne aufzublicken, durchmaß sie mit tappenden, wandernden Schritten den Hintergrund des Gemaches und entschwand durch die entgegengesetzte Tür, – stumm und stier, irrwandelnd und unbewußt. – Es herrschte Stille.“ (246f.)

Die Pastorin Höhlenrauch, die schon in ihrem Namen Geburt (Höhle) und Vergehen (Rauch) vereint, tritt so als Todesfigur in das Zimmer ein, das bereits von der todesseligen Musik der Tristanoper erfüllt ist. An Gabrieles Seite aber sitzt eine andere Todesfigur: Detlev Spinell, dessen Name in der Leblosigkeit und steinernen Härte des Edelsteins ebenfalls dem Bereich des Toten, Leblosen angehört. Und Gabriele selber, deren immer wieder betonte Zartheit, ans Unirdische, Unstoffliche grenzt, trägt den Tod in Form der Tuberkulose in sich. Spinell aber ist eine Todesfigur noch in einem anderen Sinne. Er ist der diabolische Verführer, der Gabriele in das Reich des Todes hinüberzieht. Während in der Wagneroper der Tod Isoldes klar motiviert ist als Liebestod, bleibt Gabrieles Tod ungeklärt – oder vielmehr, gibt es zu viele Gründe, mögliche Gründe und Ursachen. Gabrieles Tod ist überdeterminiert. Ist ihre übergroße Zartheit schuld an ihrem Tod, oder ist es der zu kräftige Mann, der allzu gesunde Sohn, der schädliche Einfluß Spinells oder aber ganz einfach die Lungentuberkulose? Oder alles zusammen?

Die Frage muß letztlich unbeantwortet bleiben. Spinell führt in seinem Brief an Klöterjahn verschiedene Gründe an, um sich zuletzt selbst die Ehre zu geben: Er spricht von dem Sterben des Familiengeschlechts, das in der Lebensunfähigkeit Gabrieles gipfele, macht die Geburt des Kindes und damit Klöterjahn, der sie überhaupt erst zur Ehefrau gemacht hat, für die Krankheit Gabrieles verantwortlich und schließt mit den Worten: „Und wenn sie nicht in Gemeinheit dahinfährt, wenn sie dennoch zuletzt sich aus den Tiefen ihrer Erniedrigung erhob und stolz und selig unter dem tödlichen Kusse der Schönheit vergeht, so ist das *meine* Sorge gewesen.“ (254)

Fast ist es, als gäbe es einen Wettkampf darum, wer den Tod von Gabriele zu verantworten habe. Auch wenn Klöterjahn, anders als Spinell, sicher nicht die Schuld ihres Todes auf sich nehmen will, so will er sie denn doch nicht Spinell zugestehen, da ihm das zu viel Bedeutung verleihen würde, und so schreit er Spinell an: „Von Individuen, wie Sie eins sind, lasse ich mich denn doch nicht aus dem Felde schlagen.“ (259)

Die Erzählung verweist mit ihrem Titel „Tristan" auf Wagners Oper *Tristan und Isolde.* Gabriele muß auch deshalb sterben, damit sich die Vorlage erfüllt, wie auch in *Wälsungenblut* der Inzest sich gemäß der Opernhandlung vollzieht. Allerdings werden bei Wagner beide, Tristan und Isolde, im Titel genannt, und beide sterben am Ende. Im Titel der Mann-Erzählung aber erscheint nur der männliche Liebhaber, Tristan steht dort alleine, Tristan ohne Isolde, und am Ende stirbt auch nur einer, stirbt allein Gabriele, die im Titel nicht genannte Isolde, ohne Tristan.

Die *Walküre* ist eine Familiengeschichte, Wagners *Tristan* aber eine Liebesgeschichte, in der es allein um Tristan und Isolde und ihre Liebes- und Todessehnsucht geht. Zwar ist Isolde verheiratet, doch dient Marke, ihr Mann, nur dazu, die Liebe zwischen beiden noch deutlicher hervortreten zu lassen, und ist so in seiner Funktion als Hindernis austauschbar. Im Mythos von Hero und Leander, einer antiken Version der Tristan-Isolde-Liebesgeschichte, auf die der Name des Sanatoriumsarztes anspielt, ist Hero nicht verheiratet. Dort stellt sich „der Väter feindlich Zürnen"[14], wie es bei Schiller heißt, oder Heros Status als Priesterin (in der Grillparzerbearbeitung) den Liebenden in den Weg.[15] Und Isolde natürlich, ebenso wie Hero, ist kinderlos. Der Siegfried aber, der in Manns *Wälsungenblut*, in dem kein Kind vorkommt, ausgespart wurde, kehrt im *Tristan* als strotzender Anton wieder: als Sohn Gabriele-Isoldes. Gabriele wird entgegen der Vorlage und trotz ihrer Zerbrechlichkeit unwahrscheinlicherweise zur Mutter gemacht.

Die schwache, zarte Gabriele heiratet den stämmigen, robusten und burschikosen Klöterjahn, dem sie ein Kind gebiert, das gleich ganz seinem Vater gleicht, ein „Prachtstück von einem Baby" (221). Nun aber scheint für die Mutter kein Platz mehr, die familiäre Triade erleidet ein seltsames Ungleichgewicht, eine unerhörte Verschiebung, in der das Kind die Mutter verdrängt – eine in der Struktur der Familie zwar durchaus angelegte, ja notwendige Entwicklung, hier aber vorweggenommen: mit seiner Geburt schon bedroht das Kind die Existenz der Mutter. Gabriele Klöterjahn erholt sich nicht wieder von der Geburt ihres Kindes: „Die Genesung aber wollte sich nicht einstellen, und während das Kind, Anton Klöterjahn der Jüngere, ein Prachtstück von einem Baby, mit un-

---

14 Friedrich Schiller: „Hero und Leander". In: Friedrich Schiller. Sämtliche Werke in zehn Bänden. Hg. v. Hans-Günther Thalheim. Bd. 1. Berlin 1980. S. 499.

15 Franz Grillparzer: Des Meeres und der Liebe Wellen. (Franz Grillparzer: Sämtl. Werke. Historisch-kritische Gesamtausgabe. Wien 1909-1948. Erste Abt., 4. Bd.). Wien 1925.

geheurer Energie und Rücksichtslosigkeit seinen Platz im Leben eroberte und behauptete, schien die junge Mutter in einer sanften und stillen Glut dahinzuschwinden..." (221) Zu fragen wäre, ob das nur ein grotesker Einzelfall ist oder vielmehr, hier zwar auf die Spitze getrieben, die Familie im allgemeinen beschreibt. Und im Sanatorium gibt es tatsächlich eine zweite Gestalt, die das Muttersein nicht verkraftet hat: die Pastorin Höhlenrauch, „jene Kranke, die neunzehn Kinder zur Welt gebracht hatte und keines Gedankens mehr fähig war" (247).

Es gibt wenige Frauen in der Erzählung und noch wenigere Mütter. Gabrieles eigene Mutter ist früh gestorben, und sie wächst allein mit ihrem Vater auf. Die einzige Familie, die zu sehen ist, ist englisch und gehört auch eigentlich gar nicht dorthin. Selbstverständlich ist das Sanatorium nicht der Ort, wo sich Familien versammeln. Um so auffallender ist es, daß gerade in dieser Krankheits- und Todessphäre das Thema von Geburt und Familie solch eine Rolle spielt. Der Inzest der Aarenholdkinder hätte sich hier sehr gut abspielen können. In *Wälsungenblut* ist die Geburt Siegfrieds aus der Geschichte herausgenommen; auch wenn der Logik der Vorlage folgend es zu einer Schwangerschaft Sieglind Aarenholds kommen müßte (und von dem Ei um Sieglinds Hals vielleicht sogar angedeutet wird), bleibt dies doch schwer vorstellbar: zu sehr ist die Atmosphäre von dekadenter Sterilität bestimmt. Obwohl sich *Wälsungenblut* ganz im Schoße der Familie abspielt, geht es gerade hier nicht um die Erneuerung der Geschlechter, die die Familie erst zur Familie macht, sondern um die Verneinung jeder Erneuerung und Andersheit, an deren Stelle die Vereinigung des Gleichen tritt.

Im ersten Satz der Erzählung *Tristan* wird der Name des Sanatoriums erwähnt, es ist das dritte Wort: „Einfried". Aus dieser Anfangseinheit löst sich die erste triadische Struktur; Doktor Leander, Doktor Müller und Fräulein Osterloh, denen, auf verschiedene Weise, das Wohl der Gäste anvertraut ist. Im Verlaufe der Erzählungen bilden sich weitere Dreier-Konstellationen: Klöterjahn mit Frau und Kind; Gabriele, die Rätin Spatz und Spinell; Klöterjahn, das Kindermädchen und Anton; und schließlich das Kindermädchen, Anton und Spinell. Dagegen stehen die Zweierbeziehungen: Vater-Gabriele, Gabriele-Klöterjahn und Spinell-Gabriele.

Die Handlung der Wagner-Oper wird durch die Dreiecksbeziehung Marke-Tristan-Isolde angetrieben. Anders als in *Wälsungenblut*, wo die Aarenholdschen Zwillinge die Namen der Walkürehelden tragen und so die Zuordnung eindeutig ist, stellt sich bei dieser Erzählung, die den Namen „Tristan" nur im Titel trägt, die Frage, wer denn hier Tristan, Isolde und Marke sind, eine Frage, die sich unweigerlich stellt, zumal da die Geschichte durchaus Parallelen zur Oper aufweist: Gabriele fühlt sich mehr und mehr zu Spinell hingezogen, der sie ihrem rechtmäßig angetrauten Gatten mehr und mehr entfremdet. Demnach wäre Klöterjahn König Marke, Spinell Tristan und Gabriele Isolde.[16] Nun gibt es einen entscheidenden Unterschied zur Vorlage: in der Mann-Erzählung gibt es gewissermaßen zwei Tristans. Durch seinen Namen macht Dr. Leander Spinell Konkurrenz; er ist der griechische Tristan. Beide, Spinell wie Leander, sind dem Reich des Todes verbunden, Spinell in seiner Verherrlichung der Nacht und des Todes, Doktor Leander in seiner Rolle als Arzt und als Leiter des Sanatoriums, in dem der Tod ständig präsent ist, wenngleich er verschwiegen wird: „Dann und wann stirbt jemand von den ‚Schweren', die in ihren Zimmern liegen und nicht zu den Mahlzeiten noch im Konversationszimmer erscheinen, und niemand, selbst der Zimmernachbar nicht, erfährt etwas davon." (217)

Warum aber diese Verdoppelung Tristans? Sie hat die gleiche Funktion wie die Einführung des Kindes. Der Zweier-Struktur Tristan-Isolde wird immer ein drittes Element hinzugefügt. Die ganze Erzählung läßt sich lesen als beständiges Hereinbrechen eines Dritten, eines Überzähligen, Störenden und Zerstörenden. Wir wollen diese verschiedenen Strukturen und ihre Beziehung zueinander etwas näher untersuchen.

Am Anfang sind Gabriele und ihr Vater musizierend beisammen. Dann kommt Klöterjahn, und die Tochter geht vom Vater zum Ehemann. Ein drittes Element also brachte eine Störung in eine bestehende Zweierverbindung, und eine neue Zweierbeziehung entsteht. Durch die Geburt des Sohnes erweitert diese sich zur Triade, allerdings ist dieses Mal die Störung durch das dritte Element so heftig, daß eines der Ursprungselemente fast eliminiert worden wäre. Die Konstellation Klöterjahn, Gabriele und Anton ist die zentralste und gleichzeitig instabilste der Erzählung. Zentral ist sie nicht nur im Hinblick auf diese Geschichte, sondern auch, weil sich in ihr die Idee der Familie überhaupt manifestiert: die Dreiheit von Vater, Mutter, Kind, spätestens seit der Heiligen Familie und ihrer Ikonisierung eine symbolträchtige Konstellation. Instabil aber ist sie zum einen, weil sie beinahe nicht zustande gekommen wäre (fast hätte Gabriele die Geburt nicht überstanden), zum anderen,

[16] So auch Stevie Anne Bolduc: A Study of Intertextuality: Thomas Mann's *Tristan* und Richard Wagner's *Tristan*. In: Rocky Mountains Review of Languages and Literature 37 (1983) Nr. 1-2. S. 82-90.

weil sie als einzige der Dreierkonstellationen nie sichtbar wird: Gabriele und Klöterjahn reisen ohne den Sohn an, und als Anton schließlich nach Einfried gebracht wird, sehen wir ihn nie mit der Mutter.

In der Gruppierung Gabriele, die Rätin Spatz und Spinell ist die Rätin eher überflüssiges als störendes Element. So entfernt sie sich auch, als Gabriele und Spinell wenn nicht zu Tristan und Isolde[17], so doch zu Ausführenden der Oper werden – wobei der Kniefall Spinells und das ungewisse Lächeln Gabrieles am Ende der Tristanmusik ein schwacher Nachklang der leidenschaftlichen Liebesbeziehung zwischen Wagners Helden ist. Kehren wir für einen Moment zurück zu *Wälsungenblut*. Dort wird das störende Dritte erfolgreich eliminiert: Beckerath wird abgeschüttelt. Abgeschottet von der Welt trägt die Kutsche Siegmund und Sieglind zur Oper. Sie betreten die Loge, als das Theater schon verdunkelt ist, so nehmen sie niemanden der anderen Zuschauer wahr. Sie sind ganz für sich und können sich so dem Schauspiel hingeben, das sich auf der Bühne vor ihnen entfaltet. Auch dort wird das störende Dritte eliminiert: Hunding bekommt einen Schlaftrunk, und Siegmund und Sieglinde sind allein. So spiegelt die ungestörte Zweisamkeit auf der Bühne die in der Loge: Siegmund und Sieglind(e)[18], jeweils ganz für sich.

---

[17] In der Forschung wird zumeist der Gegensatz zwischen dem Wagnerschen Heldenpaar und Thomas Manns Paar am Klavier betont: „All of the writers on ‚Tristan' agree that Spinell and Gabriele represent, at least on one level, a parodistic portrayal of the heroic couple, Tristan and Isolde". Frank W. Young: Montage and Motif in Thomas Mann's „Tristan". Bonn 1975. S. 25. Young versteht auch Gabrieles Tod als Parodie auf Isoldes Liebestod. Ebd. S. 24. Einige Interpreten aber sehen im Erlebnis Wagnerscher Musik eine dem Modell vergleichbare, wenn auch nicht-körperliche Vereinigung. Vgl. Lehnert: „Der Erzähler, zwischen Wagners Text und einer enthusiastisch überhöhten Prosa spielend, faßt in Worte, was in Spinell und Gabriele vorgeht, ihre ästhetische Liebesvereinigung im Medium der Musik." Herbert Lehnert: „Tristan", „Tonio Kröger" und „Der Tod in Venedig". Ein Strukturvergleich. In: Orbis Litterarum 24 (1969). S. 271-304, hier S. 283.

[18] Thomas Mann ändert „Sieglinde" zu „Sieglind", wodurch die Aarenholdtochter allein im Namen ihrem Zwillingsbruder noch ähnlicher wird. Im Laufe des ersten Aktes aber wird, wie Northcote-Bade bemerkt, „Sieglinde" zu „Sieglind", „was erkennen läßt, daß Siegmund und Sieglind Aarenhold, vielleicht unbewußt, die Handlung des Musikdramas auf sich selbst anwenden". Northcote-Bade: Die Wagner-Mythen im Frühwerk Thomas Manns. Bonn 1975. S. 61.

Hier in ‚Einfried' sitzen Spinell und Gabriele vor dem Klavier und geben sich der Tristanmusik hin. Doch diesmal funktioniert die Spiegelung nicht ganz so perfekt, und das liegt nicht allein an dem unwahrscheinlichen Tristan, den Spinell mit seinen plumpen Füßen und kariösen Zähnen abgibt. In *Wälsungenblut* wird das Spiegelspiel bis zur Namensgleichheit getrieben. Nicht nur aber heißen hier die Protagonisten nicht Tristan und Isolde, sondern es besteht ein Mißverhältnis in der Nennung beider: Gabriele wird beim Vornamen, Spinell dagegen beim Nachnamen genannt. Gabriele und Detlev könnte man sich, allein was die Namen angeht, zur Not noch als ein modernes Tristan- und Isolde-Paar vorstellen, aber Gabriele und Spinell? Die Tatsache, daß der Erzähler von ‚Gabriele' spricht, Spinell aber immer bei seinem Nachnamen nennt, durchbricht nicht allein die Spiegelung, sondern ergibt zudem eine Verbindung Spinells zur Rätin Spatz, die ja auch noch anwesend ist und deren Nachname den gleichen Anlaut hat. Beider Namen ergeben eine Verbindung zum nichtmenschlichen Bereich, einmal zum Tierreich, ein anderes Mal zum Erdreich, beides Bereiche also, die unterhalb des Menschlichen stehen.[19] Gabriele dagegen stellt durch ihren Namen eine Überhöhung des Menschlichen hin zum Engelhaften dar.

Nicht allein durchbricht die Rätin Spatz aufgrund dieser Namensbezüge die Ausschließlichkeit der Liebeseinheit, wie sie sich in der Oper darstellt, vielmehr ergibt sich auch ein Bezug zu der in Musik und Text sich zum Ausdruck bringenden Todesmotivik und Todessehnsucht: Wenn auch aus äußerst banalem Grund, der Langeweile, zeichnet sich in ihrem Gesicht der Tod ab, der gleichzeitig in *Tristan und Isolde* das Geschehen zu einem romantisch-tragischen Abschluß bringt: „Unterdessen hatte bei der Rätin Spatz die Langeweile jenen Grad erreicht, wo sie des Menschen Antlitz entstellt, ihm die Augen aus dem Kopfe treibt und ihm einen leichenhaften und furchteinflößenden Ausdruck verleiht." (244) So spiegelt sich im Gesicht der Rätin, wenn auch ungewollt und mit äußerster Komik, die Todesmotivik der Oper, eine verzerrte Spiegelung, die aber die symmetrische Spiegelung Gabriele/Spinell – Isolde/Tristan durchbricht und verschiebt.

---

19 Vgl. *Freud und die Zukunft*: „Der Mensch ist das ‚kranke Tier' genannt worden um der belastenden Spannungen und auszeichnenden Schwierigkeiten willen, die seine Stellung zwischen Natur und Geist, zwischen Tier und Engel ihm auferlegt." (IX, 482)

Die eben zitierte Passage dient selbstverständlich auch der parodistischen Karikierung Wagnerscher Todes- und Liebesromantik.[20] Aber wie sehr in dieser Erzählung der Mythos nicht nur parodiert wird, sondern vielmehr eine erneute Mythisierung erfolgt, zeigt sich in der nächsten Störung: Die Rätin Spatz hat schließlich das Zimmer verlassen, aber Spinell und Gabriele bleiben nicht lange allein. Die Tür öffnet sich, und wie ein Geist erscheint, am Arm ihrer Pflegerin, die Pastorin Höhlenrauch. War der „furchteinflößende" Ausdruck der Langeweile eher absurd komisch als wirklich furchterregend, so ist der Auftritt der Pastorin Höhlenrauch wahrlich erschreckend. Der „leichenhafte Ausdruck" der Langeweile ist nur ein schwacher und komischer Abglanz der Todesdurchdrungenheit der Wagnerschen Oper; das stumme und starre Umherirren der Pastorin Höhlenrauch aber, ihre Todesnähe und gleichzeitige Unfähigkeit zu sterben, sind weitaus unheimlicher als der Liebestod Tristan und Isoldes.

Klöterjahn kommt zweimal nach Einfried, das erste Mal mit Gabriele, das zweite Mal mit Kindermädchen und Sohn. Während wir also die Vater-Mutter-Kind-Triade nie zu Gesicht bekommen, erscheint sie hier zwar strukturell erfüllt (Frau mit Kind auf dem Arm und Mann), aber mit dem entscheidenden, skandalösen Unterschied: die Mutter, die richtige, die eigentliche Mutter fehlt. Die große Lücke, die Gabrieles Tod reißen sollte, das klaffende Loch, die anstößige Abwesenheit in der familiären Dreierkonstellation wird bereits vor ihrem Abgang von jemand anderem ausgefüllt; die Lücke wird als solche nicht sichtbar. Die Austauschbarkeit der Mutter als Mutterfigur zeigt sich auch im Jauchzen Antons am Ende, der, während seine Mutter stirbt, von einer anderen Frau im Wägelchen geschoben wird und gut versorgt ist. Den Mangel mag er später spüren, wenn er älter ist, aus den Erzählungen der anderen erlernt, daß es einmal eine ‚wirkliche' Mutter gegeben hat, der er dann nachtrauern wird. Dies ist dann aber eine intellektuelle Leistung, eine den Menschen kennzeichnende Fähigkeit zur Erinnerung und Trauer,

---

20 Vgl. auch Pütz: „Das achte Kapitel der Erzählung, das viele Zitate und Konfigurationen der Wagnerschen Oper übernimmt und transformiert, übt zugleich die herbste Kritik an dem ebenso bewunderten wie zweifelhaften Musikgenie." Peter Pütz: Das Sanatorium als Purgatorium. In: Literatur und Krankheit im Fin-de-Siècle (1890-1914). Hg. v. Thomas Sprecher. S. 199-212, hier S. 211f. Eine Zusammenfassung der Forschungsliteratur, die sich mit dem Verhältnis der Erzählung zur Wagneroper auseinandersetzt, findet sich bei Vaget: Thomas-Mann-Kommentar. S. 90.

einhergehend mit dem Glauben an die Bedeutung der Abstammung, mit der immerwährenden Frage nach dem eigenen Ursprung, dem Festhalten an der Singularität des Menschen und seiner Unersetzbarkeit. Das Instinktiv-Animalische dagegen, das in dieser Erzählung eine so große Rolle spielt, hält sich ganz an die Gegenwart. In Anton drückt es sich so vollkommen aus, daß seine ganze Funktion sich fast erschöpft darin, für dieses Animalische zu stehen, das ebenso unheimlich-unmenschlich erscheint, wie es menschlich ist. Für dieses instinktgetriebene Wesen ist die Mutter jederzeit austauschbar. Wer diese Austauschbarkeit mit dem Hinweis darauf verharmlosen will, daß es sich bei Anton ja um einen unverständigen Säugling halte, dem muß entgegengehalten werden, daß diese Austauschbarkeit prinzipiell immer gegeben ist. Auch Klöterjahn ist ein Mann mit ausgeprägten Instinkten, und was sich bei Anton in absoluter und uneingeschränkter Form zeigt, findet sich bei den Erwachsenen nur gemildeter, und diese animalische, instinkthafte Seite verneint das Individuelle im Menschen und seine Unersetzlichkeit. Auch darf nicht übersehen werden, daß der Mensch, sobald er eine Position innerhalb einer Struktur einnimmt, was ihm nicht erlassen bleibt, immer schon ersetzbar ist. So sieht man in Zeiten, da die Familie eine besonders große Rolle spielt, wie im 19. Jahrhundert, wie es gilt, die verstorbene Mutter so bald wie möglich durch eine andere zu ersetzen: die Kinder brauchen eine Mutter. Der Akzent liegt auf eine, im Notfall irgendeine. Auf den Gegensatz zwischen Individualität und Struktur werden wir noch zurückkommen.

Zunächst aber werfen wir noch einen Blick auf die beiden Ankunftsszenen des Großkaufmanns Klöterjahn. Die erste Szene dient ganz dazu, die Zartheit Gabrieles im Gegensatz zu der Robustheit ihres Mannes herauszustellen. Wie sich in seinem Namen das Irdisch-Sexuelle, in ihrem dagegen das Ätherisch-Engelshafte ausdrückt, so erscheinen sie als ein Paar, in dem extreme Gegensätze zueinander gefunden haben. Allerdings werden noch andere Kontraste vorgeführt, um die Zerbrechlichkeit Gabrieles zu unterstreichen. Da ist zunächst der Kutscher, ein „roher, unbewußter Mann ohne Feingefühl" (218), der aber beim Anblick Gabrieles ganz gegen seine Natur zu größter Behutsamkeit veranlaßt wird. Und selbst die Pferde scheinen besorgt angesichts solch „schwacher Grazie". Nach dem Kutscher und den Pferden ist es dann Gabrieles Ehemann, der, aufgrund seiner eigenen Robustheit, ihre Zartheit erst so recht sichtbar werden läßt: „Wenn es aber dennoch die Lunge gewesen wäre, – diese neue Patientin hätte keinen holderen und veredelteren, keinen entrückteren und unstofflicheren Anblick gewähren können als jetzt, da sie an der Seite ihres stämmigen Gatten, weich und ermüdet in den weißlackierten, gradlinigen Armsessel zurückgelehnt, dem Gespräche folgte." (219) Doch, als wäre selbst das noch nicht genug, wird noch ein weiterer Gegensatz eingeführt, der zwischen dem schweren Stoff von Gabrieles Kleidung und dem Unstofflichen ihrer Erscheinung. Sie trägt einen schweren, dunklen Tuchrock und einen festen, mit Samtarabesken besetzten Stehkragen, und diese „gewichtigen und warmen Stoffe ließen die unsägliche Zartheit, Süßigkeit und Mattigkeit des Köpfchens nur noch rührender, unirdischer und lieblicher erscheinen." (219)

In dieser Ankunftsszene geht es also scheinbar nicht allein und nicht hauptsächlich um den Gegensatz Klöterjahn – Gabriele; Klöterjahn vertritt nur, zusammen mit Pferden, Kutscher und Kleiderstoffen, den einen Pol des Gegensatzpaares „irdisch – ätherisch" oder „materiell – unstofflich". Die Funktion dieses Gegensatzes wiederum ist es vor allem, die Besonderheit, die Außergewöhnlichkeit Gabrieles überhaupt erst hervortreten zu lassen. Das nächste Mal, daß die Zartheit Gabrieles mit Hilfe eines Gegensatzes unterstrichen wird, ist, als Gabriele der Verführung Spinells erliegt und gegen das Gebot der Ärzte Klavier spielt. Es wiederholt sich die Beschreibung vom Ankunftstag: „Sie trug das Kleid vom Tage ihrer Ankunft: die dunkle, gewichtige Taille mit den plastischen Sammetarabesken, die Haupt und Hände so unirdisch zart erscheinen ließ." (243) Dieses Mal aber sitzt nicht der praktische, irdischen Dingen zugewandte Klöterjahn neben ihr, sondern Spinell. Beide, Gabriele und Spinell sitzen mit blassen Gesichtern vorm Klavier und geben sich ganz der Musik hin. An die Stelle des ungleichen Gatten ist der ähnliche Verehrer getreten, und in dieser Verbindung steigert sich ihre Zartheit bis zur äußersten Zerbrechlichkeit und schließlich zum Tod.

Als Gabriele kurz nach ihrem Klavierspiel geschwächt im Bett liegt und keine Aussicht mehr auf Genesung besteht, benachrichtigen die Ärzte ihren Mann und bitten ihn, zu kommen und auch den Sohn mitzubringen. So reist Klöterjahn ein zweites Mal nach ‚Einfried', und zum ersten Mal sehen wir den kleinen Anton: „Gleichzeitig aber mit Herrn Klöterjahn war eine üppige, ganz in Rot, Schottisch und Gold gehüllte Person in ‚Einfried' eingetroffen, und sie war es, die auf ihrem Arme Anton Klöterjahn den Jüngeren, den kleinen gesunden Anton trug." (249) Hier also die traditionelle Familie, Vater, Mutter und, wie es sich gehört, das Kind auf dem Arm der Mutter. Nur daß eben die Mutter nicht die Mutter ist, und auch sonst das typologische Bild glücklicher Familieneinheit etwas ins Monströse verzerrt erscheint, was vor allem an der unheimlichen Gesundheit des kleinen Anton liegt: „Rosig und weiß, sauber und frisch gekleidet, dick und duftig lastete er auf dem nackten, roten Arm seiner betreßten Dienerin, verschlang gewaltige Mengen von Milch und gehacktem Fleisch, schrie und überließ sich in jeder Beziehung seinen Instinkten." (249)

Diesmal stellt sich die Dreierstruktur geschlossen dar, von keinem Gegensatz gespalten: alle sind rot und rosig. (Nur einen blassen Beobachter der Szene gibt es: Spinell tritt ans Fenster, er sieht die Ankommenden, und vermeidet von da an das Zusammentreffen mit dem jüngeren Klöterjahn „so weit als tunlich", 250).

Die eigentliche Mutter fehlt. Dieses Fehlen aber oder diese Ersetzbarkeit ist selbst im Urmodell der triadischen Familie, der Heiligen Familie, schon vorweggenommen: auch dort ist der Vater nicht der eigentliche Vater. Hier aber ist nicht allein die Mutter ersetzt, sondern sie ist so ersetzt, daß erst jetzt eine plausible und balancierte Familieneinheit sichtbar wird. Gabriele ist nicht zuletzt deswegen nie mit Mann und Kind zu sehen, weil die Geburt sie fast das Leben gekostet hat und sie daher ins Sanatorium muß. Die Frau aber, die mit Klöterjahn in ‚Einfried' eintrifft und Anton auf dem Arm trägt, fügt sich mit ihrer Üppigkeit, den nackten, roten Armen weitaus besser an die Seite beider männlichen, instinktgetriebenen Klöterjahns.

Zweimal sehen wir Anton mit der Kinderfrau. Das erste Mal lebt Gabriele noch, das zweite Mal lebt sie nicht mehr. So wird, in der Ankunftsszene, Gabrieles Tod bereits vorweggenommen, sie ist schon abwesend. Noch bevor Gabriele gestorben ist, ist aber diese Abwesenheit in der familiären Struktur bereits überdeckt. So besteht kein Unterschied zwischen den beiden Malen, die wir Anton mit der Kinderfrau sehen, das erste Mal wird er auf dem Arm getragen, beim zweiten im Wägelchen geschoben – es hätte auch anders herum sein können. Der Tod der Mutter macht keinen Unterschied.

Gleichzeitig aber gibt es eine andere Erzähllinie. Gleichsam außerhalb dieser familiären Struktur und an ihr vorbei. Bei seiner zweiten Reise nach ‚Einfried' kommt Klöterjahn sozusagen zweimal an. Zunächst sieht man ihn alleine ankommen: „Und siehe, Herr Klöterjahn erschien. Er hatte Doktor Müllers kleines Telegramm erhalten und kam vom Strande der Ostsee. Er stieg aus dem Wagen, ließ sich Kaffee und Buttersemmeln geben und sah sehr verdutzt aus. ‚Herr', sagte er, ‚was ist? Warum ruft man mich zu ihr?'" (249) So entsteht vor den Augen des Lesers zunächst das Bild eines allein anreisenden Ehemanns, der aus Sorge um seine Frau angefahren kommt, aus dem Wagen steigt und als erstes in biblischer Redeweise nach ihrem Befinden fragt: „Herr, warum ruft man mich zu ihr?“ Das in seiner Bedrängnis allein vor Gott stehende Individuum.

Etwa eine halbe Seite später aber wird der Leser gezwungen, die vorausgegangene Szene sozusagen zurückzuspulen und sich die Ankunftsszene ein zweites Mal vorzustellen. Sahen wir zunächst Klöterjahn allein im Wagen, aus dem er eifrig sprang, erfahren wir nun, daß er gar nicht allein gekommen ist: „Gleichzeitig aber mit Herrn Klöterjahn war eine üppige [...] Person“ (249) eingetroffen, die auf ihrem Arm Anton Klöterjahn trägt. Warum aber dieses Manöver, warum diese doppelte Ankunft Klöterjahns?

Klöterjahn kommt zweimal an, man könnte sagen, einmal in der Rolle des Ehemanns, das zweite Mal in der Rolle des Familienvaters. Aber hier geht es nicht darum, zwei Rollen, zwei Strukturen einander gegenüberzustellen. In beiden Rollen, in beiden Strukturen, der Paar- wie der Familienstruktur, wäre Gabriele prinzipiell austauschbar. Dem Skandalon der Ersetzbarkeit einer Person, das auf der Ebene der Familie so deutlich vorgeführt wird, steht die Einzigartigkeit, die Unersetzlichkeit Gabrieles entgegen, eine Einzigartigkeit, die jede Struktur zum Verschwinden bringt und die – weil sich außerhalb einer Struktur letztlich nichts denken läßt – auch nicht zu begründen oder rechtfertigen ist, in Klöterjahns Trauer aber sich zum Ausdruck bringt und sich behauptet. Ein einziges Mal sehen wir Klöterjahn mit etwas Sympathie geschildert, für einen kurzen Moment erscheint er in gutem Licht, fallen alle karikierenden Beschreibungen wie Hüllen von ihm ab. Der tierhafte Instinktmensch erweist sich als Mensch – im Moment der Angst und Trauer um Gabriele: „‚Ist sie tot?‘ schrie Herr Klöterjahn ... Dabei packte er die Rätin am Oberarm und zog sie auf der Schwelle hin und her. ‚Nein, nicht ganz, wie? Noch nicht ganz, sie kann mich noch sehen ... Hat sie wieder ein bißchen Blut aufgebracht? Aus der Lunge, wie? Ich gebe zu, daß es vielleicht aus der Lunge kommt ... Gabriele!‘ sagte er plötzlich, indem die Augen ihm übergingen, und man sah, wie ein warmes, gutes, menschliches und redliches Gefühl in ihm hervorbrach.“ (260) Das Blut, die Lunge – der auf seinen Körper reduzierte und seiner Individualität beraubte Mensch – und dann bricht es aus Klöterjahn hervor: „Gabriele“, und in dieser Anrufung des Namens, des Eigennamens und des Vornamens, den sie anders als den Nachnamen weder vom Mann noch vom Vater übernommen hat, rettet sich die Unersetzlichkeit Gabrieles. Die Anspielung auf den „König von Thule" mit dem Satz „indem die Augen ihm übergingen" unterstreicht weiter die „Menschwerdung" Klöterjahns und den nie zu verwindenden Verlust Gabrieles.[21]

Noch einmal von ihr gesehen zu werden, das ist der Wunsch Klöterjahns. Nicht noch einmal mit ihr zu sprechen, sondern noch einmal von ihr gesehen zu werden, das ist seine ganze Sorge: „sie kann mich noch sehen". Dieses Gesehenwerden steht ganz im Gegensatz zu der Betonung und Beschwörung des Bildes, wie wir sie bei Spinell vorfinden. Im Bild, in der Vision Spinells entwirft er sich *sein* Bild Gabrieles, und dieses Bild sagt mehr aus über ihn als über sie. So verschwindet im Bild die Individualität und Einzigartigkeit des dargestellten Menschen hinter den Vorstellungen und Projektionen dessen, der sich ein Bild macht. Im Gesehenwerden dagegen ist sie unauslöschbar vorhanden. Wer von einer bestimmten Person gesehen werden will, der wird sich diesen einen Blick, dieses eine Sehen, diese Sicht auf sich selbst nicht durch die Augen eines anderen ersetzt wissen wollen. Gabriele ist von Anfang an im Verschwinden begriffen. Sie ist so zart, so unstofflich, so zerbrechlich, daß sie sich fast selbst aufzulösen scheint und ins einheitliche Weiß des Sanatoriums und der Schneelandschaft einzugehen droht. Dieses langsame Verlöschen ist wie das Verschwinden der Individualität, die langsame Auszehrung des Individuellen, von dem jeder Mensch jederzeit bedroht ist, die sich an jedem Menschen immer vollzieht und hier in Gabriele sich exemplarisch darstellt, die als Engelsfigur das Menschliche besser vertritt als die dem Tierreich näherstehenden, sie umgebenden Figuren. Und doch ist ihr Ende nicht ein leises, sanftes, letztes Verlöschen und Entgleiten, das heimliche, fast unmerkliche Hinüberschweben ins ganz Unstoffliche, ein unspektakuläres Zuendekommen eines sich schon lange vollziehenden Übergangs, sondern ein gewaltsamer Ausbruch, ein wahres Spektakel: die blasse Gabriele mit ihrer transparenten Stirn liegt in einem weißen Bett im weißen Sanatorium ‚Einfried', der Punkt, in dem sich alle Weißheit konzentriert, während an den äußeren Rändern das Weiße bereits verschwindet und der Schnee zu tauen beginnt, und in

[21] Vgl. auch Haug: „ [...] die Groteske [schlägt] unvermittelt um in die Regung eines ganz menschlich gesehenen Lebens". Haug allerdings sieht Klöterjahn im Ganzen als menschlich gezeichnete Figur und verklärt ihn damit mehr, als die Erzählung zuläßt: „Der Humor der Klöterjahn-Gestalt dagegen vermittelt zwischen Ekel und Sehnsucht, Brutalität und warmem, menschlichem Gefühl". Haug: Erkenntnisekel. S. 140/141.

diese makellose Weißheit bricht das Blut, bricht aus dem Zentrum der Weißheit selbst hervor, bahnt sich den Weg aus Gabrieles Körper und ergießt sich nach draußen: „Sie hat so viel Blut aufgebracht, so fürchterlich viel…Sie saß ganz ruhig im Bette und summte ein Stückchen Musik vor sich hin, und da kam es, lieber Gott, so übermäßig viel…" (260)

Zwei Ausbrüche folgen aufeinander; zunächst der gewaltsame Bluterguß Gabrieles, dann der gefühlvolle Ausbruch Klöterjahns. Der erste ist sprachlos, in ihm manifestiert sich ganz das Körperliche, der andere ist Rede, zwar stotternde, und doch klingt in ihr eine alte Ballade mit an, und er gipfelt im Ausruf des Namens. Hier finden sich die beiden zentralen Themen der Tristanoper wieder, Tod und Liebe, doch nicht verwoben und in absoluter Einheit verschmolzen. Gabriele ist mit dem Tod allein im Zimmer, und Klöterjahn mit seiner Liebe allein im Gang.

Und auf einmal ist es Klöterjahn, der zu seiner Isolde will, den es zu ihr drängt, dem die Augen in Leid übergehen, ist er Tristan, und nicht Leander, der teilnahmslose Arzt, der Gabriele an Doktor Müller weitergegeben hat, und nicht Spinell, der, als er von Gabrieles bevorstehendem Tod erfährt, sich eine Weile im Spiegel betrachtet – ein Narziß und kein Tristan.

Das Blut in der Sterbensszene gemahnt auch an das Blut, das bei Opferschlachtungen fließt. Daß Gabrieles Tod auch als ein solcher Opfertod zu lesen ist, wird an dem Abend angekündigt, an dem Spinell Gabriele zum Klavierspiel überredet und damit ihren Tod herbeiführt oder zumindest beschleunigt. Gabriele spielt die Tristanmusik: „Sie spielte mit preziöser Andacht, verharrte gläubig bei jedem Gebilde und hob demütig und demonstrativ das Einzelne hervor, wie der Priester das Allerheiligste über sein Haupt erhebt." (244) Wie Gabriele das Einzelne hervorhebt, so steht sie für menschliche Singularität, aber das christliche Bild vom Leib und Blut Jesus verschiebt sich am Ende zum mythischen Bild Iphigenies.[22]

Es gibt zwei ausgesprochen mythische Momente in der Erzählung. Der erste entfaltet sich in dem Brief, den Spinell an Klöterjahn schreibt.[23]

---

[22] Die Bezeichnung Klöterjahns als „Schlächterbursche" bereitet die letzte blutige Szene und die mögliche Lesart als Opferschlachtung vor.

[23] Zu einer ausführlichen Analyse des Briefes vgl. Inta Ezergailis: Spinell's Letter: An Approach to Thomas Mann's *Tristan*. In: German Life and Letters 25 (1972). S. 377-382. Ezergailis sieht in Spinells Brief nichts als den egoistischen Racheakt eines Schwächlings und übersieht dabei, daß der Brief ein Stück ausgezeichneter Prosa ist und Formulierungen und Beobachtungen enthält,

Er schreibt ihm aus dem „unabweislichen" Bedürfnis, „das, was ich sehe, was seit Wochen als eine unauslöschliche Vision vor meinen Augen steht, auch Sie sehen zu machen, es Sie mit meinen Augen, in derjenigen sprachlichen Beleuchtung schauen zu lassen, in der es vor meinem inneren Blicke steht." (251) Diese Vision, die unauslöschlich vor Spinells innerem Auge steht, will er also sprachlich entfalten: „ich erzähle [...] die Geschichte Gabriele Eckhofs" (251). Die erste Frage, die sich stellt, ist: Wie vertragen sich Bild und Geschichte? Beides, so sagt, Spinell, soll der Zeitlosigkeit verbunden sein, die „unauslöschliche" Vision will er in „unvergeßliche" Worte übersetzen. (251)

Der Blutstrom Gabrieles, der aus ihr hervorbricht, erinnert an Spinells Prahlerei über den Strom der Wörter beim Schreiben: „weil mir die Worte mit einer solchen Heftigkeit zuströmen, daß ich an ihnen ersticken würde" (250). Nun stimmt es weder, daß die Worte Spinell zuströmen, noch steht er in irgendeiner Gefahr zu ersticken. Seine Worte aber stehen in direktem Zusammenhang mit dem anderen, dem Zuströmen, das wirklich stattfindet und nicht nur ein metaphorischer Strom ist und an dem Gabriele stirbt. Die Wendung Spinells vom erstickenden Zuströmen der Worte zeigt so beides: daß die Sprache dem Tod verwandt ist, aber auch, daß ein Unterschied besteht zwischen dem vermeintlichen Ersticken Spinells und dem Tod Gabrieles. So sehr Spinell Gabriele in das Reich der Schönheit und des Todes, das seins ist, herüberziehen will, so entscheidend ist auch, daß sein Ersticken nur metaphorisch ist und er am Leben bleibt. Er sucht das Freie, als sie stirbt, geht in den die ersten Anzeichen des Frühlings zeigenden Garten. Gabriele mag ein Opfer sein, das er dem Altar der Kunst gebracht hat. Er, der anders als Klöterjahn, keinerlei Trauer um Gabriele zeigt[24], würde nicht schreiben, wenn das seinen Tod bedeutete.

---

die durchaus auf der Linie des Erzählers liegen. Den Brief als „Mann's exposure of Spinell's insufficient and false yet so highhanded patterning of reality" (Ebd. S. 382) zu sehen, greift daher zu kurz. Differenzierter dagegen Lehnert: Der Brief lasse sich zweifach lesen, als „boshaftes Machwerk, das beweist, wie wenig er eines redlichen Gefühles fähig ist" oder aber als „glänzend geschriebene Darstellung der anderen Wahrheit." Lehnert: Thomas Mann: Fiktion. S. 90. Vgl. auch Hatfield: „Cruel as it is, the letter makes one realize that Spinell is a gifted writer". Henry Hatfield: Thomas Mann's „Tristan": A Revised View. In: Vistas and Vectors: Essays Honoring the Memory of Helmut Rehder. Austin, Texas 1980. S. 157-163, hier S. 162.

24 Vgl. auch Diersen: „Spinell hat sein Ziel erreicht, aber es ist ihm dabei gar nicht um die Frau selbst, um den einmaligen Menschen Gabriele Klöterjahn

In dem Brief, den er also schreibt, will er sich gerade dem Tod entgegenstellen, im Schreiben unvergeßlicher Worte und in dem Entwerfen eines unauslöschlichen Bildes. Wieviel mehr aber die Sprache der Zeit verpflichtet ist als das Bild, zeigt Spinell bereits mit dem ersten Wort seiner Geschichte, „Erinnern", ein Aufruf, der durch das Bild allein nicht geleistet werden kann: „Erinnern Sie sich des Gartens", fragt er. (251) Und wir werden zurückgeführt in eine Frühzeit, eine Ur- und Märchenlandschaft: der alte, verwucherte Garten hinter dem grauen Patrizierhause, das grüne Moos, das aus den Fugen der verwitterten Mauern sprießt, die verträumte Wildnis hinter diesen Mauern. Eine Szenerie, die als Märchenlandschaft vor und jenseits jeder Zeit liegt und gleichzeitig ganz vom Vergehen der Zeit durchdrungen ist: Die Mauern sind verwittert, der Springbrunnen ist morsch, und alles neigt sich, die Lilien über den Brunnen, der Wasserstrahl auf zerklüftetes Gestein, und der Sommertag neigt sich dem eigenen Ende zu. Aber all dieses Zuendegehen ist im Bild zur Zeitlosigkeit geronnen, steht still als ewiges Zuendegehen. Sieben Jungfrauen sitzen im Kreis um den Brunnen[25] – wie die ‚sieben' eine Zahl ist, in der alles Zählen zum Ende gekommen ist, und der Kreis eine Figur, in der Anfang und Ende auf immer gleichzeitig präsent sind, so ist auch dieses Bild ein Bild, in dem die Zeit zum Stillstand kommt: „Dies Bild war ein Ende" (252). Aus diesem Bild aber wird eine Geschichte, eine Geschichte, die Spinell nun erzählt, für die er jedoch Klöterjahn verantwortlich macht: „Dies Bild war ein Ende, mein Herr; mußten Sie kommen und es zerstören, um ihm eine Fortsetzung der Gemeinheit und des häßlichen Leidens zu geben? Es war eine rührende und friedevolle Apotheose, getaucht in die abendliche Verklärung des Verfalles, der Auflösung und des Verlöschens." (252) Klöterjahn hätte, so Spinell, das Geschaute als „unantastbares und unverletzliches Heiligtum" (252) in seiner Seele bewahren sollen.

---

gegangen, sondern sie war ihm nichts als Objekt zur Bewährung seines eigenen Seins." Inge Diersen: Untersuchungen zu Thomas Mann. Berlin 1965. S. 59.

[25] Leibrich verweist auf die Bedeutung der Zahl sieben für die Erzählung insgesamt: „Chacun des douze chapitres répond à une formule mathématique rigoureuse. Déjà le premier est construit, comme prélude, en sept paragraphes de longueur d'abord croissante, puis décroissante. Nous retrouvons le nombre sept comme principe de structuration dans le chapitre 6 et 7 pour l'alternance entre les dialogues et les passages descriptifs ou narratifs." Leibrich: Thomas Mann. S. 75.

Ein einfacher Bremer Sonnenabend wird von Spinell, dem Schriftsteller, zur Apotheose des Verfalls stilisiert. Und alles ist, in den Augen Spinells, im Untergang begriffen: „Ein altes Geschlecht, zu müde bereits und zu edel zur Tat und zum Leben, steht am Ende seiner Tage“ (252). Alles in diesem Bild neigt sich dem Sterben zu, Gabriele „gehörte der Schönheit und dem Tode“ (253), aber gerade weil der Tod in diesem Bild bereits präsent ist, alles von ihm durchdrungen ist, läßt sich das Eintreten des Todes gar nicht mehr vorstellen. Dieses Bild, in dem alles vom Ende spricht, kann selbst kein Ende haben, es ist tatsächlich eine „unauslöschliche Vision“. Obwohl alles im Verfall begriffen ist, scheint die Zeit aus diesem Bild ausgeschlossen, wie der Springbrunnen ewig still stehende Wasserbögen zu formen scheint. Bewegung, Zeit kommt in dieses Bild erst dadurch, daß es zur Geschichte wird. Anders als ein Bild führt eine Geschichte unweigerlich zum Ende, und so führt die Erzählung unweigerlich zum Tod Gabrieles. Wer aber ist verantwortlich für diese Geschichte, die, wenn sie einmal begonnen hat, so nur und nicht anders verlaufen kann? Spinell macht Klöterjahn verantwortlich, der Gabriele aus dem väterlichen Garten herausgeführt habe. Dann aber wieder ist es Spinell, der diese Geschichte erzählt und der auf seine Weise Gabrieles Tod herbeiführt, indem er ihr einen Tod verschafft, der ihr in seinen Augen gebührt.

Warum aber kann die Geschichte kein anderes Ende finden? Warum muß sie mit dem Tode Gabrieles enden, die somit dem Beispiel Isoldes folgt, während beide Tristans dagegen überleben? Es gibt, soweit ich sehe, drei Gründe: Der Gegensatz zwischen Gabriele und Klöterjahn ist zu groß, zu lächerlich groß, und ist strukturell als ein Ungleichgewicht angelegt, in dem der stärkere Teil den schwächeren zerstört. Insofern hat Spinell durchaus recht, dieser Erzähler und Analytiker, dessen Beruf es ist, „die Dinge bei Namen zu nennen, sie reden zu machen, und das Unbewußte zu durchleuchten.“ (253) Die Entführung Gabrieles aus dem paradiesischen Garten ist, so gesehen, zwar nicht der Beginn ihrer Sterblichkeit, aber ihres Sterbens. Das Problem der Unähnlichkeit leitet über zu den Themen Individualität und Familie. Sich zu unterscheiden und damit seine Individualität zu garantieren, ist das Bestreben des Menschen, und Spinells Verführung gelingt nicht zuletzt, weil er Gabriele ihr Unterschiedensein, ihr Hervorgehobensein unter den Gespielinnen vor Augen führt: „Sie waren ausgezeichnet vor Ihren sechs Freundinnen. Eine kleine goldene Krone, ganz unscheinbar, aber bedeutungsvoll, saß in Ihrem Haar und blinkte...“ (234f.) Aber Spinell macht selbst einen

Unterschied: Während er Gabrieles Herausragen aus dem Kreis der Freundinnen idealisierend verklärt, sieht er im groben Mißverhältnis der Ehegatten nichts als eine groteske und zerstörerische Verkoppelung unterschiedlicher Kräfte, die nie hätten miteinander in Verbindung treten sollen. Eine solche Diskrepanz, so legt er nahe, erlaubt es nicht mehr von Unterschieden zu sprechen, die sich sinnvoll nur im Rahmen gewisser Ähnlichkeiten entfalten können.

Nach dem Entführer Klöterjahn kommt der Verführer Spinell. Muß Gabriele einerseits sterben, weil zu große Verschiedenheit sie bedroht, so ist andererseits zu große Ähnlichkeit zwischen ihr und Spinell für ihren Tod verantwortlich: Das Reich der Träume und der Musik, in das Spinell sie lockt und in das sie ihm nur allzu willig folgt, entreißt sie dem Leben.

Spinells Vision des ewig endenden Bildes richtet sich in der Vision erstarrter Zeitlosigkeit unweigerlich auch gegen die Familie. Sieben weibliche Wesen sitzen um einen Brunnen und singen. Keine Fortsetzung ist denkbar. An der Familie aber, dem Kommen und Gehen der Generationen, dem Wechsel von Geburt und Tod manifestiert sich das Wesen der Zeit.

Der dritte Grund liegt in dem Übergang von Bild zu Geschichte. Mit dem Eintreten in die Geschichte beginnt die Zeit, und wie eine Geschichte unweigerlich auf ein Ende zustrebt, so spiegelt sich diese Bewegung im Sterben Gabrieles. So ist nicht zufällig Spinell ein Schriftsteller, und in seinem Brief schreibt er die Geschichte Gabrieles. Mit seiner Redegewandtheit überredet er Gabriele, gegen den Willen der Ärzte, Klavier zu spielen, und so erweist sich die Sprache als Instrument der Verführung und des Todes. Die Sprache, die an die Zeit gebunden ist, und die Erzählung, die ein Ende braucht, sind dem Tode verwandt.

Das zeitlose Bild wiederum ist durch seine Zeitlosigkeit, in dem Stillstehen aller Zeit, ebenso dem Tode verwandt, und dieses Zusammenfallen der Gegensätze setzt sich auf einer anderen Ebene fort: in der Erzählung drohen die Grenzen zwischen Leben und Tod zu zerfließen. Der Lebenstrieb des kleinen Klöterjahn ist ebenso instinktiv wie das todesgetriebene Umherirren der Pastorin Höhlenrauch und das unbeherrschte Umherwerfen der Beine der älteren Patienten. Die ganze Geschichte hindurch verbinden sich Geburt und Tod: Spinell wird „der verweste Säugling“ (223) genannt; die neunzehn Kinder, denen die Pastorin das Leben geschenkt hat, haben ihre Mutter um den Verstand gebracht; die Geburt des kräftigen Anton kostet Gabriele fast das Leben. In einer Figur aber verbinden sie sich auf eine Weise, in der sie tatsächlich zu einer Sinn ergebenden Einheit verknüpft sind. Im Namen des Fräuleins von Osterloh, auf deren Wangen zwei karmoisinrote Flecken glühen, klingt das Osterfest, das Osterfeuer und damit die Auferstehung Christi, die Wiedergeburt an. Wie aber Fräulein von Osterloh die „unauslöschliche Hoffnung" (216) erfüllt, einst Frau Leander zu werden, so ist eine solche harmonische Versöhnung von Geburt und Tod nur in der Hoffnung denkbar. Die Verwischung der Gegensätze, wie sie die Erzählung vollführt, ist dagegen ein bedrohliches Aneinanderrücken der Pole Leben und Tod, deren Entgegensetzung für den Menschen lebensnotwendig und gleichzeitig auch unhintergehbar ist.

Im Schlußbild der Erzählung, dem zweiten überaus mythischen Moment der Erzählung, werden die Gegensätze deutlich stabilisiert. Wieder herrscht eine Stimmung des Untergangs: Gabriele ist gestorben; zwar setzt mit dem Tauwetter der Frühling ein, doch der Tag neigt sich dem Ende zu: „Es war um die Stunde, da die Sonne Gestalt annimmt, da die formlose Lichtmasse zur sichtbar sinkenden Scheibe wird". (261) Spinell hat sich auf einen Spaziergang in den Park begeben. Er geht gesenkten Kopfes. Auf einmal aber bleibt er gefesselt stehen, seine Augen weiten sich, und „mit dem Ausdruck entsetzter Abwehr" (261) sieht er das Bild, das sich ihm bietet, eine zweite Vision, aber nicht eine von ihm geschaffene und kontrollierte. Auf einmal steht er der sinkenden Sonne gegenüber, die Wolken, Baumwipfel und Garten mit Glut und gelbrotem Glanz übergießt. Dem Nacht- und Todesmenschen Spinell mag dieses plötzliche Sonnenfeuer allein schon zuviel sein, doch das Licht birgt noch weitaus Schlimmeres: „Und inmitten dieser goldigen Verklärung, die gewaltige Gloriole der Sonnenscheibe zu Häupten, stand hochaufgerichtet im Wege eine üppige, ganz in Rot, Gold und Schottisch gekleidete Person, die ihre Rechte in die schwellende Hüfte stemmte und mit der Linken ein grazil geformtes Wägelchen leicht vor sich hin und her bewegte. In diesem Wägelchen aber saß das Kind, saß Anton Klöterjahn der Jüngere, saß Gabriele Eckhofs dicker Sohn!" (262)

Das licht- und lebenserfüllte Bild stellt sich ihm in den Weg, als sollte Rache genommen werden an der todesverliebten Vision Spinells, in der er nichts als Betrachter ist und in der die Liebe Tristans, der Isolde so liebt, daß er lieber im Tode mit ihr vereint, als im Leben getrennt ist, pervertiert wird: Spinell selbst denkt nicht daran zu sterben, seine Liebe oder Bewunderung aber will hier den Tod des anderen und ruht nicht eher, als bis dieses vollbracht ist. Solch eine Liebe bedeutet in der Regel, daß es der Tod selbst ist, der liebt, oder der Fürst der Unterwelt, Hades, der Persephone zu sich in die Unterwelt holt. Aber auch wenn Spinell zweifelsohne eine Todesfigur ist, ein Bote des Todes, ein Verführer zum Tode, ein Verklärer des Todes, so ist er doch nicht der Tod selbst, denn seine Angst und Abscheu vor dem Leben kann so nur von jemandem gefühlt werden, der insgeheim den Tod noch weitaus mehr fürchtet.

Nun also ist Spinell selbst Gegenstand und Mittelpunkt einer Vision, einer Untergangsvision wieder, in der aber das Leben selbst im Zentrum des Bildes steht und der sinkenden Sonne entgegenblüht, allerdings auf so monströse Weise, daß zweifelhaft bleibt, ob dieses Leben nicht selbst auch ein Untergang ist.

Wie in einem Duell treffen hier die Gegensätze aufeinander: Spinell, der dem Reich der Kunst und des Todes zugehörige Edelstein und der instinktgetriebene, die Natur vertretende kleine Klöterjahn, dieser ganz in weiß gekleidet, jener ganz in schwarz. Und doch ist dieser großartige „Showdown" am Ende der Tristanerzählung letztlich nichts als ein Treffen zweier Säuglinge, in dem zuletzt der eine vor dem anderen davonläuft.

Beide Säuglinge sind auf ihre Art monströs. Der eine ist ein ‚verwester Säugling', der andere strotzt in unheimlicher Lebensfülle, und beide haben Gabriele Eckhof auf dem Gewissen.

Die Kinderfrau, die anstatt der Mutter das Wägelchen schiebt, in Rot, Gold und Schottisch gekleidet und mit schwellenden Hüften, verschmilzt mit Sonne und Säugling zu einer ungeheuerlichen Erscheinung, einer mythischen Ur- und Frühzeitvision, die im untergehenden Abendlicht dem Zivilisationsmenschen Spinell den Anfang der Menschheit entgegenhält.

Fast hätte Spinell es geschafft, sich aufzuraffen, an dieser Erscheinung vorbeizuschreiten und seinen Spaziergang fortzusetzen. „Da aber geschah das Gräßliche, daß Anton Klöterjahn zu lachen und zu jubeln begann, er kreischte vor unerklärlicher Lust, es konnte einem unheimlich zu Sinne werden. Gott weiß, was ihn anfocht, ob die schwarze Gestalt ihm gegenüber ihn in diese wilde Heiterkeit versetzte oder was für ein Anfall von animalischen Wohlbefinden ihn packte. Er hielt in der einen Hand einen knöchernen Beißring und in der anderen eine blecherne Klapperbüchse. Diese beiden Gegenstände reckte er jauchzend in den Sonnenschein empor, schüttelte sie und schlug sie zusammen, als wollte er jemanden spottend verscheuchen. Seine Augen waren beinahe geschlossen vor Vergnügen, und sein Mund war so klaffend aufgerissen, daß man seinen ganzen rosigen Gaumen sah. Er warf sogar seinen Kopf hin und her, indes er jauchzte.“ (262)

Was ist geschehen? Spinell, der selbst als „fremde Macht“ (255), wie er sich bezeichnet, in Gabrieles Leben einbrach, läuft nun davon vor einer anderen Macht, die ihm, wenngleich vertraut, ebenso fremd ist. Alles Menschliche scheint ausgelöscht in dieser Szene, in der das Animalische ungehemmt ausbricht und mit dem knöchernen Beißring und der Klapperbüchse vorgeschichtliche Stammesrituale exerziert. Alles Niedliche ist diesem Baby genommen, als Monster widersteht es jeder Hoffnung, die sich sonst in der Geburt eines Menschen anzukündigen scheint, der Sonnenglanz, der wieder an Osterloh erinnert, signalisiert das Untergehen jeder Hoffnung, wenn der neue Mensch, „das Kind“, als dieses monströses Ungeheuer erscheint, dessen rotklaffender Gaumen zum Abgrund und Höllenschwund wird.

Triadische Strukturen dominieren, wie wir gesehen haben, die Erzählung. Immer brach ein drittes Element als „fremde Macht“ ein und trieb die Geschichte weiter auf ihr Ende, d.h. den Tod Gabrieles zu. Im Schlußbild aber stehen sich zwei gegenüber.[26] Letztlich fehlt dem Dasein, der Existenz der dritte Pol. Zumindest vom Menschen aus gesehen sind die zwei unverrückbaren Pole Geburt und Tod. Als Drittes bleibt nur die Bewegung, die allerdings, je mehr sie sich vom einen fortbewegt, dem anderen desto näher rückt. Und dieses eine und dieses andere sind nicht austauschbar, die Richtung der Bewegung ist festgelegt: immer von der Geburt dem Tod zulaufend.

Es ist nicht allein so, daß Leben und Tod, Tag und Nacht, Natur und Kunst sich in diesem letzten Schlußbild gegenüberstehen. Was sich hier gegenübersteht, feindlich aufeinandertrifft, sind in der Figur Spinells die Verwischung von Grenzen und in der Figur Klöterjahns absolute Ausschließlichkeit. Sahen wir bislang Zweierstrukturen als zunächst harmonische Beziehungen[27], die jeweils durch den Einbruch eines Dritten bedroht und zerstört wurden, ist hier die dyadische Struktur von vornherein eine feindliche, die auf das Auslöschen eines der Elemente ange-

---

[26] Die Kinderfrau verschmilzt mit Anton zu einem Bild des Lebens.

[27] Wobei das einbrechende Dritte nur die verkörperte, nach außen getretene Wahrheit der Zweierbeziehung ist, in der aufgrund zu großer Gleichheit oder Differenz letztlich die Zerstörung angelegt ist. Diese Zerstörung ist nur eine Frage der Zeit; die Bewegung, die die Zeit unweigerlich in eine bestehende Beziehung hineinbringt und sie aus ihrem fragilen Gleichgewicht bringt, wird durch das störende Dritte repräsentiert.

legt ist. Wie ein Sonnengott triumphiert das Baby Klöterjahn, während rings um ihn die Sonnenglut alles zu verzehren scheint und das Ende der Tristanerzählung eher der Nibelungenoper zu folgen scheint als der eigentlichen Vorlage. Eine Unheimlichkeit triumphiert über die andere. Und auf einmal erscheint Spinell weitaus menschlich verständlicher. In seiner Vision, pervertiert wie sie war, ging es doch um die Auszeichnung eines Menschen, wenn auch in der Verweigerung jeder Geschichte, wie sie sich auch im Beharren auf Gabrieles Mädchennamen ausdrückt, diese Auszeichnung den Todeskuß bedeutet. Diese Vision zeugt auch von Spinells Sehnsucht nach Schönheit, die, so lächerlich sie im Laufe der Geschichte gemacht wird und so sehr sie hier ebenfalls dem Tod verwandt ist, sich nun, in der zweiten Vision, angesichts des Triumphs des Animalischen doch noch einmal als das Menschliche erweist.

Die Todesfigur Spinell, der diabolische Verführer, die durch und durch lächerliche Figur als Vertreter des Menschlichen?[28]

Am Ende erscheinen Spinell und Anton Klöterjahn als zwei geschichtslose Wesen, die in mythischer Weise den Kampf zwischen Leben und Tod auszutragen scheinen. Doch diesen Kampf hat Spinell von vornherein verloren. Diese letzte Szene kehrt zur Einheit des Einfried zurück, zur absoluten Ausschließlichkeit, die nichts neben und außer sich duldet. Spinell aber betritt die Szene als Mensch, der Tod ist eingetreten und er flieht ihn, indem er das Sanatorium verläßt, um sich Bewegung zu verschaffen. Das Schlußbild ist, anders als die stillstehende Vision Spinells, voller Bewegung. Anstelle des Gartens treten Wege, überall taut der Schnee, und zuletzt läuft Spinell davon. In der Bewegung und als Bewegung zeigt sich das Menschliche gegenüber der mythischen Ausschließlichkeit.

---

[28] Thomas Mann selbst verteidigt Spinell, zumindest als Vertreter der Schönheit: „Was diesen, nämlich Spinell, betrifft, so ist er entschieden eine komische Figur, was nicht besagt, daß der Autor ihn durchaus als verächtlich hinstellen will. Er ist ein Ästhet, der im Zusammenstoß mit einem Mann der praktischen Realität eine klägliche Rolle spielt, aber gegen den ordinären Klöterjahn vertritt er mit seinem skurrilen Schönheitssinn doch schließlich das höhere Prinzip." Hans Wysling u. Marianne Fischer (Hg.): Dichter über ihre Dichtungen. Zürich 1975-1981. Bd. 1. S. 173f. Vgl. auch Lehnert, der von zwei Strukturlinien spricht: die eine orientiere sich am normalen Leben und lasse Spinell als lächerliche Figur erscheinen; die andere zeige ihn als kunstvollen Verwandler der Wirklichkeit ins Märchenhafte. Lehnert: Thomas Mann: Fiktion. S. 90.

VI. *Buddenbrooks*

1. Götter und Gelehrte

Thomas Mann bezeichnete die *Buddenbrooks* als einen Roman, der „unverkennbare Merkmale des Naturalismus trug“ (IX, 806), und so überrascht kaum, daß Manns Erstling lange Zeit unangefochten als Meisterwerk realistischer Kunst galt. 1969 faßt Klaus-Jürgen Rothenberg die verbreitete Auffassung folgendermaßen zusammen: „Unter allen kritischen Beiträgen findet sich nicht einer, der gewillt wäre, Thomas Mann den Ehrentitel eines Realisten ernstlich abzusprechen.“[1] In der Forschung aber wird zunehmend ein Unbehagen deutlich, Manns ersten Roman dem Realismus zuzuordnen. Mann selbst hat, so bezeugt er, während er schrieb, die Familiengeschichte als „langweiliges, bürgerliches Zeug“ empfunden; „aber es handelt vom Verfall, – das ist das Literarische daran.“ (XI, 313) Gerade der Verfall in den *Buddenbrooks*, der sich mit schicksalhafter Notwendigkeit[2] zu vollziehen scheint, will sich dem Begriff „Realismus“ nicht reibungslos zuordnen lassen, und auch das

---

[1] Klaus-Jürgen Rothenberg: Das Problem des Realismus bei Thomas Mann. Zur Behandlung von Wirklichkeit in den *Buddenbrooks*. Köln 1969. S. 3ff. Zu den Verfechtern der Realismusthese zählen prominente Namen wie Erich Auerbach, Hans Mayer, Georg Lukács, T. J. Reed, Beda Allemann. (Vgl. dazu Rothenberg; auch Helmut Koopmann: Mythenkonstitution in einer zerfallenden Welt. Zu Thomas Manns *Buddenbrooks* und zu Heinrich Manns *Im Schlaraffenland* und *Professor Unrat*. In: Rolf Grimminger; Iris Hermann (Hg.): Mythos im Text. Zur Literatur des 20. Jahrhunderts. Bielefeld 1998. S. 217-234.

[2] Vgl. auch Heftrich: „Was man das Mythische an *Buddenbrooks* nennen kann, steckt im Untertitel. Denn Mythen erzählen davon, was stets wiederkehrt, nach den Mustern kosmischer Auf- und Untergänge. Das Einmalige aber, in dem sich der Mythos ereignet, heißt Buddenbrooks, und gemeint ist diese besondere Familie. […] Zu einem Jahrhundertroman konnte *Buddenbrooks* nur werden, weil es Thomas Mann gelang, die zeitgebundene Geschichte der Familie dieses Namens mit all den historischen und menschlichen Facetten zu einem Gleichnis zu formen für das, was nach unentrinnbar verhängtem Gesetz sich erfüllt.“ Eckhard Heftrich: Buddenbrooks – der Jahrhundertroman. In: Buddenbrooks: neue Blicke in ein altes Buch; [Begleitband zur neuen ständigen Ausstellung *Die Buddenbrooks – ein Jahrhundertroman* im Buddenbrookhaus] hg. v. Manfred Eickhölter u. Hans Wisskirchen. Lübeck 2000. S. 10-21, hier S. 21.

dichte Symbol- und Leitmotivgefüge, das den Roman durchzieht, steht einer solchen Einordnung entgegen. Andererseits aber sind die *Buddenbrooks* sehr stark der realistischen Tradition verpflichtet, und sie verdienen es im Vergleich mit Manns anderen Romanen wohl am ehesten, ‚realistisch' genannt zu werden: als genau recherchierte Familiengeschichte, die die Portraitierung einzelner Familienmitglieder verbindet mit der detailgenauen Darstellung einer Epoche mitsamt ihren sozial-, wirtschafts- und lokalgeschichtlichen Aspekten.[3]

Diese etwas seltsame Doppelheit der *Buddenbrooks*, in vielem äußerst realistisch zu sein und doch gleichzeitig nicht ganz im Realistischen aufgehen zu wollen, hat zu Formulierungen geführt wie „realism plus mythology"[4], „symbolic realism"[5]; auch von einem „Changieren" zwischen naturalistischer und mythologischer Darbietungsweise[6] ist gesprochen worden. Man könnte von zwei Arten der Wirklichkeitsdarstellung und -interpretation, zwei Weisen der Wirklichkeitsbemächtigung sprechen, die in diesem Roman verflochten werden. Die eine gibt die Dinge wieder, so wie sie sind, oder erweckt zumindest den Eindruck, sie so wiederzugeben, wie sie sind, während die andere ein komplexes Symbolgeflecht konstruiert, aus dem sich Interpretationen und mögliche Erklärungen für die Dinge und Ereignisse ergeben, die innerhalb der realistischen Darstellung noch der Erklärung bedürftig erscheinen. Deutlich wird dies am Beispiel des Hauptgeschehens und Hauptthemas des Romans, dem Verfall einer Familie.[7] Wie sie verfällt und worin der Verfall besteht, wird auf

3 Vgl. Reed: „*Buddenbrooks* comes closest of all Mann's works to fulfilling the basic realist aim of rendering a recognizable reality." Reed: Uses. S. 37.

4 Richard Sheppard: Realism plus mythology: A reconsideration of the problem of ‚Verfall' in Thomas Mann's *Buddenbrooks*. In: The Modern Language Review 89 (1994), Nr. 4. S. 916-941.

5 Martin Swales: Buddenbrooks. Family Life as the Mirror of Social Change. Boston 1991. S. 108.

6 Herbert Singer: Helena und der Senator. Versuch einer mythologischen Deutung von Thomas Manns ‚Buddenbrooks'. In: Helmut Koopmann (Hg.): Thomas Mann. Darmstadt 1975. S. 247-256, hier S. 249.

7 Der Roman schildert den Verfall einer Familie; daß dieser Verfall auch die Verfeinerung mit sich bringt, ist zwar ein Lieblingsthema Thomas Manns, darf aber hier vernachlässigt werden, da sie der bereits ausgiebig erforschten Künstlerthematik bei Thomas Mann angehört. Zudem handelt es sich dabei um eine Entwicklung, die sich auf die Buddenbrooks beschränkt und, wie das Beispiel anderer verfallender Familien im Roman zeigt, nicht verallgemeinerbar ist; die Thematik des Verfalls erschöpft sich daher auch nicht in der Verfeinerungs-/Künstlerproblematik.

vielfältigste Art beleuchtet. Unweigerlich stellt sich die Frage nach dem ‚Warum‘, und der Roman verweigert sich dieser Frage nicht. Da er sich eng an die tatsächlichen Gegebenheiten der Zeit hält, was eben seinen Realismus ausmacht, gibt es auch für den Verfall der Familie zahlreiche ‚realistische‘ Gründe: ökonomische, psychologische, sozialgeschichtliche etc. Darüber hinaus aber gibt es einen anderen Erklärungsversuch, der über diese ‚realistischen‘ Gründe hinausgeht und sich auf der symbolisch-mythischen Ebene abspielt.[8] Als Thomas Buddenbrook zum Senator gewählt wird, heißt es von den Ratsdienern, deren Aufgabe es ist, das Ergebnis der Wahl zu verkünden: „Sie gehen wie das Schicksal: ernst, stumm, verschlossen, ohne nach rechts oder links zu sehen, mit gesenkten Augen…“ (417)[9] Und mit diesem Hinweis auf das Schicksal deutet sich die Möglichkeit an, auch im Verfall der Familie letztlich nichts als das Wirken des Schicksals zu sehen. So scheint das Ungenügende der realistischen Erklärungen, das Nicht-Aufgehen-Wollen des Familienverfalls in diesen[10] das Schicksal auf den Plan zu rufen, in dem das Unbegreifliche oder Unerklärliche immerhin noch die Form oder die Gestalt des Erklärlichen annimmt und auf einen Begriff gebracht wird, wenn auch auf den dunkel-geheimnisvollen des Schicksals.

Im Roman steht dem Realismus, der Widerspiegelung einer objektiven Wirklichkeit somit eine das Geschehen interpretierende und symbolisierende Linie entgegen. Das Mythische des Romans aber liegt nicht in

---

8 Vgl. Lehnert: „Die naturwissenschaftliche Notwendigkeit ist nicht die einzige, die daran mitwirkt, die Strukturlinie dem Leser als Gesetz zu suggerieren. Eine andere ist einfache Fatalität.“ Lehnert: Thomas Mann: Fiktion. S. 65.

9 Alle Seitenangaben in Klammern beziehen sich, wo nicht anders vermerkt, auf Bd. I der Thomas- Mann-Gesamtausgabe.

10 Vgl. auch Pütz: „Weder ökonomische noch erbbiologische noch physiologische Vorgänge sind alleinige Ursachen des Niedergangs“. Peter Pütz: Die Stufen des Bewußtseins bei Schopenhauer und den Buddenbrooks. In: Hermann Kurzke (Hg.): Stationen der Thomas-Mann-Forschung. Aufsätze seit 1970. Würzburg 1985. S. 15-24, hier S. 17; und Lämmert: „Die Erzählabfolge scheint von einem allwaltenden kausalen Nexus beherrscht, wie ihn ein professioneller Deszendenztheoretiker kaum schlüssiger ersinnen könnte. – Aber er scheint nur so. […] keines der unzähligen Einzelereignisse besitzt wirklichen initiatorischen Charakter und begründet den Fortgang des Geschehens.“ Eberhard Lämmert: Thomas Mann: Buddenbrooks. In: Benno von Wiese (Hg.): Der deutsche Roman vom Barock bis zur Gegenwart. Bd. II. Düsseldorf 1963. S. 190-233, hier S. 205.

diesem Schicksalhaften, sondern in dem Ineinandergehen und dem Zusammenwirken beider Erzählebenen.

Die naturalistisch-realistische und die symbolisch-mythische Darstellungsweise werden im Roman selbst durch zwei Figuren vertreten, den Dichter und den Arzt. Wie keine der beiden Darstellungs- und Erklärungsweisen der anderen überlegen ist und beide letztlich als Erklärungsmodelle versagen[11], soll ein Blick auf eine Szene zeigen, die sich ganz zu Beginn des Romans abspielt.

Der Dichter und der Hausarzt

Der Dichter und der Hausarzt kommen gemeinsam an, als die Familie Buddenbrook mit einem Abendessen feierlich das neue Haus einweiht. Beide kommen nicht allein als Gäste, sondern erfüllen bei diesem Fest auch die Funktion, die ihr Beruf ihnen vorgibt: Hoffstede, „der Poet der Stadt“, hat ein paar Reime in der Tasche, und Doktor Grabows erster Satz lautet: „Ich werde wohl zu tun bekommen“ (18) – und tatsächlich muß er sich im Verlaufe des Abends um Christian kümmern, der Bauchschmerzen hat. Der Dichter also hat für Heiterkeit zu sorgen, während der Hausarzt sich um das leibliche Wohlergehen kümmert. Daß beide auch als Gäste noch immer vor allem Vertreter ihres Berufes sind, zeigt sich bereits bei der Ankunft. Nachdem sie das Buddenbrooksche Haus betreten haben, sehen sie sich zunächst einmal um. Hoffstede fällt sofort ein Tintenfaß auf, Grabow dagegen faßt die Kuchen ins Auge: „Herr Hoffstede bewunderte am Sekretär ein prachtvolles Tintenfaß aus Sèvres-Porzellan in Gestalt eines schwarzgefleckten Jagdhundes. Doktor Grabow aber [...] betrachtete die Kuchen, Korinthenbrote und verschiedenartigen gefüllten Salzfäßchen, die auf dem Tische zur Schau gestellt waren.“ (18)

Gegen Ende des Mahles, als einige Reden schon gehalten worden sind, erhebt sich schließlich Jean Jacques Hoffstede, zieht ein Blatt aus der Tasche und trägt ein zur Einweihungsfeier geschriebenes Gedicht vor. In der Mitte des Gedichts, in dessen genauem Zentrum, fällt eine

---

11 Vgl. auch Lämmerts Interpretation des Schlußworts, das als religiöse Antwort auf die sich im Roman darstellenden Probleme verstanden werden könne: „Vollendet das letzte Bekenntnis des Romans die Charakteristik der stets irrenden Lehrmeisterin? Läßt der Autor durchblicken, daß eindeutig vorgebrachte Lehren stets irrig sind?“ Diese Fragen, so legt Lämmert nahe, sind mit ‚ja‘ zu beantworten. Lämmert: Thomas Mann: Buddenbrooks. S. 195.

mythologische Anspielung: „Venus Anadyomene und Vulcani fleiß’ge Hand.“ (35) Bei der Nennung der Götternamen vollführt Hoffstede eine Reverenz gegen die Konsulin: „Als aber die Konsulin mit dem Dichter trank, färbte ein ganzes feines Rot ihren zarten Teint, denn sie hatte wohl die artige Reverenz bemerkt, die er bei der „Venus Anadyomene“ nach ihrer Seite vollführt hatte...“ (35f.)

Der Dichter hat eine besondere Beziehung zur Zeit, denn seine Aufgabe ist es, die Vergangenheit in „fröhlicher Gegenwart“ wiederauferstehen zu lassen. Er kommt zu festlichen Gelegenheiten, um durch ein Gedicht die Festlichkeit noch zu unterstreichen, denn das Fest selbst dient ganz der Zelebration der Gegenwart, in der Vergangenheit und Zukunft, die Zeit selbst und ihr Vergehen, aufgehoben sind. Der Dichter, der die Götter herbeizitiert, läßt die Mythologie Gegenwart werden. Mit seiner Reverenz unterstreicht er es: Venus und Vulkan sind jederzeit präsent – und so errötet die Konsulin. Dichter aber sind auch Namengeber, und mit der artigen Reverenz gibt Hoffstede der Konsulin einen neuen alten Namen.[12]

Wie der Dichter einen besonderen Bezug zur Vergangenheit hat und in dem Vergegenwärtigen des Vergangenen und der Bewahrung des Gegenwärtigen auch einen Bezug zur Unsterblichkeit, so hat der Arzt einen besonderen Bezug zur Zukunft und zur Sterblichkeit: Er befördert Menschen ins Leben, und seine Aufgabe ist es, sie so lange wie möglich am Leben zu erhalten, den Zeitpunkt des Todes so lange wie möglich hinauszuschieben. Wie der Dichter aber ist auch er Namengeber. Als Christian, sich vor Leibschmerzen krümmend, immer wieder ausruft: „Mir ist übel“, „mir ist *verdammt* übel“, hat der Arzt gleich den richtigen Fachausdruck zur Hand: „‚Eine kleine Indigestion... nichts von Bedeutung, – Frau Konsulin!‘ tröstete er.“ (36f.) Dichter und Arzt verbindet, immer das richtige Wort, den bezeichnenden Ausdruck finden zu müssen.

---

[12] Frizen spricht von einer „mythologischen Chiffre“, hinter der sich ein Archetyp Mannscher Frühkunst verberge, „denn die Form des bürgerlichen Wohlanstandes bedroht permanent eine ‚Heimsuchung‘, die sich als Epiphanie maskiert.“ Werner Frizen: „Venus Anadyomene“. In: Heftrich; Koopmann (Hg.): Thomas Mann und seine Quellen. S. 189-223, hier S. 190. Die mythologische Anspielung allerdings sei hier, anders als in späteren Werken, nur „Schnörkel und Zierat“ (S. 196). Sheppard dagegen spricht der Mythologie in den *Buddenbrooks* eine zentrale Rolle zu: durch sie werde der Verfall zu einem Werk des Schicksals. Sheppard: Realism plus mythology.

Hoffstede aber braucht nur zu erheitern, ein wenig zu amüsieren, und die Gäste sind ihm dankbar und klatschen erfreut in die Hände. Der Arzt dagegen soll auch noch heilen. Im Naturalismus, einige Zeit also nach Hoffstedes Auftritt, wird die Forderung erhoben, auch der Schriftsteller solle Arzt sein: Wie dieser die Krankheiten des Einzelnen feststellen und kurieren muß, so solle jener die Übel der Gesellschaft benennen und beseitigen.[13] Was aber, wenn nicht einmal der Arzt mehr heilt? Wenn der Arzt nur noch medizinische Formulierungen als Trostformeln verwendet und sich weigert, den wirklichen Ursachen nachzugehen oder sie aufzudecken? Grabow stellt Mißstände nicht fest, um sie zu ändern, sondern um allem seinen Lauf zu lassen: „Er, Friedrich Grabow, war nicht derjenige, welcher die Lebensgewohnheiten aller dieser braven, wohlhabenden und behaglichen Kaufmannsfamilien umstürzen würde.“ (37) Als Heilender tritt er im ganzen Roman fast nie auf, ebensowenig sein Nachfolger Langhals. Die Ärzte in den *Buddenbrooks* stellen Krankheiten fest, geben mit ernster Miene lateinische Namen, verschreiben Taube und Franzbrot, aber heilen nie. Der Schriftsteller sollte zum heilenden Arzt werden, statt dessen gleicht sich der Arzt dem Dichter an: letzterer erheitert, wie Hoffstede, und ersterer tröstet nur noch. Wie der Arzt kein rettendes Mittel verschreibt, so ist auch der Erzähler Beobachter und Namengeber, aber nicht Helfer: „Man ergötzt mit Geschichten eine verlorene Welt, ohne ihr je die Spur einer rettenden Wahrheit an die Hand zu geben.“ (IX, 869) So schreibt Thomas Mann viele Jahre später im *Versuch über Tschechow,* der selber Schriftsteller und Arzt war. Dichter und Doktor vereint also das Fehlen rettender Wahrheit. Beide sind nur noch Chronisten, die im Stillen registrieren, ohne in den Lauf der Dinge einzuschreiten.

Ärzte

Alle Erklärungen des Verfalls der Familie erweisen sich als unzulänglich. Das liegt nicht zuletzt daran, daß sich die Erklärungsmodelle, teilweise

---

[13] Vgl. Klaus Heitmann: Der Immoralismus-Prozeß gegen die französische Literatur im 19. Jahrhundert. Bad Homburg v. d. H., Berlin, Zürich 1970. „Der Vergleich der Schriftsteller mit Ärzten gehörte um die Mitte des 19. Jahrhunderts zum festen Bestand der literartheoretischen Terminologie [...] Es war eine verbreitete Ansicht, daß den Romanciers und den Dramatikern wie den Medizinern deswegen das Recht zustehe, Krankhaftes und Verfallserscheinungen ohne Rücksicht auf den guten Geschmack zu analysieren, weil es ihnen auf deren Behebung ankomme.“ S. 167f.

zumindest, gegenseitig in Frage stellen. Der Arzt als Vertreter der Wissenschaft, insbesondere der modernen Naturwissenschaften, läßt jede mythisch-symbolische Anschauungsweise als Aberglauben erscheinen. Die rein-wissenschaftliche Betrachtung der Welt wird aber durch die Ineffizienz der Medizin, die in keiner Weise dem Verfall der Familie Einhalt gebieten kann, und durch die Ärzte selber, die fast durchweg als lächerliche, oft sogar als unheimliche Figuren erscheinen, wiederum relativiert. Besonders deutlich wird dies an der Figur Morten Schwarzkopf.

Morten drückt alles in wissenschaftlichen Formeln und Formulierungen aus. Bekommt Tony einen heißen Kopf, so führt er dies auf Bleichsucht zurück; die Nahrungsmittel betrachtet er unter dem Gesichtspunkt des Stoffwechsels. Den das Leben auf den Punkt und auf chemische Formeln bringenden Erklärungen steht aber das Rätselhafte, Unverständliche gegenüber: „Aber es war doch sonderbar, daß sie noch immer seinen Vornamen nicht wußte! Sie hatte mit Spannung darauf geachtet, aber er war beim Abendessen nicht mehr genannt worden, und es hätte sich wohl nicht geschickt, danach zu fragen. Sie dachte angestrengt nach... Mein Gott, wie hieß der junge Mensch! Moor... Mord...? Übrigens hatte er ihr gut gefallen, dieser Moor oder Mord. Er hatte ein so gutmütig verschmitztes Lachen, wenn er um Wasser bat und statt dessen ein paar Buchstaben mit Zahlen dahinter nannte, so daß der Alte ganz böse wurde. Ja, das sei aber die wissenschaftliche Formel für Wasser...“ (125)

Der zukünftige Arzt, dessen Formeln das Unerklärliche und Unheimliche zum Verschwinden bringen sollen, verbindet sich durch seinen Namen selbst dem Unheimlichen. Tony, als sie den Namen endlich erfragt hat, sagt: „Es ist etwas Besonderes, etwas Ausländisches...“ (130), worauf Morten erwidert: „Sie sind eine Romantikerin [...] die Sache ist ganz einfach die: Mein Großvater war ein halber Norweger und hieß Morten. Nach ihm bin ich getauft worden. Das ist alles...“ (131) Das ist alles, und es ist doch ganz einfach. Wie den Tod und die Todesursache kann der Arzt auch seinen Namen, der selbst den Tod (‚mors‘) enthält, rational erklären. Was Tony über den Namen Morten sagt, ließe sich aber zu Recht auch vom Tod sagen: er ist etwas Besonderes und auch ausländisch, denn man weiß nicht, woher er kommt und wohin er die Toten bringt, jedenfalls in ein den Lebenden unbekanntes Land.

Einmal sehen wir Morten auf den Steinen sitzen, vom Meer umspült, melancholisch betrachtet er die elegante Gesellschaft. „Ich gehöre doch wohl kaum dazu“ (131), hatte er Tony wissen lassen. Er sitzt abseits wie der Tod, der das Treiben der Menschenwelt beobachtet, vom Leben ausgeschlossen.[14]

Ärzte sind bei Thomas Mann häufig etwas dämonische Figuren, dazu fast immer inkompetent. Im *Zauberberg* werden sie zu Höllenwächtern, zu dämonischen Torhütern der Unterwelt. Im *Doktor Faustus* verschwindet ein Arzt nach dem anderen auf merkwürdige Weise; in *Königliche Hoheit* ist der Leibarzt ein „finsterer, schwarzgrau-bärtiger Mann, dessen linkes Augenlid gelähmt schien“ (II, 15). Dieser Leibarzt überwacht eine Geburt, während ein anderer zum „Todeshelfer“ (II, 123) wird. Mit der wachsenden Bedeutung der Wissenschaften liegen Geburt und Tod nicht mehr in Gottes oder des Schicksals Hand. Der Arzt wird zum Wächter über Geburt und Tod, von seinen Lippen verlautet das endgültige Wort, ohne daß aber durch die Verwissenschaftlichung der Tod irgend etwas von seinem Geheimnis verlöre. So dreht sich das Verhältnis um: Der Tod wird verwissenschaftlicht, da aber damit das Rätsel nicht gelöst wird, erscheint der Arzt als Vertreter der Wissenschaft ebenso als Vertreter des Unheimlich-Geheimnisvollen; da er zu entscheiden hat, wo letztlich kein Mensch entscheiden kann, wird der Arzt selber zur Figur des Todes.

In den *Buddenbrooks* gibt es zahlreiche Ärzte, und sie spielen eine wichtige Rolle, sei es in ihrer Bedeutung für den Erzählverlauf (Morten) oder auch nur in der Häufigkeit ihrer Erscheinungen. Sie sind die Dreh- und Angelpunkte einer Familiengeschichte, die im wesentlichen durch Geburt und Tod ihrer Mitglieder bestimmt ist; diese zentrale Rolle der Ärzte aber steht in einem Mißverhältnis zu der Inkompetenz, die sie durchweg an den Tag legen und zu der noch die Unheimlichkeit ihres Aussehens und Auftretens tritt. Der Zahnarzt Brecht sieht selbst aus wie der Tod: „Herr Brecht war zurückgetreten. Er lehnte am Instrumentenschrank, sah aus wie der Tod und sagte: ‚Die Krone....Ich dachte mir's.‘“ (678) Der Zahnarzt hat die Krone des Senators abgebrochen, und kurz darauf bricht Thomas Buddenbrook zusammen und stirbt. Ein weiterer Arzt versucht vergeblich, Tonys zweites Kind am Leben zu erhalten, und ein Arzt schließlich sperrt Christian in eine Anstalt. Als die Konsulin stirbt, zieht Doktor Grabow einen zweiten Arzt hinzu, „ein untersetzter, schwarzbärtiger, düster blickender Mann“ (71). Und Dok-

[14] Und auch der Stein, auf dem er sitzt, weist auf den Tod: „[...] zumal auch der Brunnen bereits in seiner Eigentlichkeit dem Eingang zur Unterwelt gleichkam und sogar noch durch den runden Stein, der ihn zu bedecken pflegte, auf den Tod deutete“ (IV, 583).

tor Klaaßen, der Antonies Schwangerschaft feststellt, steht dem Bankier Kesselmeyer in schauerlich-grotesker Unheimlichkeit in nichts nach, „ein ganz kleiner Mensch mit einem großen Kopf und einem noch größeren geschweiften Hut darauf“, eine Teufelsfigur mit einem spanischen Rohr, das als Griff eine Knochenplatte hat, mit langem, fast hellgrünem Kinnbart. Nachdem er Tonys Schwangerschaft festgestellt hat, sagt er nichts, sondern „rückte an seiner Brille, zwinkerte mit seinen roten Äuglein, nickte mir mit seiner Kartoffelnase zu, kicherte und musterte mich so impertinent, daß ich nicht wußte, wo ich bleiben sollte.“ (173)

Anders aber als Morten, der abseits auf den Steinen sitzt und damit den Tod als das dem Leben Nicht-Zugehörige verkörpert, zeigt sich an den anderen Ärzten, daß der Tod immer präsent ist, ständiger Gast, der im Hause ein- und ausgeht. Doktor Grabow ist beim Einweihungsfest anwesend. Christian ist übel geworden, und Grabow macht sich seine Gedanken über die Eßgewohnheiten der wohlhabenden Bürger: „Nun, Gott befohlen! Er, Friedrich Grabow, war nicht derjenige, welcher die Lebensgewohnheiten aller dieser braven, wohlhabenden und behaglichen Kaufmannsfamilien umstürzen würde. Er würde kommen, wenn er gerufen würde, und für einen oder zwei Tage strenge Diät empfehlen, – ein wenig Taube, ein Scheibchen Franzbrot... ja, ja – und mit gutem Gewissen versichern, daß es für diesmal nichts zu bedeuten habe.“ (37) Grabow erweist sich hier gleichermaßen als Komplize der Familien, deren Gewohnheiten er seinen Lauf läßt, wie als Komplize des Todes, den er ebenfalls seinen Lauf nehmen läßt. Die „strenge Diät“ ist vor allem eine tröstende Formel, die ebenso wie die lateinischen Namen und wissenschaftlichen Erklärungen es dem Arzt ermöglichen, gelassen zu bleiben, wo andere ihre Fassung verlieren: „Ach, das ist nichts für Sie, Fräulein Buddenbrook!“ sagt Morten zu Tony. „Lauter Blut und Gedärme und Elend...Sehen Sie, hier ist gerade von Lungenödem die Rede, auf deutsch: Stickfluß. Dabei sind nämlich die Lungenbläschen mit einer so wässerigen Flüssigkeit angefüllt...das ist hochgradig gefährlich und kommt bei Lungenentzündung vor. Wenn es schlimm ist, kann man nicht mehr atmen und stirbt ganz einfach. Und das alles ist ganz kühl von oben herab behandelt...“ (130) Als dann die Konsulin an Lungenentzündung erkrankt und Doktor Langhals mit ernster und korrekter Verbeugung „ja – Pneumonia“ verkündet, macht sich Senator Buddenbrook so seine Gedanken, zunächst über das Ausweichen Doktor Grabows, der die Krankheit der Konsulin beständig verharmlost, wobei er dem Kollegen Langhals verschwörerische Blicke zuwirft, dann über die endlich von Langhals ausgesprochene Diagnose: „Die Ärzte gingen, und Senator Buddenbrook wandte sich, um noch einmal in das Krankenzimmer zurückzukehren. Er überlegte, was Grabow gesagt hatte... Es hatte soviel Hinterhältiges darin gelegen... Man hatte gefühlt, wie er sich vor einer entschiedenen Äußerung hütete. Das einzige klare Wort war ‚Lungenentzündung‘ gewesen, und dieses Wort wurde nicht tröstlicher dadurch, daß Doktor Langhals es in die Sprache der Wissenschaft übersetzt hatte.“ (558) Wie Thomas Buddenbrook die griechische Bezeichnung nicht sehr tröstlich findet, so beschwert sich auch Tony, daß mit der Nennung des lateinischen Namens nicht viel erreicht sei: „Grabow weiß es, und alles, was er tut, ist, daß er uns sagt, was es ist, uns einen lateinischen Namen nennt: pavor nocturnos... ja, lieber Gott, das ist sehr belehrend...“ (464) Auch wenn in der Benennung eine erste Bezähmung und Bemächtigung des Wirklichen und des Schreckens der Wirklichkeit liegt, so zeigen sich, zumindest am Beispiel der medizinischen Fachsprache, sehr deutlich die Grenzen der durch die Sprache geleisteten Bemächtigung. Und wenn es um den Tod geht, ist nicht allein die Sprache unzureichend, sondern helfen auch die Mittel der Wissenschaft nicht weiter. Als Hanno am Typhus darniederliegt, verschreibt Doktor Langhals die verschiedensten Medikamente und Anwendungen. „Alle diese Mittel aber gebraucht er durchaus aufs Geratewohl, für den Fall gleichsam nur, daß sie überhaupt von irgendeiner Wirkung sein können, unwissend darüber, ob ihre Anwendung nicht jedes Wertes, Sinnes und Zweckes entbehrt. Denn *eines* weiß er nicht, was *eine* Frage betrifft, so tappt er im Dunkel, über *ein* Entweder-Oder schwebt er bis zur dritten Woche, bis zur Krisis und Entscheidung in völliger Unentschiedenheit.“ (753) Diese *eine* Frage, über die selbst der Arzt im unklaren ist, betrifft den Tod, der damit wieder aus der Hand der Wissenschaft genommen wird. Was der Arzt nicht weiß ist, „ob die Krankheit, die er ‚Typhus‘ nennt, in diesem Falle ein im Grunde belangloses Unglück bedeutet, die unangenehme Folge einer Infektion, die sich vielleicht hätte vermeiden lassen und der mit den Mitteln der Wissenschaft entgegenzuwirken ist – oder ob sie ganz einfach eine Form der Auflösung ist, das Gewand des Todes selbst, der ebensogut in einer anderen Maske erscheinen könnte, und gegen den kein Kraut gewachsen ist.“ (753f.)

Der Tod selbst kommt, und Hanno entscheidet sich für ihn; aus „Furcht und Abneigung“ vor dem Leben tritt er die Flucht an, „flüchtet auf dem Wege, der sich ihm zum Entrinnen eröffnet hat...“ (754) Ein Einzelner entscheidet sich hier für das Ende; sein Tod aber bedeutet gleichzeitig auch die Auflösung einer ganzen Familie. Wenn zuletzt Hanno den Tod wählt, weil er das Leben für nicht zu bewältigen hält, stellt sich die Frage, was dieses Unbewältigbare und von den Ärzten nicht zu Meisternde ist, die Frage also nach dem Mythischen. In diesem Roman ist es eng mit der Familie verbunden. Nicht allein ist Hannos Tod relevant als Endpunkt des Auflösungsprozesses einer Familie, auf den der Roman als Verfallsgeschichte hinzielt; vielmehr sieht Hanno selbst seine Lebensunfähigkeit eng mit dem Familienschicksal verwoben. Zu Kai sagt er: „Ich möchte schlafen und nichts mehr wissen. Ich möchte sterben, Kai! [...] Es kann nichts aus mir werden, sei sicher. Neulich nach der Konfirmationsstunde hat Pastor Pringsheim zu jemandem gesagt, man müsse mich aufgeben, ich stammte aus einer verrotteten Familie...“ (743) Hanno wird so „fürchterlich hoffnungslos“ und „bergeschwer“ vom Leben niedergedrückt, daß er sich selbst sagt, „es müsse mehr sein als seine persönlichen Kümmernisse, was auf ihm laste, eine Bürde, die von Anbeginn seine Seele beschwert habe und sie irgendwann einmal ersticken müsse...“ (702)

Die Bürde, von der Hanno spricht, ist die Familie und ihre Verfallsgeschichte, die nicht zuletzt darin besteht, daß das Leben zunehmend als grausam empfunden wird. Thomas spricht vom „starken, grausamen und höhnischen“ (654) Leben, und Hanno schließlich fürchtet sich „vor dem Ganzen“ (743). So wie Hanno mehr sieht, als er sehen soll, wenn er die schauspielerische Anstrengung des Vaters bei geschäftlichen Auftritten erkennt, aber was er sieht, durchaus der Realität entspricht, so bedeutet der Verfall letztlich nichts als ein schärferes Erkennen, eine größere Sensibilität für das, was immer schon vorhanden ist, von früheren Generationen aber weniger wahrgenommen, weil besser bewältigt worden war.

Philosophen

Auch wenn weder Ärzte noch Dichter heilen können, so liefern sie dennoch Erklärungen oder mögliche Erklärungen für das, was geschieht, jeder auf seine Art und seinem Beruf entsprechend. Den Arzt also wundert es nicht, wenn jemand stirbt, er weiß, woran es liegt, wenn es sich um die „plötzlichen“ Schlaganfälle handelt, aber er greift nicht ein, sondern sieht ruhig zu, wie die Bürger weiter ihren zukünftigen Tod in sich hineinfressen. Wir werden selbst Zeugen dieses ungesunden Schlemmens, das sich durch das ganze Buch hindurchzieht und gleich zu Beginn sich drei Kapitel lang vor unseren lesenden Augen entfaltet. Aber wir sind nicht die einzigen Betrachter; von der Tapete schauen lächelnd die Götter auf die speisende Menschengesellschaft hinab: „Aus dem himmelblauen Hintergrund der Tapeten traten zwischen schlanken Säulen weiße Götterbilder fast plastisch hervor." (22) Des Dichters mythologische Reverenz spinnt sich hier fort: nicht allein die Konsulin erscheint als Venus Anadyomene, als aus Meeresschaum geborene Göttin, sondern die gesamte Götterwelt scheint sich versammelt zu haben, um den Menschenschicksalen im Roman zuzusehen.

Wie aber der Arzt mit seinem medizinischen Wissen den Tod zu erklären sucht und in gewisser Hinsicht auch den Verfall, zumindest als biologisches Sich-Zugrunderichten der einzelnen Bürger, so bietet der Dichter mit der Anspielung auf Venus und Vulkan die Mythologie als mögliches Erklärungsmodell an – und der Roman führt an vielen Stellen Hoffstedes Anspielungsspiel fort: Tony verliest viele Jahre später das Hoffstede-Gedicht und blinzelt dabei Gerda an; Gosch nennt Gerda „Here und Aphrodite, Brünnhilde, und Melusine in einer Person" (295).[15] Nun soll noch eine andere Wissenschaft erwähnt werden.

Im Speisesaal, der auch einmal „Speisetempel" (305) genannt wird, hängt an der Wand ein „umfangreiches Gemälde, ein italienischer Golf, dessen blaudunstiger Ton in dieser Beleuchtung außerordentlich wirksam war." (22) Dem hellen Weiß der Götterstatuen tritt das dunstige Meeresblau an die Seite – und erinnert nicht nur an das mythologische Meer, dem Venus entstieg, sondern läßt sich auch als frühe Ankündigung der Meeresgedanken des Senators sehen. „‚Breite Wellen…', sagte Thomas Buddenbrook. ‚Wie sie daherkommen und zerschellen, daherkommen und zerschellen, eine nach der anderen, endlos, zwecklos, öde und irr.'" (671) Und er spricht von der Weite des Meeres, dem mystischen und lähmenden Fatalismus seiner Wogen. Einige Zeit später dann liest er Schopenhauer, und die wissenschaftlich-medizinische und mythologisch-symbolische Bewältigung des Lebens und Todes wird ergänzt durch die philosophische.[16] Thomas Buddenbrook „empfand die unver-

[15] Vgl. zu weiteren Anspielungen Sheppard: Realism plus Mythology.

[16] Vgl. auch Pütz, der zeigt, daß sich der Roman als Ganzes analog zu der Willensentfaltung bei Schopenhauer interpretieren läßt, gleichzeitig aber davor warnt, in Manns Roman die schematische Rekonstruktion eines philosophischen Systems zu sehen: „Daher ist die Philosophie im Roman selbst nur eine Stufe, über die der Romancier hinwegschreitet. […] Das Angebot philosophischer Spekulation ist überholt, die Diskrepanz von Verfall und Verfeinerung

gleichliche Genugtuung, zu sehen, wie ein gewaltig überlegenes Gehirn sich des Lebens, dieses so starken, grausamen und höhnischen Lebens, bemächtigt, um es zu bezwingen und zu verurteilen...“ (654) Und auch die Frage nach dem Tod findet hier eine Antwort. Nicht mehr um den Tod als notwendige Folge zu viel schweren Speisens geht es, hier geht es um das fundamentalere Warum? des Todes, das sich hinter der medizinischen Beantwortung noch verstecken konnte. Diese umging nämlich die Frage nach der Sterblichkeit des Menschen überhaupt und ersetzte sie durch eine Frage des wann? und woran? – früher als nötig, an der Folge schlechter Eßgewohnheiten. Damit wird vorerst aber eine Frage stillgestellt, die immer hinter den Fragen nach dem woran? und warum jetzt? lauert: Warum überhaupt? – worauf die Frage nach dem ‚Woran ist jemand gestorben?‘ zuletzt auch keine andere Antwort übrigließe als: an seiner Sterblichkeit.

Jetzt also, mit der Schopenhauer-Lektüre des Senators, bricht die Frage nach dem Tod in all ihrer Grundsätzlichkeit auf. In dem Moment allerdings, in dem sie sich stellt, so ganz bloß, hat sie bereits auch wieder eine tröstende, philosophische Antwort gefunden: „Der Tod war ein Glück [...] die Korrektur eines schweren Fehlers“ (656), die Befreiung nämlich von den Schranken der Individualität. Was, wie die Individualität, nur Täuschung war, kann gar nicht sterben, und so wird der Tod in dem Moment, wo sich die Frage nach ihm unverstellt stellt, auch bereits wieder verneint: „*Ich werde leben!*“ (656) Mit diesem kursiv gedruckten Satz wird dem Tod eine Absage erteilt; er spielt keine Rolle mehr, wenn das, worauf es ankommt, das Ich, weiterleben kann, und nicht an die sterbliche Hülle des Körpers gebunden ist. Mit diesem Satz glaubt Thomas Buddenbrook die Wahrheit gefunden zu haben; aber die Erkenntnis wird bald zum „Erlebnis“, und während die Erkenntnis der Wahrheit das Vertrauen auf die Dauerhaftigkeit in sich schließt, ist das beim Erlebnis anders: „Immer noch mit dem Vorsatz beschäftigt, die wunderbare Lektüre wieder aufzunehmen, fing er doch an, sich zu fragen, ob die Erlebnisse jener Nacht in Wahrheit und auf die Dauer etwas für ihn seien“ (659). Und so stellt sich auch die Frage nach dem Tod erneut: „und ob sie, träte der Tod ihn an, praktisch standhalten würden.“ (659) Das Wort ‚praktisch‘ deutet die Skepsis und die Angst an, Theorien könnten dem, was es zu leben gilt, nicht standhalten.

---

kann nicht mehr erklärt, sondern nur noch erzählt werden.“ Pütz: Stufen des Bewußtseins. S. 23.

So ist nach dem Arzt und dem Dichter auch noch der Philosoph zu Wort gekommen, und alle haben jeweils auf ihre Art sich dem Problem des Todes und der Vergänglichkeit gestellt. Die Götter, die der Dichter beschwört, sind den ganzen Roman über da, und wie der Dichter Hoffstede Venus und Vulkan aufruft, so wird der Erzähler nicht müde, uns an die weißen Götterstatuen an den Wänden zu erinnern.

Götter

Bei dem üppigen Festtagsmahle am Anfang des Romans sehen die Götter von ihren Tapeten den Menschen zu, die selber wie Götter durch die weißen Flügeltüren in den himmelgleichen Saal geschritten sind und sich zu einem göttlichen Mahl niedergelassen haben. Sie tafeln wie die Götter, und doch, spätestens bei Christians Wimmern und Stöhnen oder bei Doktor Grabows dunkel-zynischen Gedanken wird deutlich, daß anders als die Götter die Menschen einen Magen haben und bei ihnen Essen und Tod in enger Verbindung stehen.

Die Götter kommentieren so gleichsam das Menschenschicksal, und im Vergleich mit den ewig lächelnden, in sich ruhenden und sich immer gleichbleibenden Olympikern hebt sich das Los der sterblichen und schicksalsgetriebenen Menschen noch deutlicher ab. So treten die weißen Götterfiguren „in unveränderlich gelassenen Stellungen aus der blauen Tapete" hervor, während Erika Weinschenk ihr Ja-Wort gibt und Tony „überwältigt von Vergangenheit, Gegenwart und Zukunft" (446) in lautes Weinen ausbricht. Als es zum Prozeß gegen Weinschenk kommt und damit das Ende der Ehe Erikas sich einleitet, sind wieder die Götterstatuen Zeuge: „Donnerstags, wenn die Familie, umgeben von den ruhevoll lächelnden Götterstatuen der Tapete, beim Essen saß, gab es seit kurzem einen neuen, sehr ernsten Gesprächsgegenstand". Das ruhevolle Lächeln der Götter steht im Kontrast zur Aufgeregtheit Tonys, bei der der ernste Gesprächsgegenstand „eine außerordentliche Erregung hervorrief." (524)

Tonys erster Betrüger-Ehemann, Grünlich, dagegen steht mit den Götterfiguren auf sehr vertraulichem Fuß: „Er hob zum Beispiel seinen Dessertlöffel empor, blickte eine Statue der Tapete an und sprach laut zu sich selbst: ‚Gott verzeihe mir, ich kann nicht anders; ich habe ein großes Stück genossen'" (102).

Die Götterfiguren dienen nicht allein dazu, den Gegensatz zur menschlichen Welt herauszustreichen oder zur Identifikation einzuladen, sondern ziehen auch die Menschen in ihre mythologische Welt. Anders ausgedrückt, wie das Schopenhauer-Kapitel dazu einlädt, den Roman gemäß seiner Willensmetaphysik zu interpretieren, und Doktor Grabow das Modell liefert für die wissenschaftlichen Erklärungsversuche, so weisen die Götter auf die Möglichkeit, den Roman als mythische Geschichte zu lesen. Für alles gibt es ein Buch: der angehende Arzt Morten lernt die Formel für Leben und Tod aus seinen Lehrbüchern, die er mit sich herumträgt; Thomas Buddenbrook liest Schopenhauer in einem gelbeingebundenen Band, und auch die Mythologie beschränkt sich nicht auf die, zwar ebenfalls papiernen, Tapetengötter: in Hannos Schulstunde wird Ovid gelesen, und zu Weihnachten bekommt Hanno das Buch geschenkt, das Thomas Mann selbst als Kind las: Nösselts Buch der griechischen Mythologie mit der goldenen Pallas Athene auf dem Deckel.

Nach dem Einweihungsmahl kommt es im Speisesaal zu einer Szene zwischen Vater und Sohn. Ein Brief ist eingetroffen von dem verstoßenen Sohn des alten Buddenbrook, dem Stiefbruder des Konsuls. Während langsam die Kerzen verlöschen und das spärliche, schon unruhig flackernde Licht die abgeräumte Tafel, über der noch der Essensgeruch hängt, beleuchtet, liest der Konsul seinem Vater den Brief des Stiefbruders vor, und anschließend kommt es zu einer Auseinandersetzung zwischen Vater und Sohn. Zuletzt brennt nur noch eine Kerze, aber noch ist es nicht ganz dunkel, denn die Tapete ist noch zu sehen: „Dann und wann trat eine hohe, weiße Figur ruhig lächelnd aus der Tapete hervor und verschwand wieder." (49) Und darauf folgt der Satz des Konsuls: „‚Vater, – dieses Verhältnis mit Gotthold bedrückt mich!' sagte der Konsul leise." (49) Ihn bedrückt „diese böse Feindschaft mit meinem Bruder" (49), und mit den dazu lächelnden Götterstatuen verweist diese Familiengeschichte, an deren Anfang ein Bruderkonflikt steht und die sich über vier Generationen zieht, auf eine weitaus ältere Familiengeschichte, die der Atriden. Die Kette der Gewalt, die sich in dieser Familie durch die Generationen zieht, der Fluch der Atriden, beginnt mit einem Brudermord: aus Neid töten Atreus und Thyestes den vom Vater Pelops bevorzugten Stiefbruder Chrysippos. Als der Vater vom Tod seines Lieblingssohnes erfährt, verflucht er die Mörder. Von da an setzt sich der tödliche Bruderhaß fort: Atreus streitet mit Thyestes um die Herrschaft. Thyestes wird vertrieben und sendet seinem Bruder einen Mörder, der der Sohn des Atreus ist. Ohne seinen Sohn zu erkennen, tötet Atreus ihn. Aus Rache setzt Atreus seinem Bruder dessen eigene Kinder als Fleischmahl vor. Um Atreus zu töten zeugt Thyestes mit seiner eigenen Tochter einen Sohn, Aigisthos, der, herangewachsen, seinen Vater rächen wird.

Es gibt weitere mythologische Anspielungen im Roman, und wenn der Lehrer in einem der letzten Kapitel einen Schüler fragt: „Du willst mir die Verse vom Goldenen Zeitalter nicht sprechen?" (726), und dann Hanno sie schließlich lesen muß, „mit wankender Stimme und verzogenen Brauen und Lippen las er von dem Goldenen Zeitalter" (730), wird nahegelegt, auch der Verfall der Buddenbrooks vollziehe sich nach dem Modell der vier Weltalter.[17]

Wie der Leser bemüht ist, den Verfall der Familie Buddenbrook zu erklären, so sehen wir die Mitglieder und Gäste der Buddenbrooks genau das gleiche versuchen, allerdings im Hinblick auf die Familie Ratenkamp. Und hier, gleich zu Beginn des Romans, während des Einweihungsmahls, spielt der Roman selbst seine eigene Struktur vor, führt er vor, wie sich Verfall ‚realistisch' erklären oder als Erfüllung eines schicksalhaften Gesetzes begreifen läßt. „‚Tja, traurig', sagte der Makler Grätjens; ‚wenn man bedenkt, welcher Wahnsinn den Ruin herbeiführte...'" (24) Mit ‚Wahnsinn' meint Grätjens nichts als eine Kaufmannsdummheit, die Wahl des falschen Kompagnons, der die Banken mißtrauisch macht und so den Bankrott herbeiführt – ein ökonomisches Fehlverhalten, das nichts Geheimnisvolles am Verfall übrigläßt und zum Wahnsinn nur deklariert werden kann von einem dem aufklärerischen Weltbild ganz Verhafteten, für den das Schicksal sich immer rational erklären und analysieren läßt. Dagegen aber stellt sich der Konsul. Man kann nämlich immer noch weiterfragen. Sicher war die Verbindung mit Geelmaack fatal, warum aber nahm sich Ratenkamp überhaupt Geelmaack zum Kompagnon? „‚Er muß das Bedürfnis empfunden haben, einen Teil der furchtbaren Verantwortlichkeit auf irgend jemanden abzuwälzen, weil er fühlte, daß es unaufhaltsam zu Ende ging..." (24) Und kurz darauf fährt er fort: „Aber ich glaube, daß Dietrich Ratenkamp sich notwendig und unvermeidlich mit Geelmaack verbinden mußte, damit das Schicksal erfüllt würde..." (25)

[17] Vgl. Berger zu Hannos Ovidlektüre: „So erweist sich, was auf den ersten Blick nichts weiter als ein realistisches Detail zu sein scheint, bei genauerem Hinsehen als eingebettet in einen übergreifenden Verweisungszusammenhang; das Motiv des Goldenen Zeitalters ist bezogen auf das große Thema des Romans, den Verfall. [...] Damit aber stellt sich zugleich eine gewisse Analogie zwischen der Romanhandlung und dem antiken Weltaltermythos her." Berger: Thomas Mann und die antike Literatur. S. 53.

Vielleicht also erfüllt sich auch mit dem Verfall der Buddenbrooks nur notwendig das Schicksal. Klothilde ist den Roman über mit ihrem Strickzeug beschäftigt und spinnt, als Parze Klotho, so gleichsam den Schicksalsfaden. Die Götter aber, die fast den ganzen Roman über immer einmal wieder aus der Tapete treten, verschwinden, noch bevor mit dem Tod des Senators und dem qualvollen Ende Hannos der Verfall der Buddenbrooks endgültig besiegelt wird. Das Haus mit dem Speisesaal, dessen himmelblaue Tapeten die weißen Götterbilder schmücken, wird verkauft, nachdem die Konsulin gestorben ist. Anläßlich ihres Todes werden die Götterfiguren ein letztes Mal erwähnt: „Überall an den Wänden bewegte sich im Luftzuge schwarzer Flor und verhüllte das Himmelblau der Tapete sowohl wie das Lächeln der weißen Götterstatuen, die zugeschaut hatten, wenn man in diesem Saale wohlgemut tafelte.“ (587) Die Verhüllung der Götterstatuen kann wie das Weglegen und Vergessen des Schopenhauerbuches und das Versagen der medizinischen Terminologie als letztes Scheitern all dieser aus dem Roman sich ergebenden möglichen Erklärungsversuche gelesen werden.

2. Familienmythos

Zeit

„Buddenbrooks. Verfall einer Familie.“ – So lauten Titel und Untertitel des Romans. Es heißt nicht „Der Verfall der Familie Buddenbrook“, der Eigenname ist vielmehr vorangestellt. Durch diese Trennung wird der Blick zunächst auf die Einzelfamilie, die Buddenbrooks, gelenkt, aber auch auf die Bedeutung des Namens, des Familiennamens, und dann, im Untertitel, auf die Problematik von Verfall und Familie. Durch diese Trennung stellt sich auch eine Frage, die sonst vielleicht nicht aufgekommen wäre: Wie ist der unbestimmte Artikel „einer“ zu lesen? Im Sinne von „nur einer“, „einer einzigen“ oder vielmehr „irgendeiner“ – und damit: Geht es nur um den Verfall der Buddenbrooks oder auch um den Verfall von Familien im allgemeinen, und vor allem: Ist der dargestellte Verfall einer Familie die Ausnahme oder die Regel? Und wenn es keine Ausnahme ist, woran liegt das – am Wesen der Zeit oder am Wesen der Familie?

Als die Buddenbrooks die Einweihung ihres Hauses feiern, wird mit einer Schweigeminute der Ratenkamps gedacht, den ehemaligen Bewohnern des Hauses, deren trauriger Niedergang ihren Auszug veranlaßt hatte. Am Ende des Romans übernehmen Hagenströms das Haus, das so zum äußeren Anzeichen des Blühens und Gedeihens der Familien wird, während sich inzwischen die Buddenbrooks im Niedergang befinden. Ratenkamps und Buddenbrooks sind nicht die einzigen zugrundegehenden Familien. Die ehemals sehr reichen Krögers werden von einem mißratenen Sohn finanziell ruiniert und in einen Familienzwist getrieben. Konsul Döhlmann verfrühstückt das Erbe seiner Tochter. Als Thomas Buddenbrook sein neues Haus bauen will, kauft er ein Grundstück, das einer inzwischen ausgestorbenen Familie gehört hat: „Es war ein ziemlich umfangreiches Grundstück in der unteren Fischergrube. Ein altersgraues, schlecht unterhaltenes Haus stand dort zum Verkaufe, dessen Besitzerin, eine steinalte Jungfer, die es als ein Überbleibsel einer vergessenen Familie ganz allein bewohnt hatte, kürzlich gestorben war.“ (420) Gegen Ende schließen zwei „Überbleibsel“ verfallener Familien Freundschaft, Hanno und der mutterlose Kai. Kai ist der letzte Sprößling des Geschlechts der Mölln, die „einzelnen Zweige der ehemals reichen, mächtigen und stolzen Familie waren nach und nach verdorrt, abgestorben und vermodert“ (516f.).

So steigt eine Familie nach der anderen auf, erreicht ihren Höhepunkt und fällt dann wieder ab. Der Verfall einer Familie stellt sich hier nicht als Ausnahme dar, sondern Familien bewegen sich wie das menschliche Einzelleben unweigerlich nach dem Überschreiten des Gipfelpunktes auf das Ende hin zu.[18] Es ist nur eine Frage der Zeit, wann es die jeweilige Familie ereilt, und die Zeit, die nach Aristoteles „an ihr selbst [...] ein Grund eher des Verfalls“[19] ist, treibt jede Familie früher oder später dem Verfall zu. Man könnte den Roman also im wesentlichen als einen Ro-

---

[18] Angesichts der häufigen Hinweise auf verfallende Familien im Roman kann Lehnerts folgende Behauptung nur verwundern: „Es ist ganz klar, daß kein allgemeiner Verfall, weder ein Verfall der Bürger von Lübeck, noch des Bürgertums überhaupt in den *Buddenbrooks* dargestellt wird. Die Entbürgerlichung der Buddenbrooks geschieht vielmehr vor dem Hintergrund der durchaus unbeirrten und existenzsicheren Normalbürger.“ Lehnert: Thomas Mann: Fiktion. S. 73.

[19] Aristoteles: Physikvorlesung. Übers. v. Hans Wagner. (Aristoteles. Werke in deutscher Übersetzung Bd. 11). Berlin 1995. IV 12, 221bff. Vgl. auch Aristoteles' Begründung: „Und die Zeit übt Macht über es [alles Zeitliche] aus, wie wir etwa zu sagen pflegen, an den Dingen nage der Zahn der Zeit, die Zeit verbrauche alles, sie lasse vergessen, während wir nicht sagen, sie lasse uns etwas begreifen oder etwas jung und schön werden.“ Ebd. 221a30- b1.

man über die Zeit lesen: als Verfallsroman sind die *Buddenbrooks* ein Roman über die Zeit, deren Wesen sich im Verfall manifestiert. Daß es in Thomas Manns Erstling vor allem um die Zeit geht, dürfte nicht verwundern, nennt Mann sich doch von ihr besessen: „Man kann meine Anhänglichkeit an die Idee und Gabe der Zeit wirklich eine Art von Besessenheit nennen."[20] Und Zeit ist nichts anderes als Vergänglichkeit: „Wo nicht Vergänglichkeit ist, nicht Anfang und Ende, Geburt und Tod, da ist keine Zeit, – und Zeitlosigkeit ist das stehende Nichts, so gut und so schlecht wie dieses, das absolut Uninteressante."[21]

Gleich zu Beginn des Romans ist es Tony beim Aufsagen des Katechismus, als befände sie sich auf einer Schlittenfahrt: „Wenn man im Gange war, dachte sie, war es ein Gefühl, wie wenn man im Winter auf dem kleinen Handschlitten mit den Brüdern den Jerusalemsberg hinunterfuhr: es vergingen einem geradezu die Gedanken dabei, und man konnte nicht einhalten, wenn man auch wollte." (9) Bei Goethe ist es das eigene Leben, das sich im Bild der Schlittenfahrt darstellt, „wie eine Schlittenfahrt geht mein Leben, rasch weg und klingelnd und promenirend auf und ab"[22]; hier aber sitzt Tony mit den Brüdern auf dem Schlitten, und so wird die Schlittenfahrt zum Bild für den Verfall einer Familie, mit der es abwärts geht wie bei einer Schlittenfahrt, die nicht mehr zu stoppen ist, „und man konnte nicht einhalten, wenn man auch wollte". Sie entwickelt eine eigene Dynamik, über die menschlicher Wille ebensowenig wie über die Zeit vermag und die sich nicht allein dem menschlichen Willen zum Anhalten entzieht, sondern auch menschlichem Begreifen: „Es vergingen einem geradezu die Gedanken dabei". Der Vorgang vollzieht sich zu schnell, die Fahrt geht zu rasch den Berg hinab, und die Gedanken können vielleicht den Ausgangs- und den Endpunkt fassen, was aber dazwischen geschah, entzieht sich. Der Roman selber ist diese Schlittenfahrt. Am Ende ist die Familie, sind die Buddenbrooks „unten angekommen", und keiner weiß recht, wie es so schnell gegangen sein konnte.

So erweist sich die Zeit einmal als die eine, überwältigende Macht, die, indem sie vergeht und verfällt, alles mit sich zu reißen droht. Als Tony

---

20 Wysling/Fischer (Hg.): Dichter über ihre Dichtungen. Bd. II. S. 339.

21 Ebd. Bd I. S. 343.

22 Goethe in einem Brief an Johanna Fahlmer, 22.2.1775. In: Johann Wolfgang Goethe: Das erste Weimarer Jahrzehnt. Briefe, Tagebücher und Gespräche vom 7. November 1775 bis 2. September 1786. Hg. v. Hartmut Reinhardt. Ffm. 1997. (Johann Wolfgang Goethe: Sämtliche Werke. II. Abt., Bd. 2.). S. 9.

weint, weil ihr Elternhaus verkauft werden soll, spricht Tom ihr tröstend zu: „Ja, Tony, so werden damals *die* auch gedacht haben, die das Haus verlassen mußten, als Großvater es kaufte. Sie hatten ihr Geld verloren und mußten davonziehen und sind gestorben und verdorben. Alles hat seine Zeit." (584) In diesem „Alles hat seine Zeit" zeigt sich einerseits das Unterworfensein aller Dinge unter das Gesetz der Zeit, andererseits aber wird die Macht der *einen* Zeit gebrochen: jedem wird *seine* Zeit.

Jede Generation hat ihre eigene Zeit: „Sie war eine alte Frau, eine Frau aus einer anderen Zeit, mit einer anderen Anschauungsweise..." (575) Die älteren Buddenbrooks leben nicht nur länger, sondern auch ruhiger. Zwar hat eine „neue" Zeit angefangen, in dieser neuen Zeit aber leben die Hagenströms mit eben der gleichen Ruhe und inneren Behaglichkeit wie die frühen Buddenbrooks. So hat die Familie Buddenbrooks ihre eigene Zeit, stellt gleichsam jede Generation ein Zeitalter dar, wobei die erste der im Roman dargestellten Generationen das Goldene Zeitalter repräsentiert. Und wenn die Zeit der Buddenbrooks abgelaufen ist, beginnt ein neues Goldenes Zeitalter, allerdings für eine andere Familie. Die Buddenbrooks aber hoffen, daß die guten Zeiten noch einmal für die eigene Familie wiederkehren werden: „Wie, wenn er selbst noch dereinst auf seine alten Tage, von einem Ruhewinkel aus, den Wiederbeginn der alten Zeit, der Zeit von Hanno's Urgroßvater erblicken dürfte?" (619)

So pluralisiert sich die Zeit, es gibt gute und schlechte, alte und neue Zeiten. Die Zeit kann drückend schwer voranschleichen wie in Hannos Schulstunden, wird als reine Zeit spürbar in der Langeweile und verfliegt in den kurzweiligen Sommerwochen in Travemünde. Am Meer, „diesem irren, ewigen Getöse, das betäubt, stumm macht und das Gefühl der Zeit ertötet" (143), scheint es die Zeit überhaupt nicht mehr zu geben. Immer wieder steht die schnell verrinnende Zeit gegen die „blaue und grüne Unendlichkeit" des Meeres oder gegen das zeitlose Lächeln der Götter, die unberührt von den Tapeten auf die sich zu ihren Füßen abspielenden Menschenschicksale hinabsehen. Und wie die Zeit manchmal als schnell vergehende und manchmal als ewig stehende erfahren wird, so hinterläßt sie ihre Spuren an einigen deutlich, während andere von der Zeit ganz unberührt scheinen. Der Senator beispielsweise altert schnell, sein Körper verfällt regelrecht; dagegen steht in seltsamem Kontrast Gerdas „sonderbare Unberührtheit, der die Jahre nichts anhatten": „Man sah die beiden an und fand, daß dies ein stark alternder, schon ein bißchen beleibter Mann, mit einer jungen Frau zur Seite, war. Man fand, daß Thomas Buddenbrook verfallen aussah [...] während Gerda sich in diesen achtzehn Jahren fast gar nicht verändert hatte." (643f.) Gerda scheint völlig außerhalb der Zeit zu stehen, die Ereignisse haben ihr nichts an, sie altert nicht, und wenn sie am Ende zu ihrem Vater nach Amsterdam zurückkehrt, um wieder mit ihm Geigenduos zu spielen, dann streicht sie gleichermaßen alle Einträge der Familienchronik durch, als hätten sie nie stattgefunden.

Aber auch durch andere Figuren wird das Ausstreichen der Zeit vertreten; es sind immer Frauen: die Konsulin, die bis zuletzt das Ergrauen ihrer Haare verdeckt; Tony, die sich selbst bis zum Schluß gleichbleibt und zu der Thomas anläßlich ihrer zweiten Heirat sagt: „du bist wieder verheiratet, und es ist ganz einfach, als hättest du niemals aufgehört, es zu sein" (356); Klothilde, an der Zeit und Essen gleichermaßen keine Veränderung bewirken; und zuletzt Sesemi Weichbrodt, die mit ihrer gleichbleibenden Redewendung und dem begleitenden Kuß auf die Stirn ebenso alle Vergänglichkeit der Zeit vergessen macht.

Vieles, alltägliche wie abenteuerliche, komische wie unheimliche Dinge geschehen im Roman. Und doch, am Ende scheint alles fast nur eine kurze Episode gewesen zu sein. Wieder gibt es ein Familientreffen; Tony, Sesemi und die Kusinen sind sich gleich geblieben, und wäre nicht im vorhinein die Wichtigkeit männlicher Nachfolge etabliert worden, es gäbe gar keinen Grund, von Verfall zu sprechen. Sesemi ist trotz ihres hohen Alters und ihrer körperlichen Verformtheit noch recht rüstig, Tony hat sich bemerkenswert gut gehalten, Gerda ist überhaupt nicht gealtert, die Kusinen scheinen nie zu kränkeln, auch Erika ist eine blühende junge Frau. In der letzten Szene sind acht Frauen anwesend, eine weitere, die alte Konsulin Kröger war auch noch geladen, ist aber nicht gekommen. Bis auf Sesemi Weichbrodt gehören alle zur Familie, immer noch eine beachtliche Anzahl für eine verfallene Familie, zumal sie in der kleinen Elisabeth durchaus noch weiterleben könnte. Die Beschränkung auf weibliche Personen ist auffallend. Auch Männer und Frauen scheinen in verschiedenen Zeiten zu leben. Die Zeit als Verfallende ist die der Männer, die Frauen gehören einer anderen an, in der sie nicht nur nicht verfallen, sondern auch noch verantwortlich für den Verfall der Männer zu sein scheinen.[23] Am Ende kommen acht Frauen zusammen, deren

[23] Vgl. Wenzel: „Er [Gosch] apostrophiert sie [Gerda] auch als ‚Melusine' (295), an die schöne Meerfee einer altfranzösischen Sage erinnernd. Mit diesem Bezug wird ihre Funktion als Führerin in den Untergang angedeutet". Georg Wenzel: Buddenbrooks. In: Volkmar Hansen (Hg.): Thomas Mann: Romane und Erzählungen. Stuttgart 1993. S. 11-46, hier S. 37.

Männer, Söhne, Brüder, Väter usw. entweder unter der Erde liegen, in einer Anstalt einsitzen, im Gefängnis gesessen haben oder sonstwie entwürdigt sind.

Letztlich aber gibt es immer wieder die eine Zeit, die alle Einteilung in verschiedene Zeiten, gute und schlechte, alte und neue, zunichte macht: „Und vierzehn Tage waren vorbei, und Hanno sagte sich und beteuerte es jedem, der es hören wollte, daß jetzt noch eine Zeit komme, so lang wie die Michaelisferien. Allein das war ein trügerischer Trost, denn war die Höhe der Ferien erreicht, so ging es abwärts und gegen Ende, schnell, so fürchterlich schnell [...] die Zeit verging unaufhaltsam“ (634). Der Zeiger der Uhr führt das unaufhaltsame Fortschreiten der Zeit, die indifferent ist gegenüber allen Versuchen, die Linearität der Zeit zu durchbrechen, vor: „‚Aber die Zeit vergeht‘, sagte der Senator und ließ den Deckel seiner Taschenuhr springen.“ (483) Die Zeit ist eine feindliche, indifferente Macht, die mit dem gnadenlosen Fortschreiten des Zeigers unaufhaltsam ihren Weg geht: „Und dann, in einem Anfall von Trotz, schenkte er sich fünf volle Minuten, um noch ein wenig die Augen zu schließen, von Zeit zu Zeit das eine zu öffnen und verzweiflungsvoll auf den Zeiger zu starren, der stumpfsinnig, unwissend und korrekt seines Weges vorwärts ging...“ (704)

Auf diesem unaufhaltsamen Fortschreiten der Zeit beruht einerseits das Selbstverständnis der Familie als Familie, die sich in immer weiteren Generationen fortsetzt, was sich wiederum in der Familienchronik, die der Linearität der Zeit folgt und die Ereignisse eins nach dem anderen festhält, niederschlägt. Andererseits aber stellt das Fortschreiten der Zeit immer eine Bedrohung dar, denn die Zeit, die allem irgendwann ein Ende bereitet, bringt letztlich den Verfall und dann das Aussterben der Familie.

Die Hoffnung auf die Wiederkehr der alten Zeit drückt den Wunsch aus, die Linearität der Zeit umzubiegen, die Zeit als ewig sich erneuernden Kreislauf zu betrachten, in dem Geburten und Todesfälle sich abwechseln und wiederkehren wie die Jahreszeiten. Das Auf- und Ab der Jahreszeiten aber ist auch Modell oder Bild für das Auf- und Absteigen verschiedener Familien im Roman. Die Erneuerung jedoch, die darin besteht, daß der Niedergang der eigenen Familie einhergeht mit dem Aufschwung einer anderen, ist wenig tröstlich. Um dies herauszustreichen, ist die Familie, die die Buddenbrooks ‚ersetzt‘, eine, die ihnen „seit Urzeiten“ (598) verfeindet ist.

Tod

Nirgendwo zeigt sich das Wesen der Zeit und des Todes so deutlich, ist der Versuch, die Bedrohung durch beide zu überdecken, gleichzeitig so präsent und ambivalent wie in der Familie. Das Heranwachsen der neuen Generation erfüllt die Hoffnung auf ein Weiterleben der Familie in den Nachkommen, führt aber gleichzeitig das eigene Älterwerden und damit die Nähe des Todes vor Augen. Der Tod entlarvt die paradoxe Struktur der Familie. Er stellt eine Gefahr für sie dar, bedroht ihren Zusammenhalt, und doch ist sie auf ihn angewiesen: „Man mußte den Verlust der alten Dame mit Fassung ertragen. Sie war steinalt geworden und hatte zuletzt ganz einsam gelebt. Sie ging zu Gott, und Buddenbrooks bekamen eine Menge Geld, volle runde hunderttausend Taler Kurant, die das Betriebskapital der Firma in wünschenswertester Weise verstärkten.“ (236)

Die Familie ist es, die einen Verlust erlitten hat, aber es ist nur ein scheinbarer. Man hat nichts verloren, im Gegenteil, man ist als Familie gestärkt worden. Was sich hinter dieser scheinbaren Kompensation – Geld für den Verlust – versteckt hält, ist die strukturelle Notwendigkeit des Todes für die Familie, unabhängig davon, ob ein finanzieller Vorteil entsteht oder nicht. Die Familie braucht den Tod ihrer Mitglieder, der Sohn muß den Vater ersetzen können, neue Generationen müssen an die Stelle der alten treten können. Allerdings dürfen wieder nicht zu viele Angehörige sterben und nicht zu früh. Die männlichen Buddenbrooks sind zum Zeitpunkt ihres Todes zunehmend jünger, Hanno stirbt als Kind, und in diesem zu frühen Ableben manifestiert sich der Verfall der Familie, die Ankündigung ihres Aussterbens. Während nach dem Tod der Madame Buddenbrook noch von einer Stärkung der Familie gesprochen werden kann, heißt es nach dem Tod des Senators und Hannos: „Aber Thomas ist nicht mehr, und … niemand ist mehr.“ (755) Die Familie Buddenbrook ist praktisch ausgelöscht; so hat Gerda auch keine Verpflichtungen mehr und kann die Stadt verlassen, um wieder mit ihrem Vater Duos zu spielen. Es dürfen also immer nur einige sterben, nicht zu oft, in einem mäßigen Tempo. Der Tod ist nicht etwas der Familie völlig Äußeres, er ist nicht ein radikal Anderes, das in die Familie hineinbricht, als diskontinuierliches Ereignis ihre Kontinuität und Identität bedroht, sondern die Familie ist auf ihn angewiesen wie auf die Ärzte, die, Vertreter des Todes, im Haus ein- und ausgehen und mit den Angehörigen um das Krankenbett der Todgeweihten stehen. Die Familie nimmt dem Tod seinen singulären Ereignischarakter und verleiht ihm eine Dauer, für die im Gegenzug der Tod wiederum der Familie Kontinuität in der Erneuerung verspricht.[24] Sehr sichtbar führt der Tod die Familienmitglieder zusammen, vereint sie am Bett des Sterbenden. Der eine, der geht, unterstreicht die Zusammengehörigkeit der Bleibenden, erinnert im Augenblick des Sterbens daran, daß der Tod nicht radikaler Bruch, sondern Garant der Kontinuität ist: „Als aber diese Kundgebung erfolgt war, als der Alte fortan sich weigerte, noch einen Fuß ins Kontor zu setzen, da nahm seine nachdenkliche Apathie in erschreckender Weise zu, da genügte, Mitte März, ein paar Monate nur nach dem Tode seiner Frau, irgendein kleiner Frühlingsschnupfen, um ihn bettlägerig zu machen, – und dann, in einer Nacht, kam die Stunde, wo die Familie auch sein Bett umstand, wo er zum Konsul sagte: ‚Alles Glück – du? Jean? Und immer courage!‘ Und zu Thomas: ‚Hilf deinem Vater!‘ Und zu Christian: ‚Werde was Ordentliches!‘“ (73)

Noch angesichts des Todes besteht das Vertrauen in die altbewährten Maximen fort. Die Sprache bricht nicht zusammen, sondern ballt sich noch einmal in Floskeln altbewährter patriarchaler Autorität zusammen. Ein Familienmitglied, und erst recht ein Familienoberhaupt, stirbt nie ohne einen Auftrag. Die anderen wissen, was sie fortzuführen haben. Dann kann sich der alte Buddenbrook mit einem „Kurios“ von der Familie weg der Wand zudrehen, einem Wort, daß nicht allein dem Erstaunlichen des Todes, sondern vor allem auch der Einsicht gilt, daß eine Familie weiterbesteht, weiterbestehen kann, obwohl ihr entscheidendes Zentrum geht – der Einsicht, daß die Familie eine Struktur ist, deren Zentrum sich beständig verschiebt. Und die daher um so mehr darauf angewiesen ist, sich immer noch an ein anderes, stabileres Zentrum zu binden. Dieses Zentrum im Roman ist Lübeck.

Wie die Zeit ist auch der Tod einerseits eine absolute, den Menschen unterwerfende Macht, in dieser Absolutheit homogen, andererseits heterogen, unterschieden in eine Unzahl möglicher Formen. Der Tod ist gleichzeitig immer gleich und immer anders. Im Roman gibt es sehr viele Todesfälle. Sogenannte natürliche wie unnatürliche. Im Falle Johann

---

[24] Vgl. hierzu auch Girard: „In der Trauer der Hinterbliebenen schwingt ein eigenartiges Gemisch von Schrecken und Erleichterung mit, das den Entschluß zu gutem Verhalten fördert. Der abgesonderte Tote scheint so etwas wie ein Tribut zu sein, der dafür bezahlt werden muß, daß das gemeinsame Leben weitergehen kann. Ein einziger Mensch stirbt, und schon ist die Solidarität aller Lebenden verstärkt.“ Girard: Das Heilige und die Gewalt. S. 374f.

Buddenbrooks genügt ein kleiner Frühlingsschnupfen, um ihn bettlägrig zu machen. Lebrecht Kröger, von der Revolution aus der Fassung gebracht, fällt zusammen, als sei er eine Holzpuppe: „Am Fuße der Stufen knickte der Greis in die Knie. Der Kopf fiel so schwer auf die Brust, daß der hängende Unterkiefer mit klapperndem Geräusch gegen den oberen schlug. Die Augen verdrehten sich und brachen...“ (197) Einige Todesarten sind ganz einfach grotesk. So hat Ida Jungmann einen Onkel, der am Schluckauf stirbt. Ein Kaufmann ißt zu viel Torte, und der Senator Thomas Buddenbrook stirbt an einem Zahne. Es gibt Menschen, die zu früh sterben, wie Tonys zweite Tochter, die bereits wenige Stunden nach der Geburt aus dem Leben scheidet, und andere, die zur rechten Zeit sterben, nach erfülltem Leben sanft entschlummern wie Bürgermeister Overdieck. Einige wehren sich heftig gegen den Tod, andere wollen sterben: So kämpft auf der einen Seite die Konsulin mit zäher Energie gegen ihren Tod, während Hanno, als habe er immer schon auf ihn gewartet, dem ersten Wink willig folgt. Es ist nicht zu entscheiden, was unheimlicher ist: der Tod als nicht gewollter, der mit fremder Gewalt hereinbricht, oder der Tod als Vertrauter, der, wenn er kommt, schon lange erwartet war.

Trotz der zahlreichen Todesfälle im Roman, die einerseits zeigen, daß der Tod so zum Leben gehört, daß er fast alltäglich scheint, bleibt er andererseits doch unbegreiflich und geheimnisvoll: „Etwas Neues, Fremdes, Außerordentliches schien eingekehrt, ein Geheimnis, das einer in des anderen Augen las; der Gedanke an den Tod hatte sich Einlaß geschafft und herrschte stumm in den weiten Räumen.“ (71) Innerhalb der Familie Buddenbrook gibt es, was die Männer angeht, eine recht eindeutige Linie: der Tod kommt immer früher und wird immer gräßlicher. Die zunehmende Abscheulichkeit des Todes bewirkt das Aufdecken des Mythischen.[25] Der Tod erscheint als das, was er ist, und läßt sich nicht mehr

[25] Vgl. dagegen Koopmann, der den Roman als zunehmende Entmythisierung begreift, wobei er allerdings ‚Mythos‘ im Sinne der *Freud*-Rede als ‚Typus‘ versteht. Die *Buddenbrooks* seien damit „ein Weg vom Typus fort“, „während ein mythisches Romanwerk gerade umgekehrt vom Individuum zum Typus und darüber hinaus zum Mythus zurückkehrt.“ Koopmann: Die Entwicklung des ‚intellektualen Romans‘. S. 151. In einem späteren Aufsatz allerdings gelangt Koopmann zu einer anderen Ansicht: „in der zerfallenden Welt der *Buddenbrooks* konstituieren sich Mythen, und die Mythenkonstitution wiederum macht nun jedermann deutlich, daß wir uns in einer zerfallenden Welt befinden.“ Koopmann: Mythenkonstitution. S. 226f.

sinnvoll in eine Familiengeschichte integrieren. Bereits die Konsulin zeigt, wie im Sterben jeder grundsätzlich allein ist und das Fortleben der anderen kein Trost ist, sondern vielmehr das Alleinsein angesichts des Todes, den keiner der Umstehenden verstehen kann, noch verstärkt: „Ihre Angehörigen empfanden peinlich die Gleichgültigkeit, mit der die alte Dame ihnen begegnete; sie nahm sich wie eine Art Geringschätzung aus, die besagte: ‚Ihr könnt mir ja doch nicht helfen.' Selbst dem kleinen Hanno, der in einer erträglichen Stunde eingelassen wurde, strich sie nur flüchtig über die Wange und wandte sich dann ab. Es war, als wollte sie sagen: ‚Kinder, ihr seid alle liebe Leute, aber ich – ich muß vielleicht sterben!' Die beiden Ärzte dagegen empfing sie mit lebhafter und interessierter Wärme, um eingehend mit ihnen zu konferieren…" (562)[26] Der Verfall der Familie bedeutet auch, daß zunehmend die Überwindung des Todes durch die Familie nicht mehr gelingt. Die Konsulin wendet sich von Hanno ab; der Anblick des einzigen männlichen Erbes, in dem die Hoffnung der Familie auf ihr Fortbestehen verkörpert ist, kann ihr keinen Trost mehr bereiten. Was sich mit der Konsulin bereits andeutet, wird von ihrem Sohn vollends erfüllt; er spricht aus, was das Desinteresse der Mutter an ihrem Enkel bereits ausdrückte. Thomas Buddenbrook durchbricht das genealogische Modell; im Gedanken an den eigenen Tod spricht er sich von seinem Sohn los: „Was soll mir ein Sohn! Ich brauche keinen Sohn!" (657)[27] Eine Aufzeichnung in Thomas Manns Notizbuch verdeutlicht, wie bereits in der Konzeption des Romans Thomas Buddenbrooks Todesgedanken verbunden werden mit der Absage an die Familie: „Thomas legt, als er den Tod fühlt, den Familienring ab…"[28] Und so ereilt ihn auch der Tod allein, er bricht auf der Straße zusammen, fern von seinen Familienangehörigen. Er wird zwar in sein Haus gebracht, doch er hat sein Bewußtsein bereits verloren. Sein Tod wird an Gräßlichkeit nur noch von Hannos Sterben übertroffen, und die Sprache ver-

---

[26] Vgl. auch *Fiorenza*: „Der Tod ist gräßlich, Pico! Du kannst ihn nicht begreifen. Niemand begreift ihn hier als ich, der sterben muß." (VIII, 1024)

[27] Koopmann, der die *Buddenbrooks* einen „Väter-und-Söhne-Roman" nennt, sieht in Thomas' Absage an Hanno „die Tragödie der aufgekündigten Beziehung zwischen Vater und Sohn". Helmut Koopmann: Thomas Mann. Konstanten seines literarischen Werks. Göttingen 1975. S. 10/18. Vgl. auch Zeller, der allerdings die Väter-Söhne Problematik im Hinblick auf Manns Geschichtsverständnis interpretiert. Michael Zeller: Väter und Söhne bei Thomas Mann. Der Generationsschritt als geschichtlicher Prozeß. Bonn 1974.

[28] Thomas Mann: Notizbücher 1-6. S. 65.

sagt angesichts solch demütigender Entmenschlichung: im Familienkreis wird nicht darüber gesprochen. So zeigt sich der Tod als das, was er ist, als Schockierendes und Abscheuliches, und die Integration in die Familie, die sonst den wahren Charakter des Todes ebenso wie ihr eigenes Angewiesensein auf ihn, ihre Bedingtheit durch den Tod verschleiert, gelingt nicht mehr.

Wendet sich auch die Konsulin von der Familie ab, als sie im Sterben liegt, und sagt sich Thomas Buddenbrook beim Gedanken an den Tod von seinem Sohn los, so kann man zuletzt der Familie doch nicht entkommen. Der Tod, mit dem man aus dem Kreis der Familie ausscheidet, führt in die Familie zurück. Zunächst reisen die auswärtigen Familienmitglieder an: „Die Krankheit währte vierzehn oder fünfzehn Tage, und nach einer Woche kam der alte Senator Duchamps, ein Bruder der Sterbenden, nebst seiner Tochter von Hamburg an, während ein paar Tage später des Konsuls Schwester mit ihrem Gatten, dem Bankier aus Frankfurt, eintraf.“ (71) Dann finden sich zur Beerdigung auch verlorene Söhne wieder ein: „Gotthold ging...Zum Begräbnis jedoch [...] kam er“. Schließlich kehrt der Gestorbene selbst zur Familie zurück: „Lebrecht Kröger, der à la mode-Kavalier, war bei seinen Vätern.“ (197) „Und wieder war die große Grabesplatte mit dem plastisch gearbeiteten Familienwappen beiseite geschaffen worden, und wieder umstanden am Saume des kahlen Gehölzes die Herren der Stadt den ausgemauerten Schlund, in den nun Thomas Buddenbrook zu seinen Eltern hinabgelassen ward.“ (692f.)

Der Tod und die Familie haben gemeinsam, daß man sich ihnen gegenüber nie richtig verhalten kann. Der Roman zeigt, daß es ein angemessenes Verhalten angesichts des Todes nicht geben kann. Sobald ein Familienmitglied im Sterben liegt, legt sich eine unsichtbare, unheimliche und unaufhebbare Grenze zwischen die noch ganz im Leben stehenden Familienangehörigen und das eine Mitglied, das sich im Sterben befindet. Ein Mißverhältnis entsteht, das durch die den Tod endgültig ankündigenden Gäste, die angereisten Verwandten, noch unterstrichen wird. Während nämlich der Sterbende in der unheimlichen Stille des Krankenzimmers einsam den Tod ins Auge faßt, belebt sich um ihn herum das Haus: „Dabei durfte nicht gefeiert werden, denn es kam Besuch. [...] Die Krankheit währte vierzehn oder fünfzehn Tage [...] und Ida Jungmann hatte alle Hände voll zu tun, für die verschiedenen Schlafzimmer zu sorgen und gute Frühstücke mit Krabben und Portwein bereitzuhalten, während in der Küche gebraten und gebacken ward...“ (71) Gleichzeitig aber muß das lebhafte Treiben vor dem Kranken verdeckt werden, und so ahmen die Lebenden die Stille des Todes nach, gehen auf Zehen umher, flüstern ernst und werden zuletzt selbst zu unheimlichen Todesfiguren: „Eine schwarze Schwester machte sich am Tisch mit dem Beeftea zu schaffen, den man versuchsweise noch reichen wollte; dann und wann trat geräuschlos ein Familienmitglied ein und verschwand wieder." (71)

Das Sterben entfremdet den Kranken seiner Familie so, daß diese zuletzt selbst in ihren Besserungswünschen nicht mehr aufrichtig sein kann: „Aber es kommt ein Augenblick, von dem an die Hoffnung der Angehörigen etwas Künstliches und Unaufrichtiges ist. Schon hat sich eine Veränderung mit dem Kranken vollzogen, und etwas der Person Fremdes, die er im Leben darstellte, ist in seinem Benehmen. Gewisse, seltsame Worte kommen aus seinem Munde, auf die wir nicht zu antworten verstehen, und die ihm gleichsam den Rückweg abschneiden und ihn dem Tode verpflichten. Und wäre er uns der Liebste, wir können nach alldem nicht mehr wollen, daß er aufstehe und wandle. Würde er es dennoch tun, so würde er Grauen um sich verbreiten wie einer, der dem Sarge entstiegen…" (563f.)

Und auch in der Trauer kann man sich dem Tode nicht angemessen verhalten. Ein leises, erstauntes Kopfschütteln bleibt Johann Buddenbrook senior nach dem Tod seiner Gattin; Christian will sich den Tod seines Vaters immer wieder in aller Ausführlichkeit erzählen lassen; Tonys Brüder sind von ihrer theatralischen Trauerdarbietung peinlich berührt, und Hanno bricht beim Schreiben der Todesanzeigen ganz einfach in Lachen aus.

Es gibt einen Pakt zwischen Familie und Tod, den Doktor Grabow beispielsweise durchaus verstanden hat. Dieser Pakt wird erst dann in Frage gestellt, wenn der Tod zu früh kommt, wenn er die Identität der Familie zerreißt. Am Ende hat sich ein Individuum gegen die Familie und für den Tod entschieden: Hanno, der sich allem verweigert, hat die mythische Struktur der Wirklichkeit und auch der Familie erkannt; da es aber eine totalitäre Struktur ist, wählt er den einzig möglichen Ausweg: den Tod. Der Tod aber ist kein Ausweg, sondern letztlich selbst Teil der mythischen Struktur. Dennoch, wenn Kai ihm die Hände küßt, er, der noch mehr ein Außenseiter ist, selbst keine Familie hat und mit großer Begeisterung eine andere Verfallsgeschichte, Poes *Untergang des Hauses Usher* liest, dann ist es, als bezeuge er Respekt für diese Verweigerung Hannos. Kai bricht in den Kreis der Familie ein, er bahnt sich „fast mit

Gewalt“ den Weg ins Krankenzimmer, wo Hanno einen so furchtbaren Tod stirbt, daß nachher niemand davon zu sprechen wagt. Hanno, der sonst niemanden mehr erkennt, lächelt, als er Kais Stimme vernimmt. Hier zeigt sich ein Band, das jenseits der Familie besteht und das sich gegen sie zu richten scheint: „Hanno hatte gelächelt, als er seine Stimme vernahm, obgleich er sonst niemanden mehr erkannte, und Kai hatte ihm unaufhörlich beide Hände geküßt. ‚Er hat ihm die Hände geküßt?‘ fragten die Damen Buddenbrook… ‚Ja, viele Male.‘ Hierüber dachten alle eine Weile nach.“ (758)

In diesem Nachdenken mag die Familie etwas von der ihr eigenen ungeheuren Struktur erahnen. Der Besuch Kais und Hannos Sterben lassen sich nicht mehr in die Familienmythen integrieren. Schweigen tritt an die Stelle von Familiengeschichten und -anekdoten. Konsequenterweise endet der Roman mit dem Tod Hannos. „Dann entstand eine Pause. Leise und zögernd wandte das Gespräch sich den jüngst vergangenen Ereignissen zu, und als der Name des kleinen Johann gefallen war, ward es wieder stumm in der Stube, und nur den Regen vorm Hause hörte man stärker rauschen. Es lag wie ein schweres Geheimnis über Hanno's letzter Krankheit, die in außerordentlich schrecklicher Weise vor sich gegangen sein mußte. Man blickte sich nicht an, während man, gedämpften Tones, in Andeutungen und halben Worten davon sprach.“ (757f.)

Im Roman wird der Tod durch zwei Figuren vertreten: Morten und Klothilde. Der eine steht ganz außen, die andere ist mittendrin, aber beide gehören nicht eigentlich zur Familie. In Morten zeigt sich der Tod als die stete Bedrohung von außen, die die Familie mit aller Kraft versucht ist, abzuwehren. In Klothilde aber zeigt sich, daß die Familie den Tod immer schon in ihren Schoß aufgenommen hat, ihn nährt und als uneigentlichen, aber dennoch zugehörigen Teil der Familie betrachtet.

Trotz all dem Bemühen, die absolute Diskontinuität des Todes durch die Familie zu entschärfen und zu verschleiern, dringt das Bewußtsein von der unaufhebbaren Differenz zwischen Tod und Leben doch manchmal durch und zeigt sich dann als Gegensatz zwischen denen, die innerhalb der Stadtmauern leben und denen, die außerhalb liegen: „Man erinnert sich dieser oder jener Person, man denkt nach, wie es ihr gehen mag, und plötzlich fällt einem ein, daß sie nicht mehr auf den Trottoirs umherspaziert, daß ihre Stimme nicht mehr in dem allgemeinen Stimmenkonzert mitklingt, sondern daß sie einfach für immer vom Schauplatz verschwunden ist und irgendwo draußen vorm Tore unter der Erde liegt.“ (694)

Verwandtschaft

In den frühen Erzählungen Thomas Manns stehen einzelne Individuen im Vordergrund, deren Familien gar nicht oder nur am Rande erwähnt werden. Wenn Familienangehörige überhaupt auftreten, bleiben sie im Hintergrund, wie die schemenhaften drei Schwestern im *Friedemann.* Die Familie, wie die Eltern im *Bajazzo* oder in *Tonio Kröger*, dient allenfalls als Erklärung für den Charakter des Protagonisten, spielt aber sonst weiter keine Rolle. Die Hauptfiguren leben im großen und ganzen allein und gehen alleine zugrunde. Die Familie bietet weder Schutz, noch trägt sie zur Zerstörung bei. Sie ist im wesentlichen ausgeblendet. Anders in den *Buddenbrooks.* Die Bedeutung der Familie wird schon im Titel angekündigt, und als Schilderung des Verfalls einer Familie handelt es sich um eine Familiengeschichte oder -chronik, die ein Familienleben über vier Generationen hinweg verfolgt. Wenn, wie wir gesehen haben, der Verfall von Familien die Regel und nicht die Ausnahme darstellt, so stellt sich auch die Frage, ob es allein die Zeit und der Tod sind, die die Familie bedrohen oder ob die Familie aufgrund der ihr eigenen Struktur auf den Verfall zutreibt.

Am Anfang des Romans sehen wir eine familiäre Idylle. Fünf Menschen sitzen beisammen: die Konsulin und ihr Mann, der alte Johann Buddenbrook und seine Frau, und Tony. Gleich zu Beginn werden die Beziehungen der einzelnen Personen zueinander deutlich gemacht. Es sind Verwandtschaftsbeziehungen: Die Konsulin Buddenbrook sitzt neben ihrer Schwiegermutter, sie wirft einen Blick auf ihren Gatten, der in einem Armsessel neben ihr sitzt, und sie kommt ihrer Tochter Tony zu Hilfe, die der Großvater am Fenster auf den Knien hält. Ein Familienbild, plastisch im Raum verteilt, jeder für sich und doch alle nah beieinander sitzend. Es ist ein später Herbstnachmittag, und drei Generationen der Familie Buddenbrook sitzen in ihrem neugekauften Haus zusammen und unterhalten sich. Sie führen ein wesentliches Strukturmerkmal der Familie vor: die Zusammenfügung verschiedener Personen, unterschiedlichen Geschlechts und unterschiedlichen Alters, die im Idealfall ein harmonisches Gleichgewicht ergibt. Differenzen, die zwischen zwei Menschen entstehen, werden durch andere wieder ausgeglichen, Wahlverwandtschaften ergeben sich und Bündnisse werden geschlossen: „So reichten sich die beiden Generationen, im chassé croisé gleichsam, die Hände." (15) Der Erzähler betont, daß dies, zumindest im Fall Madame Antoinettes, nicht so sehr aus Überzeugung, denn aus

Klugheit geschieht: „Er wandte sich an seine Schwiegertochter, die seinem Geschmacke beizupflichten pflegte, während Madame Antoinette, mehr aus Klugheit wohl denn aus Überzeugung, meistens die Partei des Konsuls nahm.“ (15) Hier zeigt sich bereits, daß die Familie ein hochsensibles Gebilde ist, dessen Balance, immer gefährdet, mit Kalkül gewahrt und untermauert werden muß. Zunächst aber herrscht harmonisches Gleichgewicht, kein Streit bricht aus, die Familie zeigt sich als stabilisierende Struktur, die Differenzen innerhalb ihrer selbst erduldet und ausgleicht.

Das Thema der Familie entfaltet sich im Anfangskapitel doppelt: einmal als Familiengemälde, das verschiedene Generationen vereint, dann, weitaus indirekter, in dem Katechismuszitat, mit dem der Roman beginnt: „Was ist das […] Ich glaube, daß mich Gott erschaffen hat samt allen Kreaturen […] Dazu Kleider und Schuhe […] Essen und Trinken, Haus und Hof, Weib und Kind, Acker und Vieh“ (9). Was hier gleich zu Beginn eingeführt wird, ist das Thema der Abhängigkeit, des Geschaffenseins; gleichzeitig werden die Dinge aufgezählt, durch die sich die Charaktere im Roman definieren: Kleidung und Essen, das Haus, die Familienbeziehungen und der materielle Wohlstand.[29] Was aber im Katechismus als Einheit gedacht wird, der Mensch und die ihn umgebenden Dinge von Gott herkommend und der einzelne Mensch im Zentrum der Dinge stehend, die für ihn und zu seinem Nutzen von Gott erschaffen wurden, zerfällt im Roman zu einer Vielzahl nicht mehr zu überschauender und kontrollierender Faktoren, die den Einzelnen bestimmen.

Das Thema des Geschaffenseins spielt im Anfangskapitel eine große Rolle, wenn auch nicht im christlichen Sinn. Immer wieder wird betont, daß man von anderen geboren worden ist, die eigene Persönlichkeit zu einem großen Teil bestimmt wird durch die Familienherkunft. Nicht allein physische Merkmale verraten die Familienähnlichkeit, selbst die Art zu lachen, sich zu kleiden, zu reden, ja zu denken wird von etwas be-

[29] Mann erzielt diesen Effekt durch unvollständiges Zitieren des Katechismus. Vgl. Kadelbach: „Thomas Mann verstärkt die skurrile Wirkung noch durch eine geschickte Auslassung. Er macht Tony nach dem Eingangssatz ‚Ich glaube, daß Gott mich geschaffen hat samt allen Kreaturen‘ (I, 9) erst wieder für den Leser hörbar bei der anstößigen Aufzählung. So entsteht der Eindruck, dass Kleider und Schuhe, Acker und Vieh des einzelnen Menschen ‚kreatürlich‘, d.h. direkt von Gott geschaffen worden seien.“ Ada Kadelbach: Was ist das? Ein neuer Blick auf einen berühmten Romananfang und die Lübecker Katechismen. In: Eickhölter; Wisskirchen (Hg.): Buddenbrooks – neue Blikke. S. 36-47, hier S. 44.

stimmt, was vor einem war. Das Eingehen der Familie in den Einzelnen besteht das ganze Leben hindurch fort. Auf die Ähnlichkeit mit den Vorfahren folgt die der Ehepartner: „Madame Antoinette Buddenbrook, geborene Duchamps, kicherte in genau derselben Weise wie ihr Gatte. [...] Ihre Gesichtszüge waren im Laufe der Jahre auf wunderliche Weise denjenigen ihres Gatten ähnlich geworden." (10)

Das Aufzeigen von Familienähnlichkeiten beherrscht den Romananfang auf auffallende Weise. Die Konsulin lacht das „Kröger'sche Lachen" und ist „wie alle Krögers, eine äußerst elegante Erscheinung" (10f.). Ihr Mann hat „die ein wenig tiefliegenden, blauen und aufmerksamen Augen seines Vaters" (11), und Justus Kröger „ähnelte, was Figur und Benehmen antraf, stark seinem Vater; auch über die nämlichen runden und eleganten Handbewegungen verfügte er." (19) Christian wird beschrieben als ein „Bürschchen von sieben Jahren, das schon jetzt in beinahe lächerlicher Weise seinem Vater ähnlich war." (17) Die ausführlichen Be-schreibungen von Familienähnlichkeiten weisen darauf hin, daß die Familie Identität sowohl stiftet wie auch bedroht. Das Lächerliche der Familienähnlichkeit, das Abbild eines anderen Menschen zu sein, bedroht die Individualität des Einzelnen, der zur Kopie dessen wird, was schon einmal da war: „Schon begannen die Familienähnlichkeiten sich vollkommen erkennbar bei ihm auszuprägen." (423)

So verfließen die Grenzen zwischen verschiedenen Personen, aber auch zwischen den Zeiten: „Was Einzelheiten der Körperbildung, wie das Kinn, die Nase und besonders die Hände...wunderbar echt Buddenbrook'sche Hände! betraf, so war seine Ähnlichkeit mit dem Großvater noch größer geworden." (236) Die Ähnlichkeit mit einem Vorfahren bedeutet immer auch ein Gegenwärtigsein des Vergangenen: „Kurz, das Traurige ist, daß das Kind mich allzusehr an Grünlich erinnert" (301). Gerade die Ähnlichkeit Erikas mit ihrem Vater wird immer wieder hervorgehoben. Sie hat den „rosigen Teint ihres Vaters" (397), sieht ihrer „Frau Mama fast gar nicht ähnlich" (352). Die „erschreckende Ähnlichkeit des Kindes mit dem Betrüger Grünlich" (276) wird so oft betont, daß Erikas Heirat mit Weinschenk, der als Betrüger ins Gefängnis muß, als notwendige und unausweichliche Erfüllung des väterlichen Erbes erscheint. Die Ähnlichkeit mit dem Vater wird nicht allein zur Vorankündigung, sondern auch zur Vorbestimmung ihres Schicksals.

Verwandtschaftliche Ähnlichkeiten sind die Spuren, die andere im Eigenen hinterlassen haben. Sie führen in das Zentrum der Familie die Abwesenheit als Struktur ein.

Bei der Einweihungsfeier des neuen Hauses spricht Pastor Wunderlich einen Toast aus: „Und wohlan, so lassen Sie sich denn belieben, meine wackeren Freunde, ein Glas dieses artigen Tropfens mit mir zu leeren auf die Wohlfahrt unserer vielgeehrten Wirte in ihrem neuen, so prächtigen Heim, – auf die Wohlfahrt der Familie Buddenbrook, der anwesenden sowohl wie der abwesenden Mitglieder…vivant hoch!“ (33) Der Konsul wundert sich: „‚Die abwesenden Mitglieder?‘ dachte der Konsul, während er sich vor den Gläsern verbeugte, die man ihm entgegenhob. ‚Sind damit nur die in Frankfurt und vielleicht die Duchamps in Hamburg gemeint, oder hat der alte Wunderlich seine Hintergedanken …?‘“ (33f.) Was den Konsul hier beschäftigt, ist, ob der Pastor etwa auf den Familienstreit anspiele. Gleichzeitig aber hebt sich in dem Satz Wunderlichs und verstärkt durch das Aufgreifen des Konsuls etwas hervor, was beiden wohl kaum im Sinn lag: wie die Struktur der Familie wesentlich durch Abwesenheit mitbestimmt wird.[30] Das Selbstverständnis der Familie gründet sich auf die Ahnen und die zukünftigen Generationen; sie beruht damit in ihrem Selbstverständnis auf etwas, das nicht mehr oder noch nicht existiert: „Und nun wolle man, mit hoffendem Herzen, einträchtig anstoßen auf das Wohl der Familie, auf ihre Zukunft, jene Zukunft, die dasein werde, wenn die Alten und Älteren unter den Anwesenden längst in kühler Erde ruhen würden … auf die Kinder“ (546).

Auch die lebenden Familienmitglieder sind nicht immer anwesend, und im Roman sind es vor allem die Abwesenden, durch die der Familie Unheil geschieht: „Der alte Herr saß möglichst weit entfernt von seiner Frau, mit der er seit Jahr und Tag beinahe kein Wort mehr sprach, weil sie nicht aufhörte, dem enterbten Jakob, der in London, Paris oder Amerika – nur sie wußte das bestimmt – sein entwurzeltes Abenteuerleben führte, heimlich Geld zufließen zu lassen. Er runzelte finster die Stirn, als beim zweiten Gange sich das Gespräch den abwesenden Familienmitgliedern zuwandte und als er sah, wie die schwache Mutter sich die Augen trocknete.“ (543) Um so wichtiger sind Hochzeiten und Begräbnisse, die, gerade weil sie durch das Ausscheiden eines Angehörigen oder das Aufnehmen eines neuen Mitglieds den Zusammenhalt der Familie gefährdende Momente darstellen, durch die Zusammenführung der Familienmitglieder die Familieneinheit unterstreichen. Die Familie versi-

[30] Lämmert weist darauf hin, daß „am ersten und am letzten Tage […] selbst die Nichtanwesenden durch Briefe (Gottholds Familie I, 3) oder durch die Familienpapiere (Schlußszene) dokumentarisch gegenwärtig“ sind und „ausdrücklich zitiert“ werden. Lämmert: Thomas Mann. S. 195.

chert sich, indem alle für kurze Zeit vereint sind, ihrer selbst und spielt im Gedenken an verstorbene oder nicht gekommene Verwandte über die konstitutive Funktion der Abwesenheit hinweg.

Schwiegertöchter und Schwiegersöhne

Die Familie lebt aus der Spannung von Einheit und Vielheit, sie muß ständig Fremdes integrieren können: „Ich störe, ich trete in einen Familienkreis“ (95), sagt Grünlich, als er erstmals den Buddenbrooks vorgestellt wird. Die Familie, vereint im Garten sitzend, wird tatsächlich gestört, aber sie ist auf solche Störungen angewiesen. Die traute Familieneinheit läßt sich dauerfristig nicht erhalten, wenn nicht andere eingelassen werden und für den Fortbestand der Familie sorgen. Doch ist diese für das Überleben der Familie notwendige Öffnung immer riskant; durch das aufgenommene Fremde kann die Familie zerstört oder zumindest geschwächt werden, wie der Roman auf überaus deutliche Weise zeigt: alle im Laufe des Romans geschlossene Ehen tragen zum Verfall der Buddenbrooks bei.

Gottholds Mesalliance führt zu Mißstimmungen in der Familie und einer gesellschaftlichen Herabsetzung Gottholds. Die Verbindung des Konsuls mit den Krögers bringt den Buddenbrooks zwar Geld und Ansehen; ausgerechnet aber die Krögers werden zu einem Vorboten des Verfalls. Die Verbindung beider Familien sollte zunächst zum Emporblühen der Buddenbrooks beitragen: „Sein Vater hatte ihm auf die Schulter geklopft und ihn auf die Tochter des reichen Kröger, die der Firma eine stattliche Mitgift zuführte, aufmerksam gemacht, er war von Herzen einverstanden gewesen und hatte fortan seine Gattin verehrt als die ihm von Gott vertraute Gefährtin...“ (56) Im Laufe der Zeit jedoch kommen die Krögers mehr und mehr herunter, und die anfangs glanzvolle Verwandtschaft wird zunehmend peinlich und droht zuletzt, dem Ansehen der Buddenbrooks zu schaden. Der Verfall befällt zunächst die Krögers und scheint dann die Buddenbrooks zu infizieren. Der Konsul befürchtet früh genau diese Entwicklung: „Johann Buddenbrook empfand aufs schmerzlichste die wenig ehrenvolle Entwicklung der Familie seiner Frau und blickte mit desto ängstlicherer Erwartung auf seine eigenen Kinder.“ (238) Das genau ist die in der Struktur der Familie selbst angelegte Gefahr: Fremdes aufnehmen zu müssen, das sie dann von innen heraus zerstört.

Auch Gerda bringt eine stattliche Mitgift in die Ehe, und ihre etwas rätselvolle Schönheit trägt zum Glanz der erfolgreichen Buddenbrooks bei. Zuletzt aber scheint sie maßgeblich am Verfall der Familie beteiligt, eine Melusine, die ihren Mann zerstört und keine lebensfähigen Kinder zur Welt bringen kann. Sie kommt von weither, sie „war ein wenig apart und hatte etwas Fremdes und Ausländisches an sich“ (89). Die Hagenströms heiraten fast ausnahmslos unter sich; die Schwiegersöhne und -töchter kommen aus der eigenen Stadt, ja der eigenen Familie, und die Heiraten sind erfolgreich, finanziell, aber auch, was die Nachkommenschaft angeht. Die Schwiegersöhne und -töchter der Buddenbrooks dagegen kommen von außerhalb: Hamburg im Falle Tonys und Christians, München, Amsterdam, Riga, Schlesien; und sie alle bringen der Familie Unglück. Gerdas Freundschaft mit Herrn von Throta wird zum Stadtgespräch; alle sind sich einig, daß dieses Verhältnis „gelinde gesagt, die Grenzen des Sittsamen überschritt.“ (644) Thomas fürchtet, daß dies das Ende sei, daß eintreten werde, was er immer gefürchtet hat, sich lächerlich zu machen: „wenn er seine Augen auf der vor ihm hängenden Gedenktafel, dem Jubiläumsgeschenk, den Portraits seiner Väter ruhen ließ und der Geschichte seines Hauses gedachte, so sagte er sich, daß all dies das Ende von allem sei, und daß nur dies, was jetzt vorgehe, noch gefehlt habe. Ja, es hatte nur gefehlt, daß seine Person zum Gespött werde und sein Name, sein Familienleben in das Geschrei der Leute komme, damit allem die Krone aufgesetzt würde…“ (648)

Gerda musiziert mit dem jungen Offizier von Throta, und mit der Musik bringt sie, die nie heiraten, sondern Duos mit dem Vater spielen wollte, etwas Fremdes, Unverständliches in die völlig unmusikalische Buddenbrookfamilie. Thomas sieht sich mit einer feindlichen Macht konfrontiert, zu der er keinen Zugang hat: „Nie hatte er geglaubt, daß das Wesen der Musik seiner Familie so gänzlich fremd sei, wie es jetzt den Anschein gewann.“ (509) Gerda, „exklusiv und unduldsam“ will ihren Mann auch gar nicht in das Reich der Musik, in dem sie fast ausschließlich lebt, Einlaß gewähren, sie erschwert ihm die Annäherung „in wirklich grausamer Weise“ (508).

Nicht allein entfremden sich die Ehegatten, sondern Gerdas Einfluß birgt die Gefahr in sich, daß aus Hanno kein rechter Buddenbrook werden könnte: „Gerda's Geigenspiel hatte für Thomas bislang, übereinstimmend mit ihren seltsamen Augen, die er liebte, zu ihrem schweren dunkelroten Haar und ihrer ganzen außerordentlichen Erscheinung, eine reizvolle Beigabe mehr zu ihrem eigenartigen Wesen bedeutet; jetzt aber, da er sehen mußte, wie die Leidenschaft der Musik, die ihm fremd war, so früh schon, so von Anbeginn und von Grund aus sich auch seines Sohnes bemächtigte, wurde sie ihm zu einer feindlichen Macht, die sich zwischen ihn und das Kind stellte, aus dem seine Hoffnungen doch einen echten Buddenbrook, einen starken und praktisch gesinnten Mann [...] machen wollten. Und in der reizbaren Verfassung, in der er sich befand, schien es ihm, als drohe diese feindselige Macht ihm zu einem Fremden in seinem eigenen Hause zu machen." (508)

Und Hanno, der mit den bläulichen Schatten unter den Augen der Mutter so ähnlich ist, entfernt sich mit seiner träumerischen Liebe zum Meer und zur Musik tatsächlich so weit von der väterlichen und großväterlichen Kaufmannswelt, daß er am Ende den Tod einem Leben vorzieht, in dem für die Schönheit kein Platz zu sein scheint, das von den brutalen Hagenströmsöhnen und den übelriechenden Schullehrern beherrscht wird und in dem der einzige männliche Buddenbrook, der sich ebenfalls fürs Theater interessiert, von niemandem ernst genommen wird.

Christians Frau, die er gegen den Willen der Familie heiratet, hat ihm vermutlich Kinder untergeschoben, die gar nicht von ihm sind, und gleich nach der Heirat steckt sie ihn in eine Anstalt. Damit werden die Gefahren deutlich, die von eingeheirateten Frauen ausgehen können. Die Söhne können durch mütterliches Erbe und mütterlichen Einfluß der männlichen Linie, die sie doch fortzusetzen haben, entfremdet werden. Schlimmer noch, manchmal fehlt selbst die letzte Gewißheit, ob der eigene Sohn überhaupt der eigene Sohn ist. Man kann den Frauen nicht trauen, am Ende sind sie nur am Geld interessiert und sperren den Mann in eine Anstalt, um ungehindert über das Vermögen verfügen zu können.

Ebensowenig aber ist den Schwiegersöhnen zu trauen. Grünlich, der als Schwiegersohn vom Konsul so sehr gewünscht wird, erweist sich als Betrüger und entzieht der Familie beträchtliches Kapital; auch Tonys zweite Ehe scheitert. Permaneder ist zwar nicht so sehr am Geld interessiert, dafür aber etwas zu sehr an anderen Frauen. Als zweifach geschiedene Frau schwächt Tony das Ansehen der Familie, wie ihr sehr wohl bewußt ist: „,Du mußt nun allein arbeiten', sagte sie. ,Mit Christian, das ist wohl nichts Rechtes, und ich bin nun fertig...ich habe abgewirtschaftet...ich kann nichts mehr ausrichten...ja, ihr müßt mir nun schon das Gnadenbrot geben, mir unnützem Weibe. Ich hätte nicht gedacht, daß es mir so gänzlich mißlingen würde, dir ein wenig zur Seite zu stehen, Tom.

Nun mußt du ganz allein zusehen, daß wir Buddenbrooks den Platz behaupten …‘“ (389f.)

Claras Mann Tiburtius erhält auf Wunsch seiner Frau ihr Erbe, was die Firma weiter schwächt und kein gutes Licht auf den Geistlichen wirft: „Weißt du noch nicht, begreifst du noch nicht, was er ist, dieser ingeniöse Pastor? Ein Wicht ist er! Ein Erbschleicher …!“ (434) Tiburtius aber führt den Buddenbrooks nicht allein finanziellen Schaden zu, sondern bedroht auch die Familie in ihrem innersten Zusammenhalt. Ein Tabubruch geschieht, der Sohn beschimpft die Mutter: „Ich bemerke dir, mein Sohn, daß du deinerseits in deinem Tone die Ehrfurcht außer acht läßt, die du mir schuldest!“ (432)

Hier offenbart sich die Struktur der Familie, die besagt, daß man als Kind immer schon in einer Schuld den gegenüber Eltern steht, die anders als die finanzielle Schuld niemals abzutragen ist. Und die Konsulin fügt hinzu: „Nie hätte ich gedacht, daß du mich so zu kränken vermöchtest.“ Thomas entgegnet: „Nie hätte ich gedacht, daß du mir so rücksichtslos ins Gesicht zu schlagen vermöchtest…!“ (432) Gerade die Nähe der Familienmitglieder zueinander und die Verstrickungen in Schuld als gegenseitiges, immerwährendes Einander-schuldig-sein und gegenseitiges In-der-Schuld-stehen läßt die Auseinandersetzung so bitter werden, eine Auseinandersetzung, die monströs ist, weil sie gegen das Gesetz der Familie, das Respekt und Zusammenhalt fordert, verstößt: „Was ging vor? Etwas Entsetzliches, Grauenerregendes, etwas, was den Beteiligten selbst als monströs und unglaublich erschien: Ein Streit, eine erbitterte Auseinandersetzung zwischen Mutter und Sohn!“ (433) Den Beteiligten erscheint ein solcher Streit als monströs, und er ist es, insofern er die elementaren Regeln der Familie verletzt und die in der Familie mühsam genug aufrecht erhaltene Distanz zerbricht; und gleichzeitig ist er dem Zuschauenden allzu vertraut, die Monstrosität ist Teil der Struktur.

Der Streit findet nach Claras Tod statt, alle tragen noch Trauer. Der Tod eines Mitglieds bedroht immer den Zusammenhalt der Familie. Immer geht es danach um Finanzfragen; manchmal wird durch den Tod das Kapital gestärkt, dann wieder geschwächt: der Tod ist notwendig und bedrohlich zugleich.

Hier aber ist es zunächst wieder einmal ein Schwiegersohn, der den Verfall der Buddenbrooks vorantreibt, und so bemerkt Tony, die es ja wissen muß, auch mit dumpfer Stimme: „Schwiegersöhne sind immer Filous“ (434). Weinschenk setzt die Reihe der fatalen Schwiegersöhne fort: auch er erweist sich als Betrüger. Was aber macht die Familie, wenn jemand, der von außen hineingekommen ist, zu einem Teil der Familie geworden ist, als Betrüger entlarvt und zu einer ungesunden Stelle am Familienkörper wird? Gehört er als Schuldiger noch zur Familie? „‚Aber möge er doch schuldig sein! Möge er sich doch vergangen haben!‘ begann Frau Permaneder aufs neue, und hierbei schwoll ihre Stimme an. [...] ‚Er hat nun einmal in unsere Familie hineingeheiratet...er gehört nun einmal zu uns...Man kann einen von uns doch nicht ins Gefängnis sperren, grundgütiger Himmel!...‘“ (552) Tony übersieht hier zweierlei: erstens die Möglichkeit, daß die Familie den ihr ursprünglich fremden Teil wieder in die Fremde schicken kann; zweitens, daß die Familie durch das Aufnehmen eines anderen nicht mehr bleibt, was sie war, und man daher sehr gut Weinschenk ins Gefängnis stecken kann, da die Buddenbrooks einmal dumm genug waren, ihn zum Schwiegersohn zu machen. Die männlichen Buddenbrooks distanzieren sich von allen fehlgeschlagenen Schwiegersöhnen; die Töchter kommen zurück ins Haus, und die Ehemänner verschwinden, als hätten sie nie existiert. Tony aber, die sich weigert, das angemessene Schweigen über solche schamvollen Dinge zu halten, zeigt durch die immer länger werdende Kette ihrer empörten Namensausrufe, „Grünlich – Permaneder – Weinschenk“, daß die Familie nicht beliebig jemanden aufnehmen und wieder abstoßen kann und alle mißratenen Schwiegersöhne in die Familiengeschichte eingehen. Die Frauen gehen ohne viel von der Welt zu wissen und teilweise gegen ihren eigenen Willen Ehen ein, die von den männlich Angehörigen unterstützt und manchmal mit viel Druck eingefordert werden. Wenn es aber schiefgeht, verweigern die Männer ihre Unterstützung, und die Frauen werden zum Opfer einer solchen Familienpolitik: „Und Erika? Und das Kind?“ (552), fragt Tony ihren Bruder, der die Kaution für Weinschenk nicht zahlen will. Und dann bricht es aus ihr heraus: „‚...ich weiß nicht, womit ich es verdient habe...aber ich kann nicht mehr hoffen. Nun wird es Erika ergehen, wie es mir mit Grünlich und Permaneder ergangen ist... Aber jetzt kannst du es sehen, wie es kommt, wie es über einen hereinbricht! Kann man etwas dafür!‘ wiederholte sie und nickte ihm trostlos fragend mit großen, tränenvollen Augen zu. ‚Alles ist fehlgeschlagen und hat sich zum Unglück gewandt, was ich unternommen habe...Und ich habe so gute Absichten gehabt, Gott weiß es!...Ich habe immer so innig gewünscht, es zu etwas zu bringen im Leben und ein bißchen Ehre einzulegen...Nun bricht auch dies zusammen. So muß es enden...Das Letzte...‘“ (553)

Abgegrenztes Fleckchen

Der Verfall der Familie beschleunigt sich gerade durch die Versuche Tonys, ihn aufzuhalten: Sie heiratet Grünlich, um die Familiengeschichte ehrenvoll weiterzuführen, sie heiratet Permaneder, um ihre erste Scheidung wiedergutzumachen und wählt Weinschenk zum Schwiegersohn, um wenigstens mit ihrer Tochter wieder gesellschaftlich respektabel zu werden. Mit jedem Schritt aber reißt sie die Familie tiefer in den Niedergang.

Zwei Familienangehörige werden eingesperrt: Weinschenk ins Gefängnis, Christian in eine Anstalt. Sind sie dadurch zum einen aus der Familie ausgeschlossen, so spiegelt ihr Eingesperrtsein andererseits die Situation in der Familie selbst. Tony, die nach der gescheiterten Ehe vom Vater ins Elternhaus zurückgeholt wird, beklagt sich bei ihrem Bruder: „Aber ich bin nicht gern zu Hause, weißt du; Gott strafe mich, wenn das eine Sünde ist. [...] ich sehne mich danach noch einmal ins Leben hinauszukommen..." (300f.) Sie kommt noch einmal hinaus, bis nach München, heiratet ein zweites Mal, doch zuletzt langt sie wieder im Elternhaus an. Die wiederholte Heimkehr Tonys, verbunden mit dem wiederholten Scheitern ihrer Ehen, bedeutet aber nicht allein ein Nicht-Entkommen-Können, sondern auch eine Rettung vor den Widrigkeiten des „Lebens". Das Elternhaus wird zum Rückzugsort und erfüllt diese Funktion auch noch, als die Eltern schon nicht mehr am Leben sind. Daher auch Tonys Widerstand, als sie von Thomas erfährt, daß er das Haus verkaufen will – und sie sich wieder einmal dem Willen des „Herrn im Hause", nach dem Vater dem Bruder, beugen muß: „‚Tom', sagte sie und gewann ihrer Stimme, die die Tränen zu ersticken drohten, eine leise, rührende Festigkeit ab. ‚Du weißt nicht, wie mir zumute ist in dieser Stunde, du weißt es nicht. Es ist deiner Schwester nicht gut ergangen im Leben, es hat ihr übel mitgespielt. Alles ist auf mich herabgekommen, was sich nur ausdenken ließ...ich weiß nicht, womit ich es verdient habe. Aber ich habe alles hingenommen, ohne zu verzagen, Tom, *das* mit Grünlich und *das* mit Permaneder und *das* mit Weinschenk. Doch immer, wenn Gott mein Leben wieder in Stücke gehen ließ, so war ich doch nicht ganz verloren. Ich wußte einen Ort, einen sicheren Hafen, sozusagen, wo ich zu Hause und geborgen war, wohin ich mich flüchten konnte vor allem Ungemach des Lebens...Auch jetzt noch, als doch alles zu Ende war, und als sie Weinschenk ins Gefängnis fuhren...‚Mutter', sagte ich, ‚dürfen wir zu dir ziehen?' ‚Ja, Kinder, kommt'...Als wir klein waren und ‚Kriegen' spielten, Tom, da gab es immer ein ‚Mal', ein abgegrenztes Fleckchen, wohin man laufen konnte, wenn man in Not und Bedrängnis war, und wo man nicht abgeschlagen werden durfte, sondern in Frieden ausruhen konnte. Mutters Haus, dieses Haus hier war mein ‚Mal' im Leben, Tom..."' (584)

Die Familie als sicherer Hafen, als Zufluchtsort – diese Möglichkeit wird aber bereits im Titel verneint. Wenn der Ort, der angesichts einer bedrohlichen, sich beständig verändernden Außenwelt Dauerhaftigkeit und Unveränderbarkeit versprechen soll, wenn dieser Ort selbst verfallen kann, dann schließt sich der Horizont, gibt es keinen Punkt mehr außerhalb der vergehenden und bedrohlichen Wirklichkeit. Darin liegt das Paradox des Familienmythos: sich als stabiler Ort etabliert zu haben, als der Ort, an den die Kinder immer wieder zurückkehren können, obwohl gerade die Familie Vergänglichkeit am deutlichsten vor Augen führt, in dem Wissen, den Tod der Eltern und Großeltern erleben zu müssen und wiederum vor den eigenen Kindern sterben zu müssen. Mehr als das, die Familie hält nicht allein den Tod als ständige Möglichkeit präsent, sie ist vielmehr durch den Tod bedingt. Als Familie, und das unterscheidet sie fundamental von den göttlichen Geschlechtern, verlangt sie den Tod ihrer Mitglieder, um sich erneuern zu können. Bereits hier wird deutlich, warum die Familie eine zutiefst mythische Struktur hat. Den Tod als strukturerhaltende Notwendigkeit verlangen zu müssen, macht den einzelnen Todesfall zum Opfer. Um diese Struktur zu verschleiern, ist die Familie angewiesen auf eine Familiengeschichte und einen Familienmythos.

Der Roman zeigt, daß die Familie das schützende ‚Mal' nicht sein kann, weil sie kein „abgegrenztes Fleckchen" ist, das außerhalb jeder Not und Bedrängnis liegt. Nicht allein, daß sich solche Grenzen nicht ziehen lassen oder immer wieder zusammenbrechen, sondern es zeigt sich gerade an Tony, daß das Unheil nicht nur von außen über sie hineinbricht, sondern im Innern der Familie seinen Ausgang nimmt. Es sind die eigenen Eltern – nicht allein der Vater, auch wenn es sonst in ihrem Leben immer die Männer sind, die ihr Unglück bringen, sondern auch die Mutter – die sie in die ungewollte Heirat mit Grünlich treiben – und dies gerade mit dem Pochen auf die Bedeutung der Familie tun und erreichen. Als sich herausstellt, daß Grünlich Tony nur wegen ihres Geldes geheiratet hat und dann doch Bankrott macht, sagt der Konsul zu seiner Tochter: „Dein Vater hat dir bereits bekannt, daß er sich dir gegenüber nicht unbedingt schuldlos fühlen kann..." (219) „Nicht unbedingt", sagt er, und redet von sich in der dritten Person, als „Vater“. Was aber, wenn ein Vater seinem Kind, das doch eigentlich immer ihm alles schuldig sein muß, selbst eine Schuld eingestehen muß, wenn auch nur eine bedingte? Der Tochter bringt es ihn näher, „daß er, der Unantastbare, ihr fast mit Demut gestanden, er fühle sich nicht schuldlos ihr gegenüber. Es ist sicher, daß Tony selbst niemals auf diesen Gedanken gekommen wäre; da er es aber sagte, so glaubte sie es, und ihre Gefühle für ihn wurden weicher und zarter dadurch.“ (233) Gerade weil ein Vater an seinem Kind nicht schuldig werden kann, wäre Tony zuerst nicht auf die Idee gekommen, und, als das Unglaubliche durch die väterliche Autorität verbürgt wird, kann sie nur mit noch zärtlicheren Gefühlen darauf antworten, durch die sie ihm die Schuld wieder abnimmt. Die Familie ist so angelegt, daß die Eltern den Kindern gegenüber nicht schuldig werden können, denn die Kinder stehen immer schon in der Schuld der Eltern, die nur das Beste für die Kinder wollen, und in dieser prinzipiellen Unschuld der Eltern wird jedes Schuldigwerden der Eltern unmöglich. „‚Liebe Tony‘ sagte die Konsulin sanft, ‚wozu dies Echauffement! Du kannst sicher sein, nicht wahr, daß deine Eltern nur dein Bestes im Auge haben, und daß sie dir nicht raten können, die Lebensstellung auszuschlagen, die man dir anbietet.‘“(104)

Daß die Eltern das Beste für die Kinder wollen, kann und darf nicht hinterfragt werden, denn sonst würde die Familienstruktur als solche bloßgelegt werden (was der Roman vollführt und weswegen er nur den Verfall einer Familie schildern kann). In dieser Bloßlegung nämlich zeigt sich, daß das Beste des Kindes vor allem das der Familie ist, daß der Einzelne und seine Interessen sich aus der Familie nicht herauslösen lassen und es daher auch keine Unterscheidung mehr zwischen Schuld und Unschuld oder auch Opfer und Täter gibt. So ist es unmöglich zu sagen, daß die Eltern oder Tony falsch oder richtig gehandelt haben, wie es unmöglich ist zu sagen, daß Tony Morten oder Thomas das Blumenmädchen Anna hätte heiraten sollen. In dem einen Fall, wo ein Familienmitglied sich gegen die Familie stellt, seinen Willen durchsetzt und aus Liebe heiratet, im Fall Gottholds, geht es schief, „der Trotz gegen den Vater hat ihm keinen Segen gebracht!“ (75), stellt der Konsul fest, und so läßt der Roman die Möglichkeit einer Alternative nicht zu. Darin aber, daß die Kinder unweigerlich immer schon in der Schuld der Eltern stehen, liegt die Schuld der Eltern – eine Schuld, an der sie nicht schuld sind und die von der Familie überdeckt werden muß. So bildet die Familie Mythen, um die ihr eigene mythische Struktur zu verschleiern.

Zentraler Träger des Familienmythos ist der Familienname. Mit dem Namen beginnt die Familiengeschichte, sie erzählt, „wie am Ende des sechzehnten Jahrhunderts ein Buddenbrook, der älteste, der bekannt, in Parchim gelebt“ (57). An diesen ältesten Buddenbrook knüpft sich eine „weitläufige Genealogie“, die zusammen mit den Aufzeichnungen über Familienereignisse in der Familienchronik festgehalten wird. Auf diese Familienchronik stützt sich der Familienmythos; sie ist bedeutend für Tonys Heiratsentscheidungen. Tony, die so viel vom Leben spricht, lebt letztlich um dieser Aufzeichnungen willen, sie will so leben, daß durch ihr Leben die Lektüre nicht verdorben wird. Sie heiratet Permaneder, um den „Fleck“ wieder auszulöschen, den ihre Scheidung verursacht hat. Gleichzeitig aber gibt es eine andere Chronik, den Roman selbst, eine Familienchronik, die der im Roman enthaltenen genau zuwiderläuft. Will diese den Familienmythos etablieren und unterstützen, so macht jene ihn zunichte. So wandert auch der Fleck aus den Seiten der Familienpapiere hinaus, kehrt wieder im Fleck des Seesterns, von dem Tony zweimal erzählt und der sich als Metapher lesen läßt, für das, was in und durch den Roman mit der Familie geschieht: „Willst du wissen, wie dumm ich damals war? Ich wollte die bunten Sterne aus den Quallen heraushaben. Ich trug eine ganze Menge Quallen im Taschentuche nach Hause und legte sie säuberlich auf den Balkon in die Sonne, damit sie verdunsteten...Dann mußten die Sterne doch übrigbleiben! Ja, gut...als ich nachsah, war da ein ziemlich großer nasser Fleck. Es roch nur ein bißchen nach faulem Seetang...“ (639)

Wie Glieder in einer Kette

Der Fleck also, so kann man schließen, ist nicht die Ausnahme, ebensowenig wie der Verfall, nicht der einmalige Störfall, der im Notfall zu tilgen ist, sondern das Wesentliche, das, was übrigbleibt. Und Hanno, der mit seiner Verweigerung, am Leben zu bleiben, sich weigert, am Fortleben der Familiengeschichte weiterzuarbeiten, zieht einen Doppelstrich unter die Familienchronik und beschließt damit ihr Ende. Mit dem Satz, „Ich glaubte...ich glaubte...es käme nichts mehr...“ (523), erteilt er eine Absage an das genealogische Denken, das noch seinen Vater beherrscht: „Er war nicht nur er selbst; man ehrte in ihm noch die unvergessenen Persönlichkeiten seines Vaters, Großvaters und Urgroßvaters“ (410). So wird man in der Familie immer von etwas bereits Abwesendem bestimmt, ein Gedanke, der viel später in Manns Gedanken der mythischen Nachfolge wiederkehrt – diese spätere mythische Nachfolge aber ist freier, denn sie beschränkt sich nicht mehr auf die Familie und ermöglicht daher auch die Wahl des nachzuahmenden Modells. Das Mythische der Buddenbrooks aber liegt darin, daß es ein Außen der Familie nicht gibt. Die Generationen bilden eine fest aneinandergefügte Kette, gegen die sich der Einzelne nicht behaupten kann und darf: „Wir sind", so schreibt der Konsul an seine Tochter, „nicht *dafür* geboren, was wir mit kurzsichtigen Augen für unser eigenes, kleines, persönliches Glück halten, denn wir sind nicht lose, unabhängige und für sich bestehende Einzelwesen, sondern wie Glieder in einer Kette, und wir wären, so wie wir sind, nicht denkbar ohne die Reihe derjenigen, die uns vorangingen und uns die Wege wiesen, indem sie ihrerseits mit Strenge und ohne nach rechts oder links zu blicken, einer erprobten und ehrwürdigen Überlieferung folgten. Dein Weg, wie mich dünkt, liegt seit längeren Wochen klar und abgegrenzt vor Dir, und Du müßtest nicht meine Tochter sein, nicht die Enkelin Deines in Gott ruhenden Großvaters und überhaupt nicht ein würdig Glied unserer Familie, wenn Du ernstlich im Sinne hättest, Du allein, mit Trotz und Flattersinn Deine eignen, unordentlichen Pfade zu gehen." (148f.) Die eigenen Pfade können immer nur flatterhaft und unordentlich sein, der Roman unternimmt keinen Versuch, diesen Familienmythos zu widerlegen. Und Tony gehorcht ihrem Vater, sie heiratet Grünlich, obwohl er ihr widerlich ist, ein Entschluß, den sie faßt, weil die Worte des Vaters sie mit Ehrfurcht vor sich selbst erfüllen und das Gefühl persönlicher Wichtigkeit sie durchrieselt „wie ein Schauer". Der Vater aber hatte ihre Wichtigkeit als Person gerade verneint; ihre Bedeutung liegt allein in ihrer Funktion innerhalb der Familiengeschichte: „‚Wie ein Glied in einer Kette', hatte Papa geschrieben…ja, ja! Gerade als Glied dieser Kette war sie von hoher und verantwortungsvoller Bedeutung" (160). Gerade die Mißachtung ihrer Individualität führt zur Entscheidung Tonys, ihren Instinkten entgegen und gegen besseres Wissen: Als einzige durchschaut sie Grünlichs heuchlerisches und einschmeichelndes Verhalten sofort – der Anspruch aber, daß sie nicht für sich, sondern im Sinne und Interesse der Familie handle, führt zu der fatalen Heirat, die Tony unglücklich macht *und* der Familie schadet. Es sind die Scheidungen, in denen Tony für kurze Zeit das Gefühl persönlicher Wichtigkeit erfährt, das nicht in eins verschmilzt mit der Ehrfurcht vor der Familie, die durch die Prozesse ja gerade in ihrem Ansehen geschädigt wird. In Tonys großem Interesse an den Prozessen und ihrer intensiven Auseinandersetzung mit ihnen scheint für kurze

Augenblicke die Möglichkeit eines Lebens außerhalb der Familie auf, einem Leben, in dem sie selbst zur Handelnden wird und zum Mittelpunkt eines Geschehens, in dem es allein um ihre Person geht: „und dieser Prozeß war es hauptsächlich, der Gedanke, daß sie, sie selbst den Mittelpunkt eines wirklichen Prozesses bildete, der Tony mit einem unbeschreiblichen Würdegefühl erfüllte.“ (234) Dieses Würdegefühl steht dem Würdebegriff ihrer Eltern, den der Vater ihr in seinem Brief einzupflanzen versuchte, völlig entgegen. In den Augen der Eltern, aber auch des Sohnes Thomas, bewahrt man Würde, indem man über Unangenehmes nicht spricht. So sagt die Mutter: „Assez, mein Kind. Ich höre nicht gern von dieser Affäre.“ (233) Tony jedoch ist ebenso erpicht darauf, über die ‚Affäre‘ zu reden, wie auch darauf, sie in die Familienpapiere einzutragen, und zwar mit genau dergleichen Eifrigkeit wie damals ihre Verlobung: „Oder sie begann, als die Ehescheidung ausgesprochen war, mit wichtiger Miene: ‚Du hast es doch schon in die Familienpapiere eingetragen, Vater? Nein? Oh, dann darf ich es wohl tun...Bitte, gib mir den Schlüssel zum Sekretär.‘ Und emsig und stolz schrieb sie unter die Zeilen, die sie vor vier Jahren hinter ihren Namen gesetzt: ‚Diese Ehe ward Anno 1850 im Februar rechtskräftig wieder aufgelöst.‘“ (234f.) Dann erst kommt ihr zu Bewußtsein, wie wenig diese Zeilen im Geist der Familienchronik sind: „‚Vater‘, sagte sie, ‚ich weiß wohl, daß dies Ereignis einen Flecken in unserer Familiengeschichte bildet.‘“ (235) Aber sie will es wiedergutmachen, den Fleck durch eine erneute Heirat wieder ausradieren. Und so heiratet sie Permaneder, und es kommt wieder zu einem Scheidungsprozeß, „Tony's zweiter Scheidungsprozeß, dessen Phasen sie mit Ernst, Sachkenntnis und ungeheurem Eifer verfolgte. Sie sprach davon, wo sie ging und stand, so daß der Konsul mehrere Male ärgerlich wurde. Sie war fürs erste nicht imstande, seinen Kummer zu teilen. Sie war in Anspruch genommen von Wörtern wie ‚Früchte‘, ‚Erträgnisse‘, ‚Akzessionen‘, ‚Dotalsachen‘, ‚Tangibilien‘, die sie, den Kopf zurückgelegt und die Schultern ein wenig emporgezogen, mit würdevoller Geläufigkeit beständig hervorbrachte.“ (393)

Läßt sich also in ihren zwei Scheidungsprozessen etwas wie eine kurze Behauptung Tonys gegen die Familie sehen, so ist Tony gleichzeitig die Figur im Roman, die am meisten Wert auf das Ansehen der Familie legt. Wie kein anderer hält sie den Namen ‚Buddenbrook‘ hoch, obwohl gerade sie als Frau ihn aufgeben muß. Der Familienname spielt auch deswegen eine so große Rolle, weil er sich beständig gegen andere Familiennamen, die Mädchennamen der Frauen, behaupten muß. Der Name

‚Buddenbrook‘ wird gleich zu Beginn des Romans eingeführt, doch nicht, wie vielleicht zu erwarten wäre, von einem männlichen Statthalter dieses Namens. Vielmehr ist es die Konsulin, die als erste Buddenbrook vorgestellt wird. Der Name, der alle vereint, hat nicht allen zu gleicher Zeit gehört. Gerda wird eine Buddenbrook, als die geborene Tony Buddenbrook schon keine mehr ist; sie ist inzwischen Madame Grünlich und wird später Frau Permaneder. Zumindest was die Frauen angeht, ist der Familienname etwas Unstabiles; an ihnen zeigt sich, wie die Familie sich gleichermaßen durch Selbsterhalt und Aufgabe der Identität konstituiert. Die Frauen, die am ehesten von diesem Identitätsverlust betroffen sind, sind gleichzeitig Bewahrer und Hüter der Familientradition: „Wer den alten Familienzwist in Form einer allgemeinen und unbestimmten Animosität hegte und bewahrte, das waren vielmehr seine Damen“ (275). Die Frau verliert ihren Namen, um die Einheit der Familie gewährleisten zu können. Aber ihre eigene Familienlinie geht nicht verloren; sie mag ihren Namen aufgegeben haben, doch der Roman erinnert uns beständig daran, daß z.B. die Konsulin Buddenbrook eine Kröger ist. Und Tony bleibt trotz ihrer verschiedenen Nachnamen eine Buddenbrook, nicht allein durch ihren Stolz auf die Familie und dem Bemühen, an dem Ansehen der Familie mitzuarbeiten, sondern auch, weil ihre Ehen, und damit die Bemühungen, neue Familien zu gründen, sich in andere Genealogien einzuschreiben, scheitern. Und dies gilt nicht allein für sie, sondern auch für Clara, die Kusinen und Klothilde. Legt der Roman einerseits die mythische Familienstruktur offen, so verstärkt er sie gleichzeitig in dem Abschneiden jeder Möglichkeit, eine Familie außerhalb der Buddenbrooks zu etablieren.

Familienkonflikte

Die Familie stellt sich als geschlossenes Gebilde dar, das sich nach außen hin schützen muß: „Sein Bruder, der Konsul, aber wußte es; er wußte, daß Christian den Widersachern der Familie einen Angriffspunkt bot, und…es waren der Angriffspunkte bereits zu viele.“ (314) Die Familie muß versuchen, solche Angriffspunkte zu vermeiden oder so weit wie möglich zu überdecken. Gleichzeitig aber dient die Angst vor den „Widersachern“ auch dazu, die Familie zu dem Zusammenhalten anzuhalten, auf das sie angewiesen ist, das aber, wie der Roman zeigt, immer schon von innen bedroht ist. Daß der Verfall der Familie die Regel und nicht die Ausnahme ist, liegt nicht zuletzt daran, daß gerade in der Familie, aufgrund der Nähe der Familienmitglieder zueinander, die Konflikte besonders erbittert sind und immer drohen, die Familie auseinanderzureißen.[31] Am Anfang, in der Goldenen Zeit, herrschen noch Wohlstand und Frieden in der Familie. Dieser Friede allerdings hat seinen Preis und wurde durch den Ausschluß Gottholds erkauft. Gotthold kann zwar noch Unfrieden stiften, und so wird dem Leser bereits in den Anfangskapiteln ein Familienkonflikt vorgeführt, aber alles in allem ist es ein harmonisches Familienleben. Im Laufe der Zeit dann rücken die Konflikte näher und näher an die Familie heran: Gotthold ist zwar Sohn, aber nur Stiefbruder und nicht Erbe der Firma. Mit Grünlich dann heiratet ein Betrüger in die Familie ein, und es kommt zu einer Auseinandersetzung zwischen Vater und Schwiegersohn, die sich allerdings in Hamburg abspielt und damit immerhin nicht im Haus der Familie. Auch in der unmittelbaren Nachbarschaft, bei den Verwandten Krögers spielen sich unschöne Szenen zwischen dem Vater und seinem verschwenderischen Sohn ab, und auch zwischen Vater und Mutter, die nachgiebig dem Sohn immer wieder Geld zusteckt. Immer mehr aber rückt Feindseligkeit ins Innere der Familie vor, und während Gotthold sich mit dem Stiefbruder versöhnt und Hustenbonbons lutscht, verschärft sich die gespannte Beziehung zwischen Thomas und Christian zunehmend. Die Anzahl der Konflikte, die die Familie betreffen, nimmt zu. Ein Prozeß folgt dem anderen: drei Scheidungsprozesse, die allesamt Tony zu führen scheint, auch wenn es sich im letzten Fall um den Scheidungsprozeß ihrer Tochter Erika handelt, und Weinschenks Betrugsprozeß.

Und immer mehr kommt es zu heftigen Auseinandersetzungen innerhalb der Buddenbrookfamilie, die sich im Haus der Familie selbst abspielen: Thomas greift seine Mutter an, nachdem sie Claras Todeswunsch erfüllt und Tiburtius Claras Erbteil hinterlassen hat. Zuletzt gerät selbst die Ehe des Senators in Verruf; Gerdas angebliches Verhältnis ist Stadtgespräch, und Thomas Buddenbrook selbst gelingt es nur schwer, „alle Welt über seinen Gram, seinen Haß, seine Ohnmacht in Unwissenheit zu erhalten." (645) Sehen wir am Anfang den alten Buddenbrook behag-

[31] Familienfeindlichkeit ist, wie Lehnert zu Recht bemerkt, ein häufiges Motiv in der Literatur der Jahrhundertwende. Lehnert sieht darin allein den Ausdruck des „entfremdenden ästhetisch-artistischen Abstand[s] von der Welt, wie er sich in Anti-Bürgerlichkeit und Familienfeindschaft äußert." Herbert Lehnert: Familienfeindlichkeit. Über ein literarisches Motiv der Wende zum zwanzigsten Jahrhundert. In: Thomas Mann Jahrbuch 9 (1996). S. 55-72, hier S. 71f.

lich im Kreise seiner Familie, so ist am Ende Thomas von seinem Sohn enttäuscht, mit seinem Bruder entzweit und seiner Frau entfremdet – die restlichen Familienmitglieder sind verstorben, außer Tony, die seine einzige Vertraute bleibt – so weit er sich überhaupt jemandem anvertraut.

Bei Ovid folgt auf das Goldene Zeitalter das Silberne, das Bronzene und schließlich das Eiserne: „Von Eisen hart ist das letzte. [...] Der Freund ist vorm Freund nicht sicher, Nicht vor dem Eidam der Schwäher, auch Bruderliebe ist selten."[32]

Brüder

„Es gibt viele häßliche Dinge auf Erden, dachte die Konsulin Buddenbrook, geborene Kröger. Auch Brüder können sich hassen oder verachten; das kommt vor, so schauerlich es klingt. Aber man spricht nicht davon. Man vertuscht es. Man braucht nichts davon zu wissen." (274)

Girard weist darauf hin, daß in vielen Mythen Brüderkonflikte eine Rolle spielen. Wenn das Mythische vor allem auch die Abwesenheit von Unterschieden bedeutet, so sind Familien- und insbesondere Geschwisterbeziehungen der Ort des Mythischen schlechthin. 1920 schreibt Thomas Mann: „In Feldafing hatte ich Stunden, wo ich die beiden Romane als spielerisch empfand im Vergleich mit dem wahren, dem Lebensstoff der großen Geschichte von Heinrich, mir, Lula und Carla."[33] Die große Geschichte ist die Geschichte der vier Geschwister – Victor, der jüngste, fehlt in der Aufzählung; er war ein Nachkömmling, zu jung, um als Mit- und Gegenspieler der vier anderen ernst genommen zu werden. Möglicherweise wollte Mann aber auch die Symmetrie der Aufzählung nicht stören: Lula und Carla, Heinrich und er selbst, zwei Paare nach Geschlecht geordnet. Lula und Carla begehen beide Selbstmord, und so blieben als Helden der großen Geschichte nur Thomas und Heinrich übrig. Die Schwestern tragen durch ihren frühzeitigen und gewaltsamen Tod zur Größe der Geschichte, zu ihrer Tragik bei. Thomas und Heinrich aber liefern einen nicht minder dramatischen Stoff: den Bruderkonflikt.

Der Bruder bedeutet wie kein anderer die Bedrohung der eigenen Existenz. „Du kannst das Recht und das Ethos meines Lebens nicht sehen, denn Du bist mein Bruder", schreibt Thomas an Heinrich.[34] Das

---

[32] Ovid: Metamorphosen, I, 127ff.

[33] Thomas Mann: Tagebücher 1918-1920. S. 412. (3.4.1920)

[34] Thomas Mann: Briefe. Bd. I. S. 155. (3.1.1919) Zur Bruderproblematik vgl. auch Banuls: Thomas Mann.

geschichtliche Zu-Spät-Kommen, von dem Thomas Mann immer wieder schreibt, am Ende der Kulturgeschichte geboren zu sein, nur noch nachspielen zu können, was schon vollbracht worden – es mag noch ein anderes Zu-Spät-Kommen hier mitgemeint sein: als zweiter zu spät geboren worden zu sein, für den Rest des Lebens zum Nachahmer des Älteren bestimmt, der noch dazu als erster Schriftsteller wird. Thomas kämpft sein Leben lang gegen die Übermacht des älteren Bruders an, und in einem erbitterten Brief schreibt Thomas diesem großen Bruder: „Laß die Tragödie unserer Brüderlichkeit sich vollenden."[35]

Die *Buddenbrooks* lassen sich unter anderem auch als die Geschichte zweier Brüder lesen. Brüder kommen sonst in den Texten Manns kaum vor. Fast immer ist die Hauptfigur ein männliches Einzelkind, höchstens mit weiblichen Geschwistern, die aber im Hintergrund verbleiben und nur dazu dienen, die Hauptfigur noch weiter in den Vordergrund zu stellen, wie den kleinen Herrn Friedemann oder Tadzio. Die gewichtigste Ausnahme bildet der *Joseph*roman, der die Brüder sogar im Titel hat, allerdings nachgestellt „Joseph und seine Brüder". Die Brüder im *Joseph* aber sind feindliche Kräfte; die Brüder sind es, die Joseph in den Brunnen werfen, und im Roman spielt vor allem die Sonderstellung Josephs, sein Auserwähltsein und damit sein Anderssein eine Rolle. Adrian Leverkühn scheint dagegen wieder ganz in das gewohnte Schema zu passen (das übrigens in den *Buddenbrooks* immerhin von Hanno erfüllt wird): eine männliche Projektionsfigur des Autors, mit vielen autobiographischen Zügen ausgestattet, ist der Held des Romans, und die Geschwister, die er hat, verbleiben im Hintergrund.

Bereits der erste Konflikt zeigt einen Bruderkonflikt, allerdings etwas abgemildert. Gotthold ist nur der Stiefbruder Johanns, und dann handelt es sich in erster Linie um einen Konflikt zwischen Gotthold und seinem Vater. Dennoch aber zeigt der Roman diesen Konflikt zunächst als Konflikt zwischen Brüdern: Johann hält einen Brief des Stiefbruders an den Vater in den Händen und zögert damit, ihn auszuhändigen. Er fragt die Mutter um Rat, Stiefmutter und Stiefbruder besprechen den abwesenden Gotthold, und Johann erbost sich: „Es ist seine Schuld, dies traurige Verhältnis." (21) Im Gespräch mit dem Vater wird er später die Interessen der Firma gegen die des Stiefbruders vertreten.

Die weitaus wichtigere Bruderbeziehung im Roman aber ist die zwischen Thomas und Christian. Was sich zwischen ihnen abspielt, kann auch als Verfall der Unterschiede beschrieben werden. Scheinen beide

[35] Ebd.

einander zunächst nicht sehr ähnlich, so zeichnet sich zunehmend ab, welche große Anstrengung es für Thomas bedeutet, sein Anderssein zu behaupten. Alles, was ihn antreibt, scheint auf einmal nicht mehr Ehrgeiz und Familienstolz zu sein, sondern die Angst, so zu werden wie der Bruder. (In seinen vorbereitenden Notizen zum Roman hält Thomas Mann fest: „Thomas = griechisch Didymos“[36]; Didymos aber bedeutet ‚Zwilling‘.) Zu große Ähnlichkeit und fehlende Distanz – was den Zusammenhalt einer Familie stärken kann, kann ihn auch untergraben. Die Nähe und die gegenseitige Abhängigkeit schaffen ihre eigenen subtilen Grausamkeiten: „Die gehässige Verachtung, die Thomas auf seinem Bruder ruhen ließ und die dieser mit einer nachdenklichen Indifferenz ertrug, äußerte sich in all den feinen Kleinlichkeiten, wie sie nur zwischen Familienmitgliedern, die aufeinander angewiesen sind, zutage treten.“ (315) Besonders haßt es Thomas, wenn Christian irgend etwas mit ihm teilt; so lange Christian sich darauf beschränkt, das, was ihn von Thomas unterscheidet, darzustellen, ist der ältere Bruder zufrieden: „Er verachtete seinen Bruder so sehr, daß er ihm nicht gestattete, dort zu lieben, wo er selbst liebte. Er hätte es viel lieber gehört, wenn Christian im Dialekte Marcellus Stengels davon gesprochen hätte.“ (315) Thomas verachtet Christian so sehr, daß er ihm in der Regel mit schweigender Kälte begegnet, als sei Christian nicht einmal eines Vorwurfs oder einer Auseinandersetzung würdig. Zweimal aber kommt es zu heftigem Streit.

Christian hat im Club eine Bemerkung fallen lassen: Alle Kaufleute seien Schwindler. Bebend vor Zorn wartet Thomas im Kontor auf den Bruder und bittet ihn dann zum Gespräch in den Garten. Der Roman hat bislang immer vor allem die Unterschiede zwischen den Brüdern hervorgehoben, äußerlich und charakterlich. Auch in dieser Szene werden wir wieder daran erinnert: Thomas mit seinen hellen Augenbrauen und den schroffen Bewegungen, der gewissenhaft seinen Pflichten nachgeht, die Zeit außerhalb des Kontors im Lesezirkel und bei der Familie verbringt, bei dessen Erscheinen im Kontor sich die Leute tiefer über die Pulte beugen – und dagegen Christian mit dem hängenden, rötlichen Schnurrbart, der großen, gebogenen, knochigen Nase und den hohlen Wangen, der viel zu spät aus dem Club ins Kontor kommt, seinen Stock mit dem Nonnenkopf schwenkend und einen Song vor sich hin summend. Aber einige Kleinigkeiten in dieser Szene verwischen bereits diese starke Gegensätzlichkeit. So sehen wir zunächst Thomas, der unruhig auf den Bruder wartet. Als Zeichen seiner Ungeduld wandert das Mund-

[36] Thomas Mann: Notizbücher 1-6. S. 131.

stück einer russischen Zigarette von einem Mundwinkel zum anderen. Als nächstes sehen wir Christian die Straße heraufschlendern, als Zeichen seiner Lässigkeit den exotischen Stock schwenkend. Zigarette wie Stock sind ausländisch, von beiden wird die Farbe erwähnt: gelb. Dann gehen die Brüder in den Garten hinaus: „Sie gingen ziemlich rasch über die Diele. Thomas hatte die Hände auf den Rücken gelegt, und unwillkürlich tat Christian dasselbe" (317). So gehen sie, sich gleich und ungleich zugleich, in den Garten hinaus. Und dann kann Thomas nicht mehr an sich halten. Erregt wirft er Christian vor, sich in allem, was er tue, lächerlich zu machen: „‚und womit machst du dich *nicht* lächerlich?' rief er" (319), und während Christian ruhig bleibt, nachdenklich und ein wenig betrübt über sich selbst nachsinnend, steigert Thomas sich in immer heftigere Wut: „‚Gehe hin und verjökele dein Leben, wie du es bisher getan! Aber du kompromittierst uns, uns alle, wo du gehst und stehst! Du bist ein Auswuchs, eine ungesunde Stelle am Körper unserer Familie! Du bist vom Übel hier in dieser Stadt, und wenn dies Haus mein eigen wäre, so würde ich dich hinausweisen, da hinaus, zur Türe hinaus!' schrie er, indem er eine wilde und weite Bewegung über den Garten, den Hof, die große Diele hin vollführte... Er hielt nicht mehr an sich. Eine lange aufgespeicherte Menge von Wut entlud sich..." (321) Mit vor Entrüstung weit geöffneten Augen steht Christian vor Thomas, in etwas geknickter, fragezeichenartiger Haltung, erstaunt wohl, wie er so viel Haß und Verachtung hatte auf sich ziehen können. „‚Wie sprichst du zu mir!' sagte er. ‚Was habe ich dir getan!'" „*Pfui*!" fügt er noch hinzu. (322)

Kurz darauf endet das Gespräch im Garten, versöhnlich, denn Thomas ist zufrieden, seinen Bruder wenigstens in Zorn gebracht zu haben. Bevor sie sich trennen, sagt Thomas noch: „Solche Szenen innerhalb der Familie sind etwas Fürchterliches, aber aussprechen mußten wir uns einmal..." (322)

Der zweite Streit zwischen den Brüdern ereignet sich nach dem Tod ihrer Mutter, der Konsulin. Spielte sich der erste Streit noch im Garten ab, findet dieser direkt im Elternhaus statt, und wie Tony immer wieder händeringend betont, mit der toten Mutter im Nebenzimmer: „Und Mutter liegt nebenan!" (576) Der Auslöser des Streits ist Christians Heiratswunsch. Das Erbe der Mutter wird verteilt, und als Thomas und Tony sich wundern, warum Christian auf seinen Teil an Möbel und Geschirr besteht („Und ich! Und ich!"), erklärt er, da er nun auf seine Mutter keine Rücksicht mehr zu nehmen brauche, Aline Puvogel heiraten zu wollen. Der Gedanke an eine solche Mesalliance versetzt Thomas in äußerste Wut. Christian versucht, sich zu wehren, die Übermacht des älteren Bruders abzuschütteln. Schon als dieser einen mißbilligenden Blick auf die weißen Knöpfe an Christians Hemd geworfen hatte, reagierte der Jüngere mit den Worten: „Übrigens bin ich ein erwachsener Mensch [...] ich bin dreiundvierzig Jahre alt, ich bin mein eigener Herr und darf jedem verwehren, sich in meine Angelegenheiten zu mischen." (573) Und dies ernüchternde Bekenntnis, die Enthüllung der Familie als das, was einzelne Mitglieder nie erwachsen werden läßt, wiederholt sich, als es um Christians Heiratswunsch geht: „Ich muß wissen, was ich zu tun habe. Ich bin ein erwachsener Mensch" (575). Thomas aber ist nicht bereit, dem Jüngeren eben dies zuzugestehen: „Ach, das mit dem ‚erwachsenen Menschen' ist etwas sehr Äußerliches bei dir! Du weißt durchaus nicht, was du zu tun hast..." (576) Und wie sich im Verlauf des Streits herausstellt, hat Thomas tatsächlich dafür gesorgt, daß Christian weiter wie ein Unmündiger behandelt wird. Auf den trotzigen Einwurf Christians, „Ich bin frei, ich bin mein eigener Herr", entgegnet Thomas: „Ein Narr bist du! [...] Ich werde den Rest deines Vermögens verwalten, und du wirst nie mehr als ein Monatsgeld in die Hände bekommen, das schwöre ich dir..." (577) Mit allen Mitteln versucht Thomas, die Ungleichheit, das Ungleichgewicht der Beziehung zu wahren, Christian mit der Autorität eines Vaters entgegenzutreten. Aber die beiden sind Brüder, und so kommt es zu einem heftigen, haßerfüllten Ausbruch, Worten der Wahrheit, wie sie der Respekt gegenüber Älteren, den Eltern, in der Regel verbietet, zwischen Geschwistern aber ungehemmter hervortreten können: „Die Brüder starrten einander jetzt über den Tisch hinweg ins Gesicht, Thomas blaß und zitternd vor Zorn, Christian indem er seine kleinen, runden, tiefliegenden Augen, deren Lider sich plötzlich entzündet hatten, gewaltsam aufriß" (576). Und dann entlädt sich die ganze aufgestaute Wut Christians. Er wirft Thomas Kälte und Egoismus vor, sagt Dinge, „wie er sie noch niemals hatte laut werden lassen" (577), und Thomas, bleich und mit gesenkten Lidern, sackt in sich zusammen. Jetzt brechen auch die von beiden wohl bewahrten Grenzziehungen zusammen. Beide streiten sich, wer der Kränkere von ihnen sei, und wie so oft ist es Tony, die das Absurde und Lächerliche dieses Streits auf den Punkt bringt: „Mein Gott, worüber streitet ihr euch eigentlich? Ihr tut, als sei es eine Ehre, der Kränkere zu sein!" (578) Und schließlich folgt das Bekenntnis des älteren Bruders: „,Ich bin geworden, wie ich bin‘, sagte er endlich, und seine Stimme klang bewegt, ‚weil ich nicht werden wollte wie du.‘“ (580)[37]

Mehr und mehr aber werden sich die Brüder ähnlich. Die fatale Entscheidung, die Pöppenrader Ernte auf den Halm zu kaufen, wird ausgelöst durch Thomas’ Angst, bereits wie Christian geworden zu sein: „Es muß ein Ende gemacht werden! Ich verbummele, ich versumpfe, ich werde alberner als Christian!“ (473) Noch einmal versucht er mit Gewalt, sich der drohenden Angleichung zu entreißen: „Oh, es war unendlich dankenswert, daß er sich nicht in Unwissenheit darüber befand, wie es mit ihm stand! Nun war es in seine Hand gegeben, sich zu korrigieren! Mit Gewalt!“ (473) Aber es wird immer schwieriger für Thomas, sich zur Selbstbeherrschung anzuhalten. Er schläft morgens länger, und sein Sauberkeits- und Frischebedürfnis wird zum Wahn. Mehrmals täglich muß er die Wäsche wechseln, und er verwendet Stunden auf die Wiederherstellung seines Äußeren. Und er muß anhören, daß es seinem Bruder manchmal ganz ähnlich geht: „‚Du gehst umher und fühlst dich übel‘, sagte er [Christian] und wandte sich mit krauser Nase an seinen Bruder.

---

[37] In der Forschung wird diese Stelle oft kommentiert, aber hauptsächlich als Ausdruck der Dekadenzproblematik gesehen und nicht als Problem von Ähnlichkeit schlechthin. Vgl. Wysling: „Während Christian der Décadence erliegt, kämpft Thomas bis zum Letzten gegen sie an. […] Sein Leben ist vom Anfang bis zum Schluß ein Kampf gegen die Versuchungen der Décadence, gegen das Schlappmachen und die Durchgängerei. Daß er im Grunde so ist wie sein Bruder, schärft seine Sicht und verschärft seinen Kampf. Der Kampf gegen den Bruder ist ein Kampf gegen sich selbst.“ Hans Wysling: Buddenbrooks. In: Koopmann (Hg.): Thomas-Mann-Handbuch. S. 363-384, hier S. 369f. Zum Problem des Bruderhasses vgl. auch Zeller: Väter und Söhne. Zeller will aber vor allem aufzeigen, wie sich an Thomas’ Verhalten gegenüber Christian „seine Unfähigkeit, Formen mitmenschlichen Zusammenlebens zu entwickeln“ aufzeigt. Ebd. S. 134. Dennoch finden sich bei Zeller interessante Beobachtungen, die zeigen, wie nahe dieser Konflikt an die mythologischen Brüderkämpfe heranreicht: „Wie so oft bei Thomas Mann wendet sich die Radikalität des Autors […] auch in der Auseinandersetzung zwischen Thomas und Christian […] nach ‚innen‘ und begnügt sich mit einer Andeutung der ‚äußeren‘ Lösung, die kaum mehr als eines lakonischen Satzes bedarf […]: ‚Er war nicht gern dort (in der ‚Anstalt‘). … Aber man hielt ihn fest, und das war wohl das Beste für ihn‘“. Ebd. S. 137. Der Haß, der aus der „verzerrte[n] Spiegelbildlichkeit“ resultiert, könne nur auf die „Vernichtung des Bruders“ zielen, um so die „verhängnisvolle Abhängigkeit gewaltsam zu beenden“. Ebd. S. 142f.

‚Kopfschmerzen und unordentliche Eingeweide…nun ja, das gibt es auch bei anderen Gelegenheiten. Aber du fühlst dich *schmutzig*‘ – und Christian rieb mit gänzlich verzerrtem Gesicht seine Hände –, du fühlst dich schmutzig und ungewaschen am ganzen Körper. Du wäscht deine Hände, aber es nützt nichts, sie fühlen sich feucht und unsauber an, und deine Nägel haben etwas Fettiges…Du badest dich, aber es hilft nichts, dein ganzer Körper scheint dir klebrig und unrein. Dein ganzer Köper ärgert dich, reizt dich, du bist dir selbst zum Ekel…Kennst du es, Thomas, kennst du es?“ (545)

Am Ende ist Thomas doch so geworden wie Christian. Die Reise nach Travemünde, die Thomas zur Besserung seines Gesundheitszustandes unternimmt, zeigt, wie sehr sich Thomas seinem Bruder angenähert hat, auch wenn er sonst nach außen noch auf die Wahrung der Unterschiede besteht. Thomas wird von Doktor Langhals an die See geschickt, und Christian begleitet ihn. „‚Ich gehe mit, Thomas‘, sagte er einfach. ‚Du hast wohl nichts dagegen.‘ Und obgleich der Senator eigentlich eine Menge dagegen hatte, sagte er abermals ja und amen.“ (662) So fahren sie zusammen. „Die beiden Brüder fuhren an die See“ (664), eine melancholische Szene. Es regnet in Strömen, und die Brüder sitzen schweigend im Wagen. Als sie ankommen, ist es totenstill, nur der Makler Gosch empfängt sie. Thomas spricht von seinem schlechten Gesundheitszustand, und Christian, „voll Neid und Erbitterung, daß Thomas nur von sich sprach“ (666), fügt sogleich hinzu, daß es ihm auch sehr schlecht gehe.

Der Regen verwischt alle Konturen: „Alles war in Grau gehüllt. Die Dampfer zogen wie Schatten und Geisterschiffe vorüber und verschwanden am verwischten Horizont.“ (666) Geisterhaft ist die Atmosphäre in Travemünde, Thomas nur noch ein Schatten seiner selbst, Christian hat Visionen von nickenden Männern, und fast alle Gegensätze zwischen den Brüdern sind verblaßt, die Unterschiede verwischt. Thomas befindet sich in der Gesellschaft seines Bruders und dessen Freunde, alles Männer, die Zeit haben, in Travemünde zu sitzen, weil sie weder Familien- noch Geschäftspflichten haben oder ernst nehmen. Thomas sitzt mitten unter ihnen, dem Senator Gieseke, Peter Döhlmann, dem Makler Gosch, und er scheint im Kreis der Gleichen angekommen, als auch er endlich seinem Angewidertsein von den Geschäften Ausdruck geben kann: „‚Ach, dabei ist nicht viel Freude‘, sagte Thomas Buddenbrook mit schwerer Brust und legte angewidert den Kopf über die Stuhllehne zurück.“ Thomas ist nur die erste Stimme im Chor der Klagen alternder Männer: „Wovon soll der Schornstein rauchen", schließt sich Döhlmann an, worauf der Makler Gosch bemerkt: „Und alles Wichtige haben ja doch ‚Strunck & Hagenström'. Als letzter spricht Christian. Auf die Frage Döhlmanns: „Na, und Sie, Buddenbrook, tun Sie noch was?", antwortet er: „Nein", „ich kann es nun nicht mehr." Dann folgen noch Krankheitsbeschreibungen und anzügliche Witze. (668)

Am Ende besucht Tony ihren Bruder Thomas. Der Senator redet von dem lähmenden Fatalismus des Meeres, von der Einfachheit der äußeren Dinge, an der man ruhen kann, „müde wie man ist von der Wirrnis der inneren." (672) Er spricht sich seiner Schwester gegenüber aus, er, der es immer ungehörig fand, wenn Christian zu viel von sich erzählte, und sich oft genug über die theatralischen Gesten und Äußerungen seiner Schwester mokierte. Nun aber redet auch Thomas von sich, und es ist Tony, die denkt: „Dergleichen sagt man doch nicht!" (672) Und sie schämt sich für ihren Bruder.

3. Innen und Außen

Lübeck

Es gibt eine sofort auffallende und immer wieder kommentierte Abwesenheit im Roman: Die Stadt, die nach allen so sorgfältig beschriebenen Einzelheiten unzweifelhaft Lübeck sein muß, wird kein einziges Mal beim Namen genannt. Obwohl die Stadt so genau beschrieben wird, daß es eigentlich keine andere Stadt sein kann, wird die Nennung des Namens dem Leser verweigert. Alle anderen Städte, die im Roman vorkommen, werden dagegen mit Namen genannt, und es handelt sich um real existierende, allgemein bekannte Städte: Hamburg, München, Travemünde, Amsterdam usw.

Die Stadt umschließt die Familie, in der Stadt aber gibt es noch einen weiteren entscheidenden Ort: das Haus in der Mengstraße. Und in dem Haus liegt das Buch, in dem alles aufgeschrieben wird: die Familienbibel. Dort wird alles festgehalten, was sich in der Familiengeschichte ereignet, sie ist die Familienchronik und damit das Doppel zum Roman. Die Einträge in der Chronik nennen ebensowenig wie der Roman die Stadt Lübeck. Der erste im Roman wiedergegebene Eintrag beginnt folgendermaßen: „Heute, den 14. April 1838, morgens um 6 Uhr, ward meine liebe Frau Elisabeth, geb. Kröger, mit Gottes gnädiger Hilfe aufs glücklichste von einem Töchterchen entbunden“ (53). Während Datum und Uhrzeit genau vermerkt werden, bleibt der Ort ungenannt. Er wird nicht genannt, weil keine Notwendigkeit besteht, ihn zu nennen: er ist das, was sich nicht verändert. Die Omnipräsenz des Namens Buddenbrook und die Absenz des Ortsnamens Lübeck hängen zusammen. Das, was immer genannt und thematisiert wird, der Familienname, drückt das Kostbare, aber in seiner Kostbarkeit auch Angreifbare aus; der Name kann beschmutzt werden oder zuletzt sogar aussterben. In dem Nichtgenannten des Ortes aber drückt sich das Selbstverständliche aus, die Sorglosigkeit: die Familie befindet sich selbstverständlich in Lübeck, das muß nicht noch extra gesagt werden, und mag die Familie auch noch so verfallen, sie verläßt die Stadt nicht. In diesem Selbstverständlichen bewahrt sich die Familie ihr Selbstbild als unzerstörbare Einheit.

Während der Name der Familie Buddenbrook eine so große Rolle spielt, wird der Name der Stadt nicht genannt, obwohl beide eine ähnliche Funktion haben und eng miteinander verknüpft sind. Die Stadt ließe sich ohne die Buddenbrooks nicht vorstellen, ihr Geschick wird durch die Familie in einem hohen Grade bestimmt, ihr Gesicht und ihr Charakter durch sie geprägt. Auf der anderen Seite sind die Buddenbrooks ein Produkt dieser Stadt, ohne sie nicht denkbar. Stadt und Familie sind sich ähnlich; sie beherrschen die Menschen, die mit ihnen verbunden sind, in einer alles andere ausschließenden Weise. Obwohl ihre Begrenztheit immer wieder betont wird, gibt es doch kein Draußen.

Zu Beginn des Romans erfahren wir, daß der alte Buddenbrook nicht gut auf Ida Jungmann zu sprechen ist. Zur Erklärung heißt es: „Er war kein beschränkter Kopf. Er hatte ein Stück von der Welt gesehen, war Anno 13 vierspännig nach Süddeutschland gefahren, um als Heereslieferant für Preußen Getreide aufzukaufen, war in Amsterdam und in Paris gewesen und hielt, ein aufgeklärter Mann, bei Gott nicht alles für verurteilenswürdig, was außerhalb der Tore seiner giebeligen Vaterstadt lag. Abgesehen vom geschäftlichen Verkehr aber, in gesellschaftlicher Beziehung, war er mehr als sein Sohn, der Konsul, geneigt, strenge Grenzen zu ziehen und Fremden ablehnend zu begegnen.“ (14) Da wir bereits durch den Titel wissen, daß es mit der Familie bergab gehen wird, legt sich hier dem Leser bereits der mögliche Zusammenhang zwischen Verfall und Verlust an Grenzen dar. Das Burgtor erscheint schon hier als eine wichtige Grenzmarkierung. Immer wieder wird es im Verlauf des Romans eine Rolle spielen. So liegt das Krögersche Haus bezeichnenderweise vor dem Tor: der Verfall dieser Familie nimmt den Verfall der ihnen verwandten Buddenbrooks vorweg. Der Verfall der Familie beginnt zunächst vor den Stadttoren, in der Prachtvilla der Krögers und schleicht sich schließlich in das Zentrum der Stadt, das von den Buddenbrooks repräsentiert wird, ein.

Das Stadttor mag offen, die Grenze durchlässig für Fremdes sein – wobei, was von außen eindringt, sich im Roman fast immer zerstörerisch auswirkt. Aber es ist ein Tor, das nur hinein- und nicht hinausläßt: aus der ungenannten Stadt gibt es kein Entkommen.

Tony kehrt dreimal zurück, nach einer gescheiterten Liebesaffäre, nach zwei gescheiterten Ehen. Das erste Mal wird sie von ihrem Bruder abgeholt. Sie schluchzt in ihrer Trauer um Morten, und als ihr Bruder ihr tröstend zuspricht, ruft sie abwehrend aus: „Aber ich will ja gerade nicht vergessen! [...] Vergessen...ist das denn ein Trost?!“ (157) Dann aber nähern sie sich der Stadt: „Der Wagen passierte das Burgtor, neben dem zu Rechten die Mauern des Gefängnisses aufragten, er rollte die Burgstraße entlang und über den Koberg...Tony betrachtete die grauen Giebelhäuser, die über die Straße gespannten Öllampen, das Heilige-Geist-Hospital mit den schon fast entblätterten Linden davor...Mein Gott, alles das war geblieben, wie es gewesen war! Es hatte hier gestanden, unabänderlich und ehrwürdig, während sie sich daran als an einen alten, vergessenswerten Traum erinnert hatte! Diese grauen Giebel waren das Alte, Gewohnte und Überlieferte, das sie wieder aufgenommen und in dem sie nun wieder leben sollte.“ (157f.) Die Durchfahrt durch das Tor ist ein entscheidender Moment. Als wäre das Tor magisch, wechselt das Vergessen während der Durchfahrt die Seiten: Morten wird, trotz einiger weniger Sätze, die in Tonys Repertoire eingehen, vergessen sein. Er, der schon vorher auf den Steinen saß und den Tod im Namen trägt, verschwindet und wird für den Leser unsichtbar, anders als Thomas' Geliebte, auf deren schwellendem Bauch der Blick noch öfters ruhen darf. Was Tony als „vergessenswerter Traum“ erschienen war aber, ihre Familie und ihre Heimatstadt mit allen beiden anhängenden Werten und Überzeugungen, steht schlagartig wieder vor ihren Augen und macht sein Recht geltend. Das „Alte, Gewohnte und Überlieferte“ – das Gegenteil des Unheimlichen also, und das, was Sicherheit verspricht. Doch nicht umsonst fällt der Blick bei der Einfahrt nicht allein auf das Burgtor, sondern auch auf das Gefängnis daneben. Der namenlosen Stadt und dem Namen der Familie entkommt man nicht, aber das Gefängnis dehnt sich mit der Entscheidung Tonys, in die Familie zurückkehren, und zwar so voll und ganz zurückzukehren, daß sie Morten durch Grünlich zu ersetzen bereit ist, auch über die Stadt hinaus aus. Ihre unglückliche Ehe ist solch ein Gefängnis: Sie sitzt abgeschnitten auf dem Land, ohne eigenen Wagen und mit einem Mann, der mit allen Mitteln versucht zu verhindern, daß sie in Gesellschaft kommt. Das eine Gefängnis, an dem Tony vorbeifährt, als sie ihre folgenschwere Entscheidung trifft, nimmt eine ganze Reihe von Gefängnissen vorweg. Elmsbüttel, das Elternhaus, in das Tony zurückkehrt und in dem sie sich dann sehnt, „noch einmal ins Leben hinauszukommen“ (301), München, die fremde Stadt, in der sich Tony unwohl fühlt, Christians Anstalt und schließlich das tatsächliche Gefängnis, das Gefängnis am Burgtor, in dem Weinschenk eingesperrt wird.

Zweimal wird Tony von einem männlichen Familienmitglied heimgeholt, das erste Mal vom Bruder, das zweite Mal vom Vater. Das dritte Mal kehrt sie allein ins Elternhaus zurück. Der einzige Versuch, ohne einen Mann der Stadt zu entkommen und als Gouvernante in England zu arbeiten, scheitert. Dreimal sehen wir Tony die Stadt verlassen, jedesmal führt es sie weiter fort: Zunächst nach Travemünde, dann nach Hamburg, schließlich nach Bayern. Doch jedesmal kommt sie wieder zurück, und am Ende des Romans sehen wir sie in Lübeck, im Kreise der Familie.

Clara kommt durch ihre Heirat in das entfernte Riga, doch sie stirbt dort bald darauf. Christian kommt am weitesten, bis nach Lateinamerika, doch ein Brief seiner Mutter holt ihn zurück. Als er seinen Willen gegen die Familie durchsetzt, nach Hamburg zieht und Aline heiratet, scheitert er wie Gotthold, schlimmer noch, er landet in einer Anstalt.

Was von außen kommt: Essen und Briefe

Es ist oft bemerkt worden, wie außerordentlich viel und häufig in den *Buddenbrooks* gegessen wird.[38] Beim Essen versammelt sich die Familie, dort werden wichtige Dinge besprochen oder öfter noch beschwiegen: immer wieder sehen die Familienmitglieder betreten und stumm in

[38] Vgl. Köhler: „Die Buddenbrooks essen. Und das unaufhörlich. Nicht nur ihr individuelles, auch ihr gesellschaftliches Leben gruppiert sich fast ausschließlich in und um Essenssituationen. [...] Von den insgesamt 94 Kapiteln des Romans spielen 92 Kapitel entweder im Eßsaal oder Frühstückszimmer oder sie thematisieren Essen im eigentlichen oder übertragenen Sinne.“ Michael Köhler: Götterspeise. Mahlzeitenmotivik in der Prosa Thomas Manns und Genealogie des alimentären Opfers. Tübingen 1996. S. 58.

ihre Teller. Zur Familie gehören heißt, am gemeinsamen Tisch sitzen: „denn Weinschenk gehört einmal zur Familie und sitzt an unserem Tische.“ (527)

Die Familie als großer metaphorischer Körper besteht aus vielen einzelnen physischen Körpern, die aufgrund ihrer Körperlichkeit verwundbar sind. Die Familienmahlzeiten sind so bedeutend, weil in ihnen diese Verwundbarkeit einerseits sichtbar wird: wie die Familie auf die Inkorporierung äußerer Elemente angewiesen ist, muß der Einzelne Nahrung aufnehmen; das Essen, das notwendig ist, kann aber gleichzeitig früher oder später den Tod herbeiführen.[39] Christian glaubt bereits an einem Pfirsichkern zu ersticken; die schweren Mahlzeiten aber raffen tatsächlich so manchen guten Bürger vorzeitig dahin. Andererseits aber wird in der Gemeinsamkeit des Mahles und der Zelebrierung des Familienkörpers die Bedrohung aufgehoben. Beim gemeinsamen Essen versichert man sich gegenseitig des Lebendigseins des Einzelnen und des Bestehens der Familie. So wird Möllendorpfs Tod „am Donnerstage beim Buddenbrook'schen Familienmittagessen besprochen“ (408), und als Thomas stirbt und sein „agonierende[s] Gurgeln“ die Familie quält, ist es „eine Erlösung, als das Folgmädchen meldete, nebenan sei etwas Essen aufgetragen.“ (685) Kaum allerdings, daß man angefangen hat, „ein wenig Suppe zu genießen“, winkt Schwester Leandra die Angehörigen wieder ins Sterbezimmer: Thomas stirbt, seine Lippen sind das letzte, was sich noch bewegt.[40]

Wer zuviel gegessen hat allerdings, muß den Familientisch verlassen und sich, wie Christian, ins Nebenzimmer begeben und sich dort vor Schmerzen krümmen.[41] Zuviel des Guten genießt auch James Möllen-

---

[39] Köhler sieht in den häufig im Roman beschriebenen Rebellionen des Körpers gegen das Essen „die Unwägbarkeiten, Fährnisse und krankmachenden Effekte der machtvollen Natur“ ausgedrückt. Köhler: Götterspeise. S. 56. Vgl. auch Satz: „In Manns's grim depiction of the decay and destruction of a family, [...] the characters can find no healthy or satisfactory relationship to food – or to existence.“ Martha Satz: The Death of the Buddenbrooks: Four Rich Meals a Day. In: Disorderly Eaters. Texts in Self-Empowerment. Hg. v. Lilian R. Furst u. Peter W. Graham. University Park, PA 1992. S. 199-213, hier S. 199.

[40] Vgl. auch Köhler: „Auf die Furcht vor dem Tod reagieren die jüngeren Buddenbrooks mit der Feier des Lebens. Und das ist ihnen das Essen. Der Tod aber wird unbewußt am Ort der Lebensfeier, beim freudigen Essen, zitiert.“ Köhler: Götterspeise. S. 59.

[41] Vgl. Dedners gelungene Beschreibung dieser Szene: „Unmittelbar neben der festlich erhellten Tafel liegt ein dämmeriger Raum, der die ikonischen Merk-

dorpf, der brave Lübecker Bürger, der sich an süßen Torten buchstäblich zu Tode ißt. Diese Anekdote erinnert an eine Begebenheit aus Thomas Manns Kindheit, genauer gesagt, an eine väterliche Erziehungsmaßnahme des Senators Mann. Er nahm seine beiden Söhne mit in eine Konditorei und erlaubte ihnen, soviel zu essen, wie sie wollten.

So hat das Zuviel des Überessens seinen Bezug nicht allein in der Übelkeit des Essers, sondern verbindet sich immer auch mit den Augen und der Autorität anderer, die den Maßstab des Zuviel immer schon gesetzt haben und angesichts derer im Zuviel die Übelkeit sich mit der Scham verbindet. Es ist also entscheidend, nicht zuviel zu essen, um sich nicht schämen zu müssen, und das garantiert das gemeinsame Mahl. Wer so „geistig gebrochen“ ist wie James Möllendorpf, daß er seiner Leidenschaft für Kuchen und Torten haltlos ergeben ist, muß alleine essen: „Was aber hatte der Senator getan? Geistig gebrochen, wie er war, hatte er sich irgendwo in einer unstandesgemäßen Straße in der Kleinen Gröpelgrube, An der Mauer oder im Engelswisch ein Zimmer gemietet, eine Kammer, ein wahres Loch, wohin er sich heimlich geschlichen hatte, um Torte zu essen…“ (407)

Möllendorpfs Tortenexzeß führt zu einem „schauerlichen“ und „grotesken“ Tod; nicht immer aber muß es sich so dramatisch gestalten. Manchmal reicht auch schon ein bißchen Zuviel des Guten, um, wenn nicht gleich den Tod, so aber doch heftiges Unwohlsein auszulösen: „Es war Mandelcreme, ein Gemisch aus Eiern, geriebenen Mandeln und Rosenwasser, das ganz wundervoll schmeckte, das aber, nahm man ein Löffelchen zuviel, die furchtbarsten Magenbeschwerden verursachte.“ (540) Hanno nimmt etwas zuviel, und er fürchtet, sich nach dem Weihnachtsessen und dem Genuß der Mandelcreme übergeben zu müssen. Die Essensaufnahme ist prekär; der Körper wehrt sich. Was ist, wenn man auf einmal nicht mehr schlucken kann und einem der Bissen im Halse stekken bleibt, denkt Christian. (263) Hanno ißt Eisbaisers, was ihm allerdings „fast unerträglich weh an den Zähnen tat“ (544). Christian fragt: „Weiß jemand von euch […] wie es ist, wenn man zuviel Schwedischen Punsch getrunken hat?“ (544f.) Widerlich sei es, sonderbar und widerlich

---

male eines Opfertempels trägt, und während die anderen sich unbeschwert dem Genuß hingeben, erleidet einer von ihnen bereits die fatalen Konsequenzen, die dem Genuß als Kehrseite, wenn nicht sogar als seine Wahrheit angehören.“ Burghard Dedner: Kultur und Wahrheit. Zur thematischen Dialektik von Thomas Manns Frühwerk. In: Jahrbuch der deutschen Schillergesellschaft 27 (1983). S. 345-380, hier S. 346.

zur gleichen Zeit; man fühle sich „*schmutzig*“ (545). Und Tony, die kaltes Bier in ihren leeren Magen hinabgießt, muß „die fürchterlichsten Übelkeiten erdulden.“ Sie muß den Tisch verlassen, in den Garten oder Hof hinuntergehen: „Ihr Magen entledigte sich seines Inhaltes und fuhr dann fort, sich qualvoll zusammenzuziehen, um in diesem Krampfzustande minutenlang zu verharren; unfähig, noch etwas von sich zu geben, würgte und litt sie so lange Zeit...“ (550)

Es ist aber nicht nur wichtig, in Maßen zu essen, man muß auch wissen, was man da zu sich nimmt: „Da weiß man doch, was man verschluckt“ (123), sagt Morten, und Tony wiederholt es mehrmals im Laufe des Romans. So selbstverständlich ist das nicht: Während des Essens treten die Götter lächelnd aus der Tapete hervor und erinnern, verstärkt noch durch Hoffstedes Festtagsgedicht, an die griechische Mythologie. Die Götter speisen gerne und gut, doch das Unglück der Atriden begann damit, daß Tantalus ihnen seinen Neffen vorsetzte. Die Götter bemerken den Betrug, nicht so die Menschen, die ihre eigenen Kinder verzehren, ohne sich dessen bewußt zu sein, und so ihren Feinden die süßeste Rache bereiten.

Das Essen führt die Familie regelmäßig zusammen. Im Roman ist die Familie am häufigsten beim Essen und bei Todesfällen vereint. Indem sie ißt, wird der Familie das ihr eigene Angewiesensein auf Äußeres, Fremdes vorgeführt, das, wie das Essen, notwendig und bedrohlich zugleich ist. Das Furchtbarste ist das zu Ähnliche, wie das Verzehren des eigenen Fleisches.

Nicht allein das Essen aber zeigt die Verwundbarkeit der Familie. Man sitzt beim gemeinsamen Mahle, und auf einmal trifft ein Brief ein und stiftet Unfrieden. So vergeht Tony ganz der Appetit über ihrem Frühstücksei, als Grünlich brieflich seine Heiratsabsichten verkündet. Und auch das erste Mahl im Roman droht ein Brief zu verdunkeln.

4. Bewältigung

Die Löffel und die Revolution

Briefe können, wenn sie eintreffen, Unglück bedeuten. Alte Briefe aber, aufbewahrte, sorgfältig gehütete, werden zum Erinnerungsschatz, abgelegt in der Familienbibel, zusammen mit Festtagsgedichten und anderem. Zu feierlichen Anlässen werden sie herausgeholt und verlesen. Dem

Brief wird so das genommen, was ihn auszeichnet: daß er plötzlich, aus heiterem Himmel, unerwartet eintrifft, von noch nicht gewußten, nicht einmal erahnten Ereignissen kündet. Statt dessen wird der Brief zu etwas, was immer schon bereit liegt und dessen Inhalt man bald auswendig weiß. In dieser Umwandlung, in diesem Hüten des Briefes wird das stets Offene und Ungewisse der Zukunft abgemildert, denn es nimmt das Vergangensein jedes zukünftigen Ereignisses bereits vorweg: im Wiederlesen alter Briefe erinnert man sich, wie die einstige Neuigkeit längst Anekdote geworden ist.[42]

Aber es ist nicht allein das Zukünftige, was über den Menschen hereinbrechen kann. Tony wird zuletzt von Vergangenheit, Gegenwart und Zukunft überwältigt. Auch was schon längst geschehen ist, kann erneut seine verstörende Wirkung entfalten.

Die Familie Buddenbrook und ihre Gäste sitzen im hellerleuchteten Speisesaal und genießen die erlesenen Speisen. Die Stimmung ist festlich, schließlich soll das neue Haus, Symbol des geschäftlichen Erfolges der Buddenbrooks, eingeweiht werden. Kurz zuvor aber war die freudige Stimmung gestört worden, die Gäste zwar sind unwissend, der Leser aber weiß, daß zwei Mitglieder der Familie nicht ganz sorglos an der eleganten Tafel sitzen. Nun aber droht ein Konflikt zwischen Vater und Sohn vor den Augen aller Anwesenden auszubrechen. Anlaß ist das Geschick der Familie Ratenkamp. Es ist der Dichter, Hoffstede, der die so harmlos klingende Frage stellt: „Wann ist das Haus noch gebaut worden?“ (23) Der Neuanfang ist kein absoluter Neuanfang, es gibt immer ein Davor, und es ist kein Zufall, daß es ausgerechnet dem Dichter zufällt, diese Vergangenheit heraufzubeschwören und mit ihr den ersten Stillstand des Gesprächs zu erzeugen, kaum daß das Abendessen begonnen hat. Mit dem Angedenken an die Ratenkamps legt sich ein erster

[42] Vgl. auch Dedner, der von „Harmonisierungsstrategie[n]“ spricht. Dedner: Kultur und Wahrheit. S. 350. Während Dedner aber von einer Opposition ‚Kulturoberfläche – Chaos der Natur‘ ausgeht, besteht das Mythische gemäß des hier vertretenen Ansatzes in der Durchkreuzung aller solcher Oppositionen. Das Schreckliche ganz auf die Seite der Natur abschieben zu wollen, ist ebenfalls ein Domestizierungsversuch. Dedner ist aber durchaus zuzustimmen, daß „die Geschichte geprägt [ist] durch eine Vielzahl von Kulturformen, die sämtlich darauf abzielen, den Einblick in das Allerschlimmste zu hindern oder wenigstens erträglich zu machen.“ (Ebd. S. 347) Die Ambivalenz der *Buddenbrooks* liegt darin, daß der Verfallsprozeß genau darin besteht, das ‚Allerschlimmste‘ immer ungeschminkter hervortreten zu lassen, der humoristische Ton jedoch gleichzeitig das, was sich zeigt, wieder verhüllt.

Schatten über die festliche Runde: „Ein allgemeiner Stillstand des Gesprächs trat ein und dauerte eine halbe Minute.“ (23) Die Erwähnung der Ratenkamps führt fast zu einem Streit zwischen Vater und Sohn. Der Konsul redet vom Schicksal und seiner unerbittlichen Notwendigkeit und verärgert damit den alten Buddenbrook, der ungeduldig seinen Löffel aus der Hand legt: „Na, assez, Jean [...] Das ist so eine von deinen idées...“ (25) Aus dieser heiklen Situation befreit alle der galante Lebrecht Kröger. In biblischem Tonfall heißt es: „Lebrecht Kröger aber sprach“. Er spricht den erlösenden Satz: „Nein, halten wir es nun mit der fröhlichen Gegenwart.“ (25) Die ‚fröhliche Gegenwart‘ – das ist der Sinn von Festen, die Vergangenheit und Zeit überhaupt vergessen zu machen. Wenn aber die Vergangenheit, wie hier, in ein Fest hineinbricht, ist das Vergessen nicht so leicht wiederherzustellen. Genau das weiß Pastor Wunderlich, und so führt er die Gäste noch einmal zurück in die Vergangenheit, aber ganz anders als der Dichter. Er erzählt die Anekdote von Madame Antoinette und ihren silbernen Löffeln. Diese Anekdote ist selbst dem Fest verwandt. Sie führt zwar in die Vergangenheit zurück, ist aber bereits so oft erzählt worden, daß die Wiederholung an sich einen großen Teil ihres Werts ausmacht. Die Kinder haben sie schon hundert Mal gehört, für sie ist sie weniger Vergangenes als lebendiger und gegenwärtiger Teil ihrer Großmutter: „Tom und Tony, dort unten, [...] riefen beinahe einstimmig herauf: ‚Ach ja, erzählen Sie, Großmama!‘ Aber der Pastor, der wußte, daß sie es nicht liebte, von diesem für sie ein wenig peinlichen Vorfall selbst zu berichten, begann statt ihrer noch einmal mit der alten kleinen Geschichte, auf welche die Kinder gern zum hundertsten Male gehorcht hätten“ (26). Die Anekdote gehört zum Schatz der Familiengeschichten, deren wiederholtes Erzählen zur Identität und Stabilisierung der Familie beiträgt. Pastor Wunderlich ist sehr geschickt. Der beste Weg, die etwas betretenen Gäste und Familienmitglieder in die fröhliche Gegenwart zurückzuführen, ist, eine Geschichte aus der Vergangenheit zu erzählen, in der sich so sehr das Wesen eines Anwesenden manifestiert, daß aller Augen sich, während sie dieser Geschichte lauschen, auf das Gesicht dieser Person richten werden und so die lebendige Gegenwart über die Vergangenheit den Sieg davonträgt. Nicht allein das: Pastor Wunderlich greift auch das Wort Schicksal wieder auf, genau das Wort, das im Mittelpunkt des Gedankens stand, der den alten Buddenbrook so erzürnte. Während der Konsul, „gedankenvoll und ohne sich an eine bestimmte Person zu wenden“ (24f.), seine Gedanken über die Schicksalhaftigkeit des Geschehens geäußert hatte, wendet sich Pastor Wunderlich an Madame Antoinette, als er vom Schicksal spricht. Sein Bezug zur Vergangenheit ist ein lebensnaher, er macht die Vergangenheit als solche vergessen. „Ich darf sagen, daß ich an den Schicksalen unserer Buddenbrooks nicht selten persönlichen Anteil genommen habe“ (25). Er redet nicht vom Schicksal, sondern von Schicksalen; anders als der Konsul spricht er nicht von einer inneren, unheimlichen und letztlich nicht zu verstehenden Kraft, sondern von den äußeren Wirren und Unruhen, denen sich die Familienmitglieder ausgesetzt sahen, mit anderen Worten konkrete, zwar furchtbare, aber verständliche und nicht unheimliche Geschehnisse, wie eben der Napoleonische Krieg, der zum Raub der silbernen Löffel führte.

Der geniale Schachzug des Pastor Wunderlich besteht darin, der Vergangenheit die Gegenwart, dem einen Schicksal die Schicksale und der Singularität des Ereignisses seine Wiederholung in der Erzählung entgegenzusetzen. Insgesamt lassen sich sieben Gegensatzpaare feststellen. Zu den drei eben aufgeführten kommen noch: der niedergelegte und der emporgehobene Silberlöffel, die relative Unbedeutendheit des Löffelraubs und die dramatische Reaktion Madame Antoinettes, die marodierenden Franzosen und die bedrohten Deutschen, die Würde Madame Antoinettes und ihr aufgelöster Zustand.

Alle diese Gegensatzpaare haben in verschiedener Weise mit der Wiederherstellung von Ordnung zu tun. So wehrt Wunderlich den Vorschlag Lebrecht Krögers, sich wieder der fröhlichen Gegenwart zuzuwenden, mit den Worten ab: „Diese fröhliche Gegenwart ist immerhin nicht so ganz selbstverständlich“, und erzählt statt dessen eine Anekdote aus der Vergangenheit, die aber gerade, indem sie Madame Buddenbrook zu ihrem Mittelpunkt hat, alles Vergangene wieder vergessen macht. Anders als Jean, der, ohne sich an eine bestimmte Person zu richten, gedankenvoll vom Schicksal spricht, wendet sich Wunderlich an Madame Antoinette und erzählt von den Schicksalen der Buddenbrooks. Während der alte Buddenbrook aus Ärger über seinen Sohn den Löffel aus der Hand legt, nimmt Wunderlich einen der schweren silbernen Löffel vom Tisch und illustriert damit den Gegenstand seiner Anekdote. Wie das Erheben des Löffels das erregte Niederlegen gewissermaßen aufhebt und ungültig macht, so geht es bei all diesen Gegensätzen, die der Pastor einführt, letztlich um deren Auslöschung und um die Wiederherstellung der Ordnung durch Aufhebung, Versöhnung oder Verharmlosung von Gegensätzen.

Wunderlich kontrastiert in gelungener Pointierung die Reaktion der Madame Buddenbrook und ihren Anlaß: „Sie stehlen meine Löffel, meine silbernen Löffel, das ist passiert, Wunderlich, und ich gehe in die Trave!“ (27) Nicht allein steht die Aufregung Madames in keinem Verhältnis zu dem vergleichsweise nichtigen Anlaß, auch die Schrecken des Krieges überhaupt verschwinden hinter der Kleinheit der Löffel. Der Krieg ist zudem weniger furchtbar, weil auf einmal die Fremden gar nicht mehr so fremd sind und Pastor Wunderlich dieses auch deutlich macht und dadurch geschickt die Löffel der Konsulin rettet: „‚Sie sollten Rücksicht nehmen‘, unterbrach ich ihn […] ‚die Herrin des Hauses, sie ist nicht etwa eine Deutsche, sie ist beinahe Ihre Landsmännin, sie ist eine Französin‘“ (27). Dann wird immer wieder die Würde der Madame Antoinette betont, was ihren Zustand, ihre Auflösung, um so drastischer erscheinen läßt, dadurch aber den Effekt der Komik erzielt. Damit ist bereits der Übergang zum Anekdotischen gewährleistet, der die Einmaligkeit des Ereignisses, das sich an Krieg, Zerstörung und Zufall knüpft, hinüberführt in die Wiederholung des Erzählens, geknüpft an Gewohnheit, Familie, liebevolle Beziehungen und Ordnung.

Das Erzählen solcher Anekdoten hat eine wichtige Funktion. Angesichts der geschilderten Greuel fühlt man sich um so sicherer. Der gute Ausgang der Geschichte stellt die Ordnung und Zufriedenheit wieder her, bestätigt auch die Autorität der Madame Buddenbrook. Fühlt man sich einerseits um so sicherer in der Gegenwart angesichts dieser vergangenen Kriegswirren, so dient die Vergegenwärtigung des Schreckens, das Hereinholen von Chaos in die Gegenwart auch seiner Domestizierung. Das Furchtbare ein wenig einzulassen und anzuerkennen, macht es möglich, es zu kontrollieren und zu entschärfen. So glaubt oder hofft man.

Das wirklich Zerstörerische im Roman sind nicht Kriege und Revolutionen, der Aufstand der Arbeiter verpufft. Der Roman stellt das Schicksal einer Familie dar, und damit mehr als die Schicksale der einzelnen Familienmitglieder. Es ist das Schicksal, wie es Jean Buddenbrook, beschreibt, eine seltsame Kraft, eine unerbittliche Notwendigkeit, wie sie sich im Bild der Schlittenfahrt darstellt.

In der Geschichte des Pastor Wunderlich haben die Löffel eine bestimmte Funktion. Sie zeigen einerseits, wie das konkret Dingliche und Gegenständliche das ist, woran das Entsetzen und der Schrecken sich haften können, wie sich das große Unfaßbare in diese kleinen Dinge schiebt und in dieser Verschiebung wenigstens zum Teil greifbar wird. Die Pointe der Anekdote aber liegt nicht darin, diesen Zusammenhang aufzuzeigen, sondern, umgekehrt, ihn vielmehr zu verdecken; die große Aufregung der Madame Buddenbrook scheint angesichts der Nichtigkeit des Anlasses, einiger Löffel, absurd.

Die Spiegelbewegung zu Wunderlichs Aufheben des Löffels ist das Weglegen des Löffels kurz davor: „‚Na, assez, Jean‘, sagte der alte Buddenbrook und legte seinen Löffel aus der Hand.“ (25) „Na, assez“, dieser Ausspruch wird ihm Roman immer häufiger fallen. Es gibt immer mehr Dinge, die geschehen, und über die besser nicht gesprochen werden soll. Der Löffel, den der alte Buddenbrook ärgerlich weglegt, der nichtige, kleine Gegenstand, verbindet sich hier mit dem Unheimlichen und Bedrohlichen, obwohl es – anders als in der Anekdote – keinen inneren, sinnvollen Zusammenhang zwischen ihm und dem Geschehen gibt. Die Gegenstände, die so häufig und ausführlich im Roman beschrieben werden, sind da, umgeben den Menschen, sind oft überflüssig, aber können dennoch zu Bedeutungsträgern werden, wie die Anzahl der Sammetschleifen gleichzeitig über Tonys finanzielle Lage und ihr Maß an Traurigkeit Bescheid gibt.

Tony und die Atlasschleifen

„Zum Beispiel gab ich meinem Mann durch Leichtsinn und Verschwendungssucht und neue Schlafröcke Grund zu Sorge und Klage“ (353), sagt Tony zu ihrem künftigen zweiten Gatten Permaneder. Sie fügt hinzu: „[…] ich habe eine Entschuldigung, und die besteht darin, daß ich ein Kind war, als ich heiratete, eine Gans war ich, ein dummes Ding.“

Tony versucht hier, ein Gleichgewicht herzustellen. Ist zwar der „böse Mensch“, wie sie Grünlich nennt, verantwortlich für das Scheitern ihrer Ehe, so hat sie doch auch ihre Fehler gemacht, die sie nun versucht zu rechtfertigen, als stünde sie vor einem Gericht. Das groteske Mißverhältnis aber, das zwischen diesem Satz und dem, was tatsächlich in ihrer Ehe vorfiel, besteht, zeigt an, wie wenig es Tony gelungen ist, das Geschehene in eine adäquate sprachliche Form zu bringen. An die Stelle der Sprache treten die Schlafröcke: Tony entschuldigt ihre Verschwendungssucht, mit der sie gleichwohl gerne kokettiert, mit ihrer Unreife; aber sie sagt mehr, als sie zu sagen beabsichtigt. Ihre Entschuldigung besteht darin, daß sie ein Kind war, als sie heiratete; in dieses Kindsein drang die Heirat, gegen die sie sich so wehrte, und dann folgten die Schlafröcke – und so bewahrt sie sich, so scheint es, ihre Kindlichkeit. Wir wollen uns diesen Zusammenhang etwas näher anschauen.

Thomas, Christian und Tony haben bei aller Unterschiedlichkeit eines gemeinsam – alle drei empfinden die Wirklichkeit als bedrohlich. Am offensichtlichsten ist dies bei Christian. Gefahr ist jederzeit präsent, sie kann von außen einbrechen oder aus seinem Körper hervorbrechen, und nie sind es die großen Katastrophen oder Krankheiten, die er befürchtet. Das Bedrohliche liegt im ganz Kleinen, Alltäglichen, scheinbar Harmlosen, wie dem Pfirsichkern, an dem er ersticken könnte oder dem offenen Fenster, aus dem er fallen könnte. Wie kein anderer in der Familie kommt er in der Welt herum und landet doch am Ende eingeschlossen in einer Anstalt, am Leben gescheitert. Anders aber als sein Bruder ist er am Ende des Romans immerhin noch am Leben, und auch wenn er selbst dies als sein größtes Scheitern empfinden mag, so kann doch seine Hypochondrie auch als nicht ganz erfolglose Bewältigungsstrategie angesehen werden: das Übertreiben der Angst schützt; wer in ständiger Angst lebt, kann von ihr nicht unerwarteterweise angefallen werden, ist nicht unvorbereitet.[43]

Thomas dagegen scheint in allem das Gegenteil von Christian. Während Christian übertreibt, untertreibt Thomas; er spielt alles herunter. Thomas meistert die Wirklichkeit wie kein anderer, ist ein äußerst erfolgreicher Geschäftsmann und Politiker, gewandt und gescheit im Umgang mit den Leuten. Mehr und mehr aber zeigt sich, daß er nicht anders empfindet als Christian, er spricht es nur nicht aus. Auch Thomas scheitert am Ende, er, der die Lächerlichkeit immer gefürchtet und gemieden hatte, stirbt an einem Zahn, bricht mitten auf der Straße zusammen und rollt in den Dreck.

Im Gegensatz zu ihren Brüdern hat sich Tony ihre Vitalität und ihre Freiheit erhalten. Wie der Roman mit ihr begann, so endet er auch mit ihr; sie, von der als Frau zu erwarten gewesen wäre, daß sie am Ende des Romans nicht mehr in Lübeck weilt und längst den Namen Buddenbrook aufgegeben hat, ist zuletzt als einzige in der Heimatstadt anwesend, und aus den Händen Gerdas erhält sie die Familienchronik, womit sie zur offiziellen Hüterin des Familienerbes und -schatzes wird. So scheint die Familie allein in ihr noch überlebt zu haben; wieso aber Tony, nach all dem, was ihr widerfahren, nicht eine der Zerstörten, Gescheiterten ist, diese Frage scheint der Roman selbst immer wieder zu stellen – und zu beantworten.

---

[43] Vgl. auch Satz: „Christian disrupts this repression [des Todes] by graphically and realistically imagining his own death." Satz: The Death. S. 206.

Tony glaubt an die Macht des Wortes, sie bemüht sich sehr, das treffende Wort zu finden. Gerade deshalb distanziert sich der Erzähler von ihr. Als sähe er sie durch Thomas' Augen, heißt es immer wieder, Tony sei kindlich, naiv, ein harmloses, glückliches Geschöpf, das sich in einer „Flut von banalen und kindisch wichtigen Worten" (670) ergehe.[44] Dadurch wird verdeckt, daß Tony, die sowohl in Manns Vorarbeiten wie auch im Roman selbst am meisten Raum einnimmt[45], in Wirklichkeit das Doppel zum Erzähler ist. Ihre Naivität liegt in ihrem Glauben an die Macht der Sprache und in ihrem Willem, allem Ausdruck zu verleihen – gerade dadurch aber kann sie auch zum Sprachrohr des Erzählers werden.

Nach dem Tod seines Vaters nimmt Christian immer wieder Tony beiseite, „um sich von ihr die Vorgänge jenes fürchterlichen Sterbenachmittages so recht anschaulich und im einzelnen erzählen zu lassen: denn Madame Grünlich erzählte am lebhaftesten." (260) Von München erzählt sie „aufs anschaulichste" (311), und vor allem, was ihr eigenes Leben angeht, ist sie eine vorzügliche Erzählerin: „Sie sprach gut, sie unterhielt ihren Bruder aufs beste." (670)[46]

---

[44] In der Forschung wird diese Perspektive zum großen Teil unreflektiert übernommen. Aussagen wie diese sind typisch und werden der Rolle Tonys im Roman nicht gerecht: „Tony Buddenbrook, eine Figur mit begrenzter individueller Psychologie". Renner: Lebens-Werk. S. 57. Vgl. auch Wysling: „Die einzige, die den Prozeß der ständig zunehmenden Reflexivität nicht mitmacht, ist Tony. Sie bleibt vom Anfang bis zum Schluß dieselbe: ein Kind, wie Effi Briest, aber unverwüstlich. Ihre Naivität und ihr Familiensinn bleiben ungebrochen." Wysling: Buddenbrooks. S. 375. Gegen diese Unterschätzung Tonys wendet sich auch Ryan: „Tony is, in fact, a much more complex character than has previously been recognised." Judith Ryan: *Buddenbrooks*: between realism and aestheticism. In: Robertson (Hg.): Cambridge Companion. S. 119-136, hier S. 122.

[45] Vgl. Dittmann/Steinwand: „In Thomas Manns Vorarbeitungen zu den *Buddenbrooks* tritt die Figur der Tony ausführlicher in den Vordergrund als in der Endfassung des Romans. So lässt sich anhand der Notizbücher Thomas Manns feststellen, dass die Gedanken über das Meer und das Gebirge, die Thomas Buddenbrook kurz vor seinem Tod äußert, eigentlich Tony zugedacht waren (Notb I, 80)." In: Britta Dittmann, Elke Steinwand: „Sei glöcklich, du gutes Kend". Frauenfiguren in den Buddenbrooks. In: Eickhölter; Wisskirchen (Hg.): Buddenbrooks – neue Blicke. S. 176-193, hier S. 180.

[46] Vgl. auch Scharfschwerdt: „Tony unterscheidet sich von allen anderen Figuren mit Ausnahme von Hannos Freund Kai durch ihr Erzähltalent." Scharf-

Auch das Niederschreiben ist Tony wichtig; zweimal heiratet sie vor allem, um das Ereignis in der Familienchronik festhalten zu können: „Diese Nacht hatte sie im Traume die Stelle in den Familienpapieren vor Augen gesehen, an der sie die Tatsache ihrer zweiten Verlobung zu vermerken gedachte..." (343) Nach jedem Todesfall in der Familie legt sie zur Verwunderung Thomas' Blätter und gespitzte Stifte bereit. Oft genug nimmt sie gleichsam dem Erzähler die Arbeit ab, indem sie Situationen oder Personen treffend charakterisiert und analysiert. So sagt sie zu Thomas, als er das Angebot der Pöppenrader Ernte erbost ablehnt: „Wenn ich mich aber frage, warum du gereizt bist, so kann ich mir nur sagen, daß du im Grunde doch nicht so ganz abgeneigt bist, dich mit der Sache zu beschäftigen. Denn ein so dummes Weib ich bin, das weiß ich aus mir selbst und von anderen Leuten, daß man im Leben über einen Vorschlag nur dann erregt und böse wird, wenn man sich in seinem Widerstande nicht ganz sicher fühlt und innerlich sehr versucht ist, darauf einzugehen." (456) Sie hat so sehr ins Schwarze getroffen, daß ihr Bruder sich das Mundstück seiner Zigarette zerbeißt und „sehr fein" sagt. Auch ist sie die erste, die Grünlich durchschaut: „Er sprach beständig von sich selbst! *Sein* Geschäft ist rege, *er* liebt die Natur, *er* bevorzugt die und die Namen [...] Er sagte dir, Mama, und dir, Papa, *nur*, was ihr gern

---

schwerdt wertet die Bedeutung Tonys zu Recht auf; wenn auch aus insgesamt nicht überzeugenden Gründen: Tony als eine von Schopenhauers „Bestimmung des künstlerischen Genies" geprägte Figur zu sehen, will ebensowenig einleuchten wie die Identifizierung Tonys mit Manns späteren „Lieblingskindern Gottes" und „Lichtmenschen". Jürgen Scharfschwerdt: Thomas Mann und der deutsche Bildungsroman. Stuttgart 1967. S. 60/79. Diese Auffassung wird weder Tonys Schicksal noch der kritischen Distanz des Erzählers gerecht. Während Scharfschwerdt Tony als Hauptfigur sehen will, schlägt Grawe vor, Thomas und Tony gemeinsam als Hauptfigur zu betrachten: „Nimmt man hinzu, daß ihre [Tonys] beiden Ehen schon früh feststanden und ihren Erlebnissen prozentual der weitaus größte Raum zukommt [...] dann ist man von der Struktur des Werkes her geneigt, die Frage aufzuwerfen, ob nicht überhaupt der Roman auf Thomas und Tony als eine in ihrer gleichzeitigen Verbundenheit und Gegensätzlichkeit gewissermaßen gemeinsame Hauptfigur angelegt ist." Christian Grawe: Struktur und Erzählform. In: Buddenbrooks-Handbuch. Hg. v. Ken Moulden u. Gero v. Wilpert. Stuttgart 1988. S. 69-107, hier S. 85. Auch wenn dies mehr überzeugt, so ist doch, wie der Untertitel ankündigt, die Familie als Ganze Hauptträger des Geschehens, und wenn überhaupt von einer Hauptfigur zu reden ist, so ist es die Familie selbst.

hört, um sich bei euch einzuschmeicheln!" (100) Genau das haben die Dialoge gezeigt; es auszusprechen aber überläßt der Erzähler, wie so häufig, Tony.

Es ist äußerst aufschlußreich, daß der Erzähler ausgerechnet der Figur, der er ein solches Erzähltalent zugesteht, so distanziert gegenübersteht. Gerade daß sie die Wirklichkeit erfolgreich durch Sprache meistert, wie der Erzähler zumindest behauptet[47], zieht seinen Spott auf sie. Nimmt man noch hinzu, daß am Ende die Familienchronik, die der Roman, der selber Chronik einer Familie sein will, spiegelt, in den Händen Tonys landet, so wird das Erzählwerk gleichsam abgetreten an die Figur, die zwar am besten erzählt, in ihrem Vertrauen auf die Ausdrucks- und Wirkungskraft der Sprache gleichzeitig aber lächerlich erscheint – womit der Roman am Ende sein eigenes Erzählen unterminiert. Am Romanende haben Figuren das Wort, die durchweg als komisch und naiv beschrieben wurden: Tony, Friederike und Sesemi. Die Sprache gehört zuletzt nur noch den Naiven.

Naivität ist es auch, was Tony über alles Erlittene hinwegzuhelfen scheint. Worin besteht diese Naivität? Interessanterweise darin, die Sachen so aussprechen zu können, wie sie sind, und zu glauben, die Wirklichkeit durch Sprache meistern zu können. Statt wie die Konsulin das Peinliche und Unangenehme der Grünlich-Ehe zu verschweigen, spricht Tony, die am direktesten betroffen ist und am meisten gelitten hat, bei jeder Gelegenheit darüber: „Worauf es ihr einfiel, Gerda in ein leeres Zimmer zu ziehen und ihr ihre ganze Ehe mit Bendix Grünlich in fürchterlicher Ausführlichkeit zu erzählen." (294) Indem sie darüber spricht, scheint sie über das Erlittene hinwegzukommen; und doch zeigt die Notwendigkeit, immer erneut über das Vorgefallene sprechen und bis zum Lebensende das Geschehene gleichsam erstarrt in die Namenskette der Empörung hinüberretten zu müssen, daß die „fürchterliche Ausführlichkeit" der Erzählung das Furchtbare des Vorgefallenen nicht ganz zu tilgen vermag.

Den Schrecken der Wirklichkeit kann man nicht benennen, ohne daß in dieser Benennung der Schrecken verschwindet; er geht in der Sprache, im Wort unter, wird vom Wort getroffen wie von einem Pfeil, aber er ist immer noch da, hinter und vor der Sprache. Thomas Bud-

---

47 „Nichts Unausgesprochenes zehrte an ihr; kein stummes Erlebnis belastete sie. Und darum hatte sie auch gar nichts an ihrer Vergangenheit zu tragen." (670f.) „‚Ich fasse es nicht!' rief sie und deutete damit an, daß sie allmählich zu fassen beginne, was eigentlich vor sich gegangen war." (688)

denbrook (wie Thomas Mann) weiß das, er reagiert daher mit Ironie, eine Ironie, die auf die Unmöglichkeit reagiert, das Bedrohliche auszusprechen. „Die Wirklichkeit ist schrecklich“ ist ein unmöglicher Satz; wie an Tony Buddenbrook zu sehen ist, widerlegt sich der Sprecher dieser Aussage im Moment des Sprechens selbst. Tony sieht alles ganz ernst; da dieses Ernstnehmen aber den Dingen nie gerecht werden kann, scheint es lächerlich. Es besteht ein seltsames Ungleichgewicht, eine Asymmetrie zwischen der Sprache und den Dingen. Einerseits sind die Wörter zu groß, viel größer als das, was sie bezeichnen, so daß jedes Ereignis hinter dem vielversprechenden Wort zurückstehen muß und zuletzt das Ereignis nicht als solches erlebt wird, sondern nur insofern es das Wort in seiner ganzen Bedeutung zur Entfaltung kommen läßt. Das Erlebnis wird zum Erlebnis des Wortes statt des Ereignisses. Die Bedeutung des Wortes, die durch das Ereignis gleichsam wachgerufen wird, venichtet sich aber gerade dadurch wieder, daß sie nichts als das Erlebnis des Wortes ist, so daß nichts mehr bleibt, als auf andere Wörter des Schreckens weiterzuverweisen: „Erst in diesem Augenblick ging alles vor ihr auf, was in dem Worte ‚Bankerott‘ verschlossen lag, alles, was sie schon als kleines Kind dabei an Vagem und Fürchterlichem empfunden hatte…‚Bankerott‘…das war etwas Gräßlicheres als der Tod, das war Tumult, Zusammenbruch, Ruin, Schmach, Schande, Verzweiflung und Elend…“ (216)[48] Umgekehrt aber kann das Wirkliche so überwältigend oder so ungreifbar sein, daß kein Wort es angemessen beschreiben könnte. Die Naivität Tonys liegt darin, zu glauben, sie könne mit dem richtigen Wort das an ihr begangene Unrecht rächen: „ […] was sollte sie antworten? Ha! es mußte ein Wort sein, das diesen Bendix Grünlich ein für allemal zurückschleuderte, vernichtete…aber es mußte ein gewandtes, witziges, schlagendes Wort sein, das ihn zugleich spitzig verwundete und ihm imponierte…“ (101) Alles schlägt sich für Tony in Worten nieder, der Familienname, auf den sie so stolz ist, und auch das, was sie am meisten verwundet. Wort steht gegen Wort als Tony aufgelöst im Hause ihrer Mutter eintrifft und von der Szene mit Permaneder berichtet. Ein Wort habe Permaneder ihr entgegengeschleudert, so furchtbar, daß sie es nicht wiederholen könne. Sie aber findet ein anderes Wort, mit dem sie der Gewalt des einen Wortes begegnet: „Er ist ein verworfener Mensch…ein verworfener Mensch ist er …ein verworfener …‘ Über dieses starke Wort kam Frau Permaneder nicht hinweg. Es schien sie völlig zu beherr-

[48] Dieses vor den Wörtern sich verlierende Dasein wird in *Enttäuschung* beschrieben.

schen.“ (373f.) Als wir endlich das „Wort“ (377) erfahren, erzeugt der Kontrast zwischen seiner scheinbaren Harmlosigkeit („Saulud'r dreckats“) und Tonys Entsetzen einen komischen Effekt; und hinter der Komik verschwindet all das, was Tony durchlitten hat. Der Erzähler, der Leser und der Bruder – sie halten Distanz zu Tony oder werden auf Distanz gehalten, die ganze Episode wird verharmlost, und man kann Tony etwas belächeln. Doch dann folgt Tonys Ausbruch: „Der Konsul betrachtete sie tief erstaunt. Kaum, daß sie sich Zeit ließ, Atem zu schöpfen, so brausten und brodelten schon wieder neue Worte hervor. Ja, sie fand Worte, sie drückte alles aus, was sich während dieser Jahre an Widerwillen in ihr gesammelt hatte [...] Hier entlud sich etwas, gegen das es keine Widerrede gab, etwas Elementares, worüber nicht mehr zu streiten war...“ (386)

Ihr Ausbruch gipfelt in dem Ausruf: „Und dann habe ich ihn in diesem widerlichen Augenblick gesehen.“ (399) Hier klingt an, was die meiste Zeit im Roman verdeckt gehalten wird: die Widerlichkeit beider Ehemänner Tonys. Zweimal opfert sich Tony für die Familie, aber da die Familie diese Opferung nicht als solche erkennen darf, werden Tonys Klagen nie so ganz ernst genommen. Doch wie zuletzt der Bruder, „erschrocken, benommen, beinahe erschüttert“ (389), von Tonys Abscheu erfährt, so hatte auch der Vater hören müssen, was seine Tochter nach einigen Ehejahren für ihren Mann empfand: „Ach...was fragst du, Papa! ...Ich habe ihn niemals geliebt...er war mir immer widerlich...weißt du das denn nicht...?“ (219)

Hier spätestens drängt sich der Verdacht auf, daß dem Erzähler so ganz nicht zu trauen ist, wenn er sagt, Tony Buddenbrook sei ein so glückliches Geschöpf, weil nichts Unausgesprochenes an ihr zehre. Bevor wir dem nachgehen, aber noch eine Bemerkung zu Tonys sprachlicher Bewältigung der Wirklichkeit. Es zeigt sich nämlich, daß ihre Naivität nicht allein in dem Glauben an die Macht der Sprache liegt. Mehr und mehr wird deutlich, daß sie die Wörter nur wie ein Schutzschild vor sich hinstellt und von einer Bewältigung der Wirklichkeit im Grunde gar nicht gesprochen werden kann. Ihre Ehen und andere empörende Erlebnisse gerinnen zu Namen, die sie in besonderem Ton ausspricht, im Laufe des Romans bildet sich eine ganze Namenskette, mit der Tony das Erlebte auf Distanz hält: Sie läßt „kleine Trompetenstöße des Abscheus ertönen, die etwa klangen wie ‚Tränen-Trieschke –!‘ ‚Grünlich –!‘ ‚Permaneder –!!‘...Das Sonderbare aber war der neue Ruf, der hinzugekommen war, und den sie mit unbeschreiblicher Verachtung und Gehässigkeit hervorbrachte. Er lautete: ‚*Der Staatsanwalt* – !'" (524)

Die scheinbar erfolgreiche Bewältigung der Wirklichkeit ist nichts anderes als ein Nicht-Heranlassen des Wirklichen.[49] Wie sie zuletzt kaum noch etwas ißt, so weigert Tony sich ihr Leben lang, irgend etwas aufzunehmen; wie das Bier, das sie trinkt, gibt sie alles sofort wieder von sich: „Auf keine Schmeichelei und keine Beleidigung, die ihr das Leben gesagt, hatte sie geschwiegen. Alles, jedes Glück und jeden Kummer, hatte sie in einer Flut von banalen und kindisch wichtigen Worten, die ihrem Mitteilungsbedürfnis vollkommen genügten, wieder von sich gegeben." (670)

Sie spült alles aus sich heraus in gefühlvollen Tränenausbrüchen, und wenn der Erzähler dabei immer wieder ihre Kindlichkeit betont, so läßt sich in dieser Kindlichkeit auch eine Weigerung sehen, die Welt in sich eintreten zu lassen. Während bei den meisten Buddenbrooks immer wieder auf ausgeprägte Familienähnlichkeiten hingewiesen wird, wird Tony immer nur mit sich selbst verglichen: „Und ihre Oberlippe bebte wie früher, wenn Tony als Kind geweint hatte." (372) „Es war noch ganz ihr unbedenkliches, erquickendes Kinderweinen, das ihr in allen Stürmen und Schiffbrüchen des Lebens treu geblieben war." (609) *Sie* wird niemandem ähnlich, und niemand, nicht einmal die eigene Tochter, wird *ihr* ähnlich. In ihrer Kindlichkeit bewahrt sich ihre Selbstidentität, aber auf eine Weise, die alles andere ausschließt. Ihre Stärke hängt damit zusammen, daß zuletzt niemand zu ihr durchdringen kann, selbst Morten nicht, auf dessen Heiratsantrag sie zwar glücklich, aber „abwesend" reagiert, und auch nicht die Tochter, die sie immer nur an Grünlich erinnert. Wenn es am Ende heißt, „Sie wußte längst, daß sie außerhalb der Mauern ihrer Vaterstadt eigentlich nirgends am richtigen und würdigen Platze war" (640), so zeigt sich in der Unmöglichkeit, sich woanders einzuleben, die Verweigerung alles Fremden.

Tony teilt ihre Unberührtheit vom Leben mit zwei anderen Romanfiguren: ihrer Mutter und Gerda. Während Tony immer alles sofort ausspricht, wenden die Konsulin und Gerda sich von allem Unangenehmen ab, indem sie nichts davon hören wollen. „Assez" ist das die Konsulin charakterisierende Wort. Wie Tony ihre Kindlichkeit bewahrt, so bleibt Gerda konserviert in der ihr eigentümlichen Kälte, so daß 21 Jahre vorübergehen, ohne die geringste Spur zu hinterlassen. Die Konsulin wie-

---

[49] Renner bezeichnet Tonys Redewendungen als „wirklichkeitsverstellende Sprachformeln". Renner: Lebens-Werk. S. 57f.

derum weigert sich standhaft, das Vergehen der Zeit sichtbar werden zu lassen: sie färbt sich die Haare und trägt schließlich eine Perücke. Auch Nebenfiguren zeigen eine ähnliche Wirklichkeitsresistenz: Klothilde, die Mengen von Essen verschlingt und dabei dürr bleibt, und Sesemi Weichbrodt, die nichts in ihrem Kinderglauben beirren kann.

Es sind alles Frauen, die so unberührt bleiben. Zeigt der Roman einerseits, daß von einer erfolgreichen Bemächtigung des Wirklichen kaum gesprochen werden kann, wenn diese vor allem in einem Rückzug, einem Kindbleiben oder einer künstlichen Konservierung besteht, so wird durch diese einseitige Geschlechtsverteilung das Weibliche selbst unheimlich als eine Macht, die dem widerstehen kann, was die Männer erbarmungslos zugrunde richtet. Und obwohl es fast immer die Männer sind, Väter, Brüder, Stiefbrüder, Schwiegersöhne, Söhne, die Unglück bringen und den Verfall vorantreiben, scheinen die Frauen, wenn auch auf nicht ganz erklärbare Weise, die Schuld zu tragen: wer so unbeschadet alles überlebt, muß mit dem Schicksal verschworen oder selbst das Schicksal sein – Venus, Melusine oder Klotho.

Aber hier schwankt der Roman, so ganz werden die Figuren nicht zu mythischen Gestalten oder Göttern, bis auf Gerda vielleicht[50], doch ist sie keine Buddenbrook, und der Verfall der Buddenbrooks ist mythisch auf andere Weise: Mehr und mehr ringt der Einzelne mit dem, was er nicht bewältigen kann, so wenn die Konsulin am Ende mit dem Tod kämpft und Tony sich immer mehr in die Vornehmheit flüchtet.

Es gibt Anzeichen im Roman, daß Tonys Herz so ganz frei und unbeschwert nicht ist, wie es heißt. Die Wörter, die sie „wie Brandfackeln und Kriegsbeile“ (597) schwenkt – sie reagieren auf Beleidigungen, auf Ausgesprochenes oder Aussprechbares. Aber es gibt noch etwas anderes, nicht zu Nennendes, das im Roman immer mehr Raum einnimmt. Als Tony entrüstet aus München flieht, ist sie ganz besessen von dem einen „Wort“, auf das sie ein Gegenwort sucht. Nach und nach aber zeigt sich, daß es gar nicht nur dieses eine Wort ist: es ist auch Permaneders Reaktion auf die Totgeburt, sein Rückzug aus Geschäften, zuletzt ist es der ganze Mann und ganz zuletzt nicht einmal der Mann, sondern die Stadt. Und auch damit ist wohl das letzte noch nicht ausgesprochen. So kann Tony zwar Worte finden, aber was darin nicht zu bewältigen ist, verschiebt sich in anderes: die Geschichten über die Familienvergangenheit, in die sie sich flüchtet; allem voran aber ihre Liebe zum Luxus. Die

---

50 Singer nennt Gerda eine in den „naturalistischen Roman verschlagene mythologische Figur“. Singer: Helena. S. 250.

seidenen Schleifen, die vornehmen Häuserausstattungen sind wie ein Schutz gegen die Welt.

Als Tony gerade aus München im Elternhaus angelangt ist, steht sie mit fieberhaften Augen vor der Mutter, und in explosiven Ausbrüchen erzählt sie von dem Vorgefallenen. Immer wieder langt sie bei dem Wort an, „diesem Worte, das sie nicht wiederholte.“ Auf einmal aber unterbricht sie sich: „Plötzlich aber tat sie einen Schritt vorwärts und sagte mit unvermittelt ruhiger und sanft interessierter Stimme: ‚Wie allerliebst. Woher ist das, Mama?‘ Sie wies mit dem Kinn auf einen kleinen Behälter, einen rohrgeflochtenen Korb, einen zierlichen kleinen Ständer, mit Atlasschleifen geschmückt“ (377f.). „Vornehm“ wird immer mehr zu Tonys Antwort auf die Widrigkeiten des Lebens und das Widerliche, das anfing mit dem nach Gänseleberpastete riechenden Hagenström, sich fortsetzt mit Grünlich, der Koteletts zum Frühstück ißt, und Permaneder, der Biergeruch verströmt und vor dessen ganzem Sein und Wesen Tony Abscheu empfindet.

Auch der Tod des Bruders wird erleichtert durch den Gedanken an die „vornehmen“ Todesanzeigen, die zu drucken sind, und vornehm sollen die Häuser sein, die Tony nach und nach ausstattet und mit denen sie das Vergangene zu vergessen sucht: „Aber sie, sie selbst, Tony Buddenbrook, war die eigentliche Braut. Sie war es, die noch einmal Möbel- und Ausstattungsmagazine durchstöbern, noch einmal eine *vornehme* Wohnung besichtigen und mieten durfte!“ (445)

Mit ihrem ersten eigenen Haus tröstet sich Tony über die erste ungewollte Ehe hinweg; mit dem Haus ihres Bruders dann über ihre erste Scheidung; mit Erikas Haus über die zweite Scheidung und schließliche mit der letzten Wohnung über den Verkauf des Elternhauses. Jede neue Ausstattung verjüngt sie: „Wahrhaftig, sie erblühte aufs neue in diesen Wochen, die, mit ihrer belebenden Geschäftigkeit, ihren vielfältigen Plänen, ihren Wohnungssorgen und ihrem Ausstattungsfieber, sie allzu deutlich an die Zeit ihres eigenen ersten Verlöbnisses gemahnten, als daß sie sie nicht verjüngt und mit grenzenloser Hoffnungsfreudigkeit erfüllt hätten. Viel von dem graziösen Übermut ihrer Mädchentage kehrte in ihre Mienen und ihre Bewegungen zurück“ (444).

In all den luxuriös ausgestatteten Häusern aber geschieht Unheimliches. In ihrem ersten Haus das gespenstische Gespräch der drei Männer in dunklem Raum: der Vater, der Ehemann und der diabolische Kesselmeyer, die Grünlichs Bankrott besprechen. Anschließend in Tonys seidenem Salon die zerbrochene Vase und der haßerfüllte Ausbruch Grünlichs. In ihrem zweiten Haus die Szene mit Babette und Permaneders grobe Beschimpfung, und schließlich in Erikas Wohnung die jähzornigen Ausbrüche Weinschenks, der Teller zerschmeißt und schließlich verhaftet wird.

Es ist vor allem eine Szene, die Licht darauf wirft, daß Tonys Wut über einzelne Wörter nur eine verschobene Trauer darstellt für etwas anderes, weniger Eindeutiges.

Als ihr Vater nach Hamburg kommt und seiner Tochter von dem bevorstehenden Bankrott Grünlichs berichtet, trifft sie das Wort zunächst wie ein Schlag. Sie versucht sich schließlich zu fassen, fragt, ob ihr Mann durch eigene Schuld in diese Lage geraten sei, aber dann auf einmal wandern ihre Gedanken ab:

„Tony schien auf diese Antwort gar nicht geachtet zu haben. Gebückt auf ihren drei seidenen Kissen stützte sie den Ellenbogen auf das Knie und das Kinn in die Hand und blickte mit tiefgesenktem Kopfe versunken und träumerisch von unten herauf ins Zimmer hinein. ‚Ach, Papa‘, sagte sie leise und beinahe ohne die Lippen zu bewegen, ‚wäre es damals nicht besser gewesen…‘ Der Konsul konnte ihr Gesicht nicht sehen; aber es trug den Ausdruck, der an manchem Sommerabend, wenn sie zu Travemünde an dem Fenster ihres kleinen Zimmers lehnte, darauf gelegen hatte…Ihr einer Arm ruhte auf den Knien ihres Vaters, während die Hand schlaff und ohne Stütze nach unten hing. Selbst diese Hand drückte eine unendlich wehmütige und zärtliche Hingebung aus, eine erinnerungsvolle und süße Sehnsucht, die in die Ferne schweifte. ‚Besser…?‘ fragte Konsul Buddenbrook. ‚Wenn was nicht geschehen wäre, mein Kind?‘ Er war von Herzen zu dem Geständnis bereit, daß es besser gewesen wäre, diese Ehe nicht zu schließen; aber Tony sagte nur mit einem Seufzer: ‚Ach, nichts!‘ Es schien, daß ihre Gedanken sie fesselten, daß sie weit abseits weilte und den ‚Bankerott‘ beinahe vergessen hatte.“ (217f.)

Es geht auf einmal gar nicht mehr um den Bankrott. Das Wort, das Tony am meisten gefürchtet hat, ist für einen Moment vergessen. Luxus, Vornehmheit, Ansehen, alles, was ihre Identität auszumachen schien und durch den Bankrott bedroht wird, verschwindet auf einmal, und etwas ganz anderes tritt hervor, etwas, das mit der Familie, mit Geld, mit Würde und Stolz gar nichts zu tun hat: für einen kurzen Moment kehrt etwas zurück, was Tony früher einmal ausgezeichnet hatte, aber lange aufgegeben war, ihre kindlichen Träume und Sehnsüchte, Hoffnungen, die sie für ihr eigenes Leben hatte. Ihre Wünsche hatte sie dem Willen der Familie untergeordnet, und sie hatte Grünlich geheiratet. Jetzt aber, da sein

Bankrott feststeht und sich die Entscheidung der Eltern als falsch, Tonys ursprünglicher Instinkt dagegen als richtig erwiesen hat, kehrt in ihr Gesicht der Ausdruck zurück, der darauf gelegen hatte, als sie ein junges Mädchen war. In der kurzen Wiederkehr, dem einmaligen Wiederaufscheinen ihrer damaligen Verträumtheit, der in die Ferne schweifenden Sehnsucht offenbart sich ein Unterschied zwischen Tony als Kind und der Kindlichkeit der erwachsenen Frau. Auf einmal wird klar, daß Tonys Kindlichkeit, von der immer wieder die Rede ist, mit dem, was Tony als Kind auszeichnete, nichts gemein hat und nicht Ausdruck von Kontinuität ist, sondern das Gegenteil offenbart: einen Bruch, ein Zugrundegehen aller Hoffnungen und Sehnsüchte, die sie als Kind erfüllten.[51]

Als Tonys Eltern ihr von Grünlichs Heiratsabsichten berichten, empfindet sie dies sofort als einen Akt der Aggression: „Plötzlich aber schlug sie die Augen auf, Augen, die ganz dunkel geworden waren und voll von Tränen standen. Und mit bedrängter Stimme stieß sie hervor: ‚Was will dieser Mensch von mir – ! Was habe ich ihm getan – ?!‘ Worauf sie in Weinen ausbrach. [...] ‚Ich verstehe es nicht...ich verstehe es nicht...‘, schluchzte Tony fassungslos [...] ‚Er kommt hierher...sagt allen etwas Angenehmes...reist wieder ab...und schreibt, daß er mich...ich verstehe es nicht...wie kommt er dazu...was habe ich ihm getan?!...“ (104f.)

Der Vater findet Tonys Reaktion kindlich – und doch hat Tony, ohne sich dessen bewußt zu sein, die Situation erkannt als das, was sie ist: ein Angriff auf sie, der alle ihre Sehnsüchte zunichte macht. Auf die Auslöschung ihrer Person reagiert sie mit dem Stolz auf die Familie, für die sie von nun an handelt, und die kindliche Freude an Schlafröcken mit Atlasschleifen tritt an die Stelle der Hoffnungen und Träume des Kindes, die nicht nur unerfüllt blieben, sondern niemals auch nur Gelegenheit bekamen, sich zu konkretisieren.

---

[51] Diese Verwundung Tonys übersieht Klingler, wenn sie meint, Tony sei „nur dort verwundbar, wo es um ihre Reputation geht.“ Bettina Klingler: Eine ironische Variante – Tony Buddenbrook. In: Bettina Klingler: Emma Bovary und ihre Schwestern. Die unverstandene Frau: Variationen eines literarischen Typus von Balzac bis Thomas Mann. Rheinbach-Merzbach 1986. S. 185-198, hier S. 187. Vgl. dagegen auch Diersen: „ihr [Tony] ganzes Leben wird, ausgehend von dieser einen Fehlentscheidung [der ersten Heirat], zu einer Kette von Enttäuschungen, und zwar nicht nur äußerlich, auch innerlich ist in ihr Leben der entscheidende Bruch gekommen. Ihr ursprünglich so frisches und liebenswertes Wesen erstarrt in unangemessener Naivität, die ihr zwar über alle Schicksalsschläge hinweghilft, sie aber zur komischen Figur werden läßt.“ Diersen: Untersuchungen. S. 26.

Sprache und Humor

Während Tony an die Macht des Wortes glaubt, sieht Thomas darin nur Theatralik – er glaubt vielmehr daran, den Dingen mit Humor zu begegnen: „Den Humor soll man sich, quand même, bewahren“ (380), sagt Thomas zu Tony, als diese aus München ins Elternhaus gestürzt kommt, entschlossen, ihren Mann zu verlassen, dessen „unerlaubter und unsittlicher Ringkampf“ (375) mit der Köchin Babette sie zutiefst empört und verletzt hat. Thomas Buddenbrook aber ist fest entschlossen, die „Angelegenheit“, „so lange wie nur möglich mit Humor zu behandeln“ (379).[52] Auf keinen Fall will er sich auf den ‚tragischen‘ Ernst der Schwester einlassen; vielmehr will er sie von ihrer Absicht, nie wieder zu Permaneder zurückzukehren, abbringen, indem er alles ein wenig verharmlost: „Bei Lichte besehen, sind ihm ja übrigens die mildernden Umstände nicht abzusprechen. Ein Freund hat Namenstag gefeiert, er kommt in festlicher Stimmung, in etwas zu guter Laune nach Hause und läßt sich einen kleinen Übergriff, einen kleinen unziemlichen Seitensprung zuschulden kommen…“ (381) Tony läßt ihn nicht ausreden. Sie weigert sich, Thomas zu verstehen, den „Ton“, in dem er redet, zu begreifen. Der „Ton“ aber ist ein humoristischer, und Humor ist die Antwort, die Thomas, der sich selbst als Schauspieler sieht, immer zur Hand hat, um den Dingen ihren Ernst zu nehmen. Er verlangt von Tony, sie solle die „Sache“ komisch nehmen; ihr aber hatte sich das Bild, der widerliche Anblick Permaneders mit der Köchin, „in voller Körperlichkeit“ (375) dargeboten, und so antwortet sie ihrem Bruder: „wer es nicht gesehen hat, der weiß gar nichts, denn erzählen läßt es sich nicht, wie widerlich er war“ (383).

Der Humor, mit dem Thomas Buddenbrook immer wieder die Widrigkeiten des Lebens zu meistern sucht und den Thomas Mann definiert als „dieses bittere Sich-ins-Einvernehmen-Setzen mit der gemeinen Wirklichkeit“ (IX, 451), zeigt sich hier als eine Form der Gewalt, mit der der Bruder erreichen will, daß seine Schwester, die, „um die Furcht zu verbergen, die sie vor ihm empfand“ (382), laut und zornig wird, sich seinem Willen fügt und zu ihrem Mann zurückkehrt. Während die Konsulin, die sonst alles mit Schweigen und ihrem wiederkehrenden ‚Assez‘ überdeckt, dem Vorgefallenen Rechnung trägt – „‚Ja, ja‘, sagte sie, ‚da

[52] Vgl. auch *Tristan*: Klöterjahn scherzt „in ziemlich unerlaubter Weise“ mit dem Stubenmädchen; „ein kleiner, humoristischer Vorgang“, fährt der Erzähler fort, „zu dem der betreffende Schriftsteller [Spinell] eine lächerlich angeekelte Miene machte.“ (VIII, 222)

habe ich traurige Dinge hören müssen, Tony. Und ich verstehe alles ganz gut, meine arme kleine Dirn, denn ich bin nicht bloß deine Mama, sondern auch eine Frau wie du…‘“ (377) – besteht Thomas’ Reaktion in der völligen Nicht-Anerkennung des Vorgefallenen: „Ja; Herrgott, spielen wir doch nicht Tragödie!“ (380) „Merkst du denn nicht, daß du dich benimmst, als hättest du etwas Ernstes und Schweres erlebt […] Aber so bedenke doch nur, daß ja nichts geschehen ist!“ (384f.)

Tony und Thomas scheinen hier zwei verschiedene Interpretationsweisen zu vertreten: das Leben als Komödie oder als Tragödie zu sehen. Scheint aber Thomas’ Humor zunehmend nur der Verschleierung zu dienen, so erscheint Tonys Tragik selbst wieder höchst komisch.

Im Ton des Erzählers nämlich verbindet sich die humoristische Distanz des Senators mit dem dramatischen Vokabular Tonys. Immer wieder ist im Roman von ‚Fürchterlichem‘, ‚Schrecklichem‘, ‚Widerlichem‘ die Rede, fällt ‚Unheimliches‘ oder ‚Grausames‘ vor. Fast immer aber scheinen die dramatischen Wendungen in keinem Verhältnis zu dem beschriebenen Ereignis zu stehen und lassen sich nur als spaßhafte Übertreibungen verstehen.[53] So ist es schwierig, Tonys Empörung noch ernst zu nehmen, wenn das unschuldige Sich-zur-Ruhe-Setzen Permaneders mit folgenden Worten beschrieben wird: „Gleich in den Flitterwochen hatte ein Schlag sie getroffen, ein Unvorhergesehenes, Ungeahntes, Unfaßliches war über sie hereingebrochen, ein Ereignis, das ihr alle Freudigkeit genommen hatte und das sie nicht zu verwinden mochte.“ (365f.) Auf der anderen Seite aber verdecken die übertriebenen Formulierungen, daß die Ereignisse für die Betroffenen tatsächlich furchtbar sind; sie sprechen dem Ereignis sein Furchtbares ab, so daß der doppelte Eindruck erzeugt wird: Schreckliches spielt sich ab, und doch kann man es nicht schrecklich nennen, ohne fürchterlich zu übertreiben.

Das Schreckliche wird dann nicht benennbar, es ist überall und nirgends zugleich. In der humoristischen Darstellung des Schrecklichen liegt auch der Versuch der Verharmlosung, der Nicht-Anerkennung des Furchtbaren bei gleichzeitigem Wissen um das Untröstliche, das aber nicht eingestanden wird. In der Ironie und auch im Humor Thomas Manns liegt daher die Anerkennung nicht nur des Furchtbaren, sondern auch des notwendigen Mißlingens seiner Formulierung.

---

[53] Vgl. die Beschreibung des Auftritts von Schuldirektor Wulicke: „Genau aber in dem Augenblick, da die zierliche Melodie verklang, vollzog sich etwas Fürchterliches…es brach über alle Anwesenden herein, grausam, unerwartet, übergewaltig und lähmend.“ (739)

In der Figur des Makler Gosch verkörpert sich die Verharmlosung durch Übertreibung, wie sie der Erzähler im Laufe des Romans immer wieder vorführt. Goschs theatralische Suche und Sehnsucht nach dem Schauderhaften stellt überspitzt die Unmöglichkeit dar, das Schreckliche in Worte zu fassen, ohne der Lächerlichkeit zu verfallen.

Makler Gosch ist durchaus nicht furchterregend, vielmehr der „ehrlichste und gutmütigste Mensch von der Welt“ (182), und auch sein Leben ist recht belanglos und nicht sehr furchtbar. Aber er wünscht sich nichts so sehr, als bösartig zu wirken und Schauerliches zu erleiden. Er ist überglücklich, als er eines Tages ein wenig an der Börse verliert: „Er ließ sich auf einer Bank nieder in einer Haltung, als habe er die Schlacht bei Waterloo verloren, preßte eine geballte Faust gegen die Stirn und wiederholte mehrere Male mit einem gotteslästerlichen Augenaufschlag: ‚Ha, verflucht!‘“ (183)

Es wird im Roman keine Schlacht gegen Waterloo geben; an Stelle der Tragödie tritt ein bürgerlicher Familienroman, der höchstens Scheidungen und Geldverluste als dramatische Höhepunkte zu bieten hat. Aber an Christian und Hanno zeigt sich, daß, um das Unheimlich-Schauderhafte, auf das Makler Gosch so aus ist, zu empfinden, es gar keinen bedeutenden Anlaß braucht.

Christian wird seine Sterblichkeit bereits beim Anblick eines Pfirsichkerns bewußt, und Hanno wird von der ganzen Trauer der Welt in seinen Träumen heimgesucht: „Kaum eine Nacht verging, ohne daß der kleine Johann ein- oder zweimal emporfuhr und händeringend, mit allen Anzeichen der unerträglichsten Angst nach Hilfe oder Erbarmen rief, als stände er in Flammen, als wollte man ihn erwürgen, als geschähe etwas unsäglich Grauenhaftes…Am Morgen wußte er nichts mehr von allem.“ (514)

Man weiß nicht immer, was es ist, das Angst einjagt. In der humorvollen Abmilderung zeigt sich der Versuch zu verschleiern, daß es mit Recht etwas gibt, das Angst einjagen könnte. Gleichzeitig aber, wie in den plötzlichen Angstanfällen Christians oder Hannos, breitet sich das Unheimliche unkontrolliert im Roman aus, entlädt sich im höllischen Gelächter Kesselmeyers oder verdichtet sich zur undurchdringlichen Gestalt Gerdas; in den seltsamen Figuren, die die Straßen Lübecks bevölkern.[54]

---

[54] In *Doktor Faustus* tauchen diese Figuren wieder auf, aber werden diesmal eindeutig der mythischen Schicht des Romans zugeschrieben; hier aber geschieht das nicht. Gerade dadurch aber tritt das Mythische in den *Buddenbrooks* als noch nicht Gebändigtes viel deutlicher zutage.

Nachdem Thomas Buddenbrook gestorben ist, versammelt sich seine Familie; in Trauerkleidung sitzen sie um einen Tisch und schreiben die Todesanzeigen. Selbst der kleine Hanno ist beteiligt: „Plötzlich geschah etwas, was alle verstörte. Der kleine Johann geriet ins Lachen. Er war beim Schreiben auf einen Namen gestoßen, irgendeinen kuriosen Klang, dem er nicht widerstehen konnte. Er wiederholte ihn, schnob durch die Nase, beugte sich vornüber, zitterte, schluchzte und konnte nicht an sich halten. Anfangs konnte man glauben, daß er weine; aber es war nicht an dem. Die Erwachsenen sahen ihn ungläubig und fassungslos an. Dann schickte seine Mutter ihn schlafen...“ (688)

Gegen den kontrollierten Humor des Vaters steht der ungebändigte Lachanfall des Sohnes, der sich – zum Entsetzen aller Anwesenden – unerhörterweise inmitten der trauernden Familie ausbreitet. Hatte der Vater sich vom Sohn abgesagt, so bricht nun der Sohn beim Schreiben der Todesanzeigen in Lachen aus. Dem Humor des Vaters – und des Romans – stellt sich etwas entgegen, was nicht mehr zu bändigen ist.

Schlußbemerkung

Das Mythische noch vor der Mythisierung – so könnte man die namenlosen Schrecken, die über die Figuren im Frühwerk hineinbrechen, bezeichnen: „Was fürchtete Thomas Buddenbrook? Nichts...Nichts Nennbares. Ach, hätte er sich gegen etwas Handgreifliches, Einfaches und Brutales zur Wehre setzen dürfen!" Aber er weiß „allzuwohl, daß ‚Betrug' und ‚Ehebruch' nicht Laute waren, um die singenden und abgründig stillen Dinge bei Namen zu nennen, die sich dort oben begaben." (I, 647)

Es fehlen die Namen: „Nennt uns den Namen! Ein Name kann so tröstlich sein..." (VIII, 1008), heißt es in *Fiorenza*. Im *Tod in Venedig* ruht Aschenbach nicht eher, bis er den Namen der Seuche, obwohl er ihn längst kennt, ausgesprochen hört. In *Fiorenza* aber wird kein Name genannt: „Ich kann Euch keinen Namen nennen [...] Diese Krankheit ist namenlos, wie unsere Angst." (VIII, 1008) Und auch für Aschenbach bleibt der medizinische Name letztlich bedeutungslos; längst nämlich ist ein anderer Name aufgetaucht: der Name des fremden Gottes Dionysos.

Die bisher behandelten Texte sind mythisch ohne Mythologie – ungebrochen und unbenannt steht die Macht des Wirklichen dem Einzelnen gegenüber. Im *Tod in Venedig* aber findet dieses Mythische zu seiner Mythologisierung.

In dieser Novelle wird erstmals der Zusammenbruch der Hauptfigur einer mythischen Geschichte zugeordnet, und zwar nicht nur in versteckten Anspielungen oder als Parodien von Wagneropern, wie in den bisher besprochenen Texten. Aschenbach begegnet einer Reihe von Götterfiguren, bis er schließlich am Ufer des Meeres zusammenbricht, dem lächelnden Verführer zum Tode erlegen.

Die Erzählung beginnt mit einer mythischen Ursprungssituation: Aschenbach hat bei sinkender Sonne seinen Heimweg „über die offene Flur" (VIII, 444) genommen. Keine wilden Tiere drohen ihn plötzlich anzufallen; zu Steinfiguren erstarrt, die Freitreppe bewachend, erinnern die beiden apokalyptischen Tiere nur an frühere Schrecken. Statt dessen aber erscheint ein ungewöhnlicher Fremder, Aschenbach hat ihn nicht kommen sehen, und allzu bald wird deutlich, daß es sich um eine Figur handelt, die man gewöhnlich nicht kommen sieht: einen Abgesandten der Götter und des Todes. Seine Erscheinung bewirkt Aschenbachs Entschluß, nach Italien zu reisen und nur noch seinem Verlangen nachzugeben, dem Begehren, das das Leben will und doch zum Tode führt. Bevor aber Aschenbach sich auf die Reise begibt, wird in einer Vision das ihn erwartende Geschehen vorweggenommen: „er sah, sah eine Landschaft, ein tropisches Sumpfgebiet unter dickdunstigem Himmel [...] sah zwischen den knotigen Rohrstämmen des Bambusdickichts die Lichter eines kauernden Tigers funkeln" (VIII, 447). Die Gefährdungen, die dem Menschen aus seinem eigenen Innern erwachsen, werden zurückübersetzt in die mythische Furcht vor den Naturgewalten. Am Ende dann ist es das Meer, das sich vor Aschenbach ausbreitet. Das Nebelhaft-Grenzenlose, das Naturhaft-Elementare aber erstreckt sich nicht in leerer und gleichzeitig bedrohlicher Unendlichkeit, es wird durchwandelt von einer mythologischen Figur: „Ihm war aber, als ob der bleiche und liebliche Psychagog dort draußen ihm lächle, ihm winke; als ob er, die Hand aus der Hüfte lösend, hinausdeute, voranschwebe ins Verheißungsvoll-Ungeheure." (VIII, 525)

Wie so viele andere Figuren des Frühwerks ist auch Aschenbach ein „Heimgesuchter", und auch sein Zusammenbruch ist Höhe- und Schlußpunkt einer Kette von Demütigungen. Und doch, wenn der zierliche Psychopompos ihn lächelnd in den Tod winkt, so ist am Ende an die Stelle des unbehausten und namenlosen Gräberfelds des Novellenanfangs der mythologische Göttername getreten, dessen Funktion die „Depotenzierung dessen, was ängstet" ist, „als *Reaktion auf den schrecklichsten und quälendsten Gedanken*"[1], den Gedanken des Todes.

---

[1] Blumenberg: Wirklichkeitsbegriff. S. 50. Bei den kursiv gedruckten Wörtern handelt es sich um ein Zitat aus Br. Malinowskis *The Role of Myth in Life*.

Literaturverzeichnis

Werke Thomas Manns

Thomas Mann: Gesammelte Werke in dreizehn Bänden. Ffm. 1974.

Thomas Mann: Gesammelte Werke in Einzelbänden. Hg. v. Peter de Mendelssohn. (Frankfurter Ausgabe). Ffm 1981ff.

Thomas Mann: Tagebücher 1918-1921. Hg. v. Peter de Mendelssohn. Ffm. 1979.

Thomas Mann: Tagebücher 1933-1934. Hg. v. Peter de Mendelssohn. Ffm. 1977.

Thomas Mann: Tagebücher 1940-1943. Hg. v. Peter de Mendelssohn. Ffm. 1982.

Thomas Mann: Tagebücher 1949-1950. Hg. v. Inge Jens. Ffm. 1991.

Thomas Mann: Notizbücher. Edition in zwei Bänden: Notizbücher 1-6, Notizbücher 7-14. Hg. v. Hans Wysling u. Yvonne Schmidlin. Ffm. 1992.

Thomas Mann: Briefe 1889-1936. Hg. v. Erika Mann. Ffm. 1961.

Thomas Mann – Karl Kerényi: Gespräch in Briefen. Zürich 1960.

Thomas Mann – Agnes E. Meyer: Briefwechsel 1937-1955. Hg. v. Hans Rudolf Vaget. Ffm. 1992.

Thomas Mann: Notizen zu Geist und Kunst. In: Thomas-Mann-Studien. Bd. 1. Bern, München 1967. S. 152-223.

Wysling, Hans u. Marianne Fischer (Hg.): Dichter über ihre Dichtungen: Thomas Mann. 3 Bde. Zürich, München, Ffm. 1975-1981.

Literatur zu Thomas Mann

Anderson, Mark M.: Mann's early novellas. In: Robertson (Hg.): Cambridge Companion. S. 84-94.

Assmann, Jan: Zitathaftes Leben. Thomas Mann und die Phänomenologie der kulturellen Erinnerung. In: Thomas Mann Jahrbuch 6 (1993). S. 133-158.

Baeumler, Marianne; Brunträger, Hubert; Kurzke, Hermann: Thomas Mann und Alfred Baeumler. Eine Dokumentation. Würzburg 1989.

Banuls, André: Thomas Mann und sein Bruder Heinrich. ‚eine repräsentative Gegensätzlichkeit'. Stuttg., Berlin, Köln, Mainz 1968.

Baumgart, Reinhard: Das Ironische und die Ironie in den Werken Thomas Manns. München 1964.

Berger, Willy R.: Thomas Mann und die antike Literatur. In: Pütz (Hg.): Thomas Mann und die Tradition. S. 52-100.

Böhm, Karl Werner: Zwischen Selbstzucht und Verlangen. Thomas Mann und das Stigma Homosexualität. Untersuchungen zu Frühwerk und Jugend. (Studien zur Literatur- und Kulturgeschichte. Bd. 2). Würzburg 1991.

Bolduc, Stevie Anne: A Study of Intertextuality: Thomas Mann's *Tristan* und Richard Wagner's *Tristan*. In: Rocky Mountains Review of Languages and Literature 37 (1983). S. 82-90.

Borchmeyer, Dieter: Heiterkeit contra Faschismus: Eine Betrachtung über Thomas Manns Josephsromane. In: Heiterkeit: Konzepte in Literatur und Geistesgeschichte. Hg. v. Petra Kiedaisch u. Jochen A. Bar. München 1997. S. 203-218.

Borchmeyer, Dieter: „Zurück zum Anfang aller Dinge". Mythos und Religion in Thomas Manns *Josephs*romanen. In: Thomas Mann Jahrbuch 11 (1998). S. 9-29.

Burgard, Peter J.: From „Enttäuschung" to „Tristan": The Devolution of a Language Crisis in Thomas Mann's Early Work. In: German Quarterly 59 (1986). S. 431-448.

Dedner, Burghard: Kultur und Wahrheit. Zur thematischen Dialektik von Thomas Manns Frühwerk. In: Jahrbuch der deutschen Schillergesellschaft 27 (1983). S. 345-380.

Dedner, Burghard: Mitleidsethik und Lachritual. Über die Ambivalenz des Komischen in den Josephs-Romanen. In: Thomas Mann Jahrbuch 1 (1988). S. 27-45.

Dedner, Burghard: Entwürdigung. Die Angst vor dem Gelächter in Thomas Manns Werk. In: „Heimsuchung und süßes Gift." Erotik und Poetik bei Thomas Mann. Hg. v. Gerhard Härle. Ffm. 1992. S. 87-102.

Dierks, Manfred: Studien zu Mythos und Psychologie bei Thomas Mann. An seinem Nachlaß orientierte Untersuchungen zum „Tod in Venedig", zum „Zauberberg" und zur „Joseph"-Tetralogie. (Thomas-Mann-Studien II). Bern, München 1972.

Diersen, Inge: Untersuchungen zu Thomas Mann. Die Bedeutung der Künstlerdarstellung für die Entwicklung des Realismus in seinem erzählerischen Werk. Berlin 1965.

Diersen, Inge: Thomas Mann. Episches Werk, Weltanschauung, Leben. Berlin, Weimar 1975.

Dittmann, Britta; Steinwand, Elke: „Sei glöcklich, du gutes Kend". Frauenfiguren in den Buddenbrooks. In: Eickhölter; Wisskirchen (Hg.): Buddenbrooks – neue Blicke. S. 176-193.

Dittmann, Ulrich: Sprachbewußtsein und Redeformen im Werk Thomas Manns. Untersuchungen zum Verhältnis des Schriftstellers zur Sprachkrise. (Studien zur Poetik und Geschichte der Literatur. Bd. 10). Stuttgart 1969.

Ebel, Uwe: Welthaftigkeit als Welthaltigkeit. Zum Verhältnis von mimetischem und poetischem Anspruch in Thomas Manns ‚Buddenbrooks'. In: Wiecker (Hg.): Gedenkschrift. S. 9-51.

Eickhölter, Manfred; Wisskirchen, Hans (Hg.): Buddenbrooks: neue Blicke in ein altes Buch; [Begleitband zur neuen ständigen Ausstellung Die Buddenbrooks – ein Jahrhundertroman im Buddenbrookhaus]. Lübeck 2000.

Emig, Christine: „Wagner in verjüngten Proportionen…". *Wälsungenblut* als epische Wagner-Transkription. In: Thomas-Mann-Jahrbuch 7 (1994). S. 169-185.

Erlich, Gloria Chasson: Race and Incest in Mann's „Blood of the Walsung's". In: Studies in Twentieth Century Literature 2 (1978). S. 113-126.

Ezergailis, Inta: Spinell's Letter: An Approach to Thomas Mann's *Tristan*. In: German Life and Letters 25 (1972). S. 377-382.

Feuerlicht, Ignace: Thomas Mann und die Grenzen des Ich. Heidelberg 1966.

Finney, Gail: Self-Reflexive Siblings: Incest as Narcissism in Tieck, Wagner, and Thomas Mann. In: German Quarterly 56 (1983). S. 243-256.

Frey, John R.: Blick und Auge in Thomas Manns Erzählkunst. In: Jahrbuch der deutschen Schillergesellschaft 13 (1969). S. 454-481.

Frizen, Werner: „Venus Anadyomene". In: Heftrich; Koopmann (Hg.): Thomas Mann und seine Quellen. S. 189-223.

Grawe, Christian: Struktur und Erzählform. In: Buddenbrooks-Handbuch. Hg. v. Ken Moulden u. Gero v. Wilpert. Stuttgart 1988. S. 69-107.

Gronicka, André von: „Myth plus psychology." A Style Analysis of „Death in Venice". In: The Germanic Review 31 (1956). S. 191-205.

Haiduk, Manfred: Bemerkungen zu Thomas Manns Novelle „Wälsungenblut". In: Georg Wenzel (Hg.): Vollendung und Größe Thomas

Manns. Beiträge zu Werk und Persönlichkeit des Dichters. Halle 1962. S. 213-219.

Hamburger, Käte: Der Humor bei Thomas Mann. Zum Joseph-Roman. München 1965.

Härle, Gerhard: Die Gestalt des Schönen. Untersuchung zur Homosexualitätsthematik in Thomas Manns Roman „Der Zauberberg". Königstein/Ts. 1986.

Harpprecht, Klaus: Thomas Mann. Eine Biographie. Reinbek bei Hamburg 1995.

Hatfield, Henry: Thomas Mann. New York 1962.

Hatfield, Henry: Thomas Mann's „Tristan": A Revised View. In: Vistas and Vectors: Essays Honoring the Memory of Helmut Rehder. Austin, Texas 1980. S. 157-163.

Haug, Hellmut: Erkenntnisekel. Zum frühen Werk Thomas Manns. Tübingen 1969.

Heftrich, Eckhard; Koopmann, Helmut (Hg.): Thomas Mann und seine Quellen. Festschrift für Hans Wysling. Ffm. 1991.

Heftrich, Eckhard: Buddenbrooks – der Jahrhundertroman. In: Eickhölter; Wisskirchen (Hg.): Buddenbrooks – neue Blicke. S. 10 –21.

Heller, Erich: Thomas Mann: Der ironische Deutsche. Ffm. 1970.

Höpfner, Felix: „Öäwer tau Moder müssen wi alle warn…" Zur Physiognomie des Todes in Thomas Manns *Buddenbrooks*. In: Wirkendes Wort 1 (1995). S. 82-111.

Jendreiek, Helmut: Thomas Mann. Der demokratische Roman. Düsseldorf 1977.

Kadelbach, Ada: Was ist das? Ein neuer Blick auf einen berühmten Romananfang und die Lübecker Katechismen. In: Eickhölter; Wisskirchen (Hg.): Buddenbrooks – neue Blicke. S. 36-47.

Kaiser, Gerhard: Thomas Manns *Wälsungenblut* und Richard Wagners *Ring*. Erzählen als kritische Interpretation. In: Thomas Mann Jahrbuch 12 (1999). S. 239-258.

Karthaus, Ulrich: Zu Thomas Manns Ironie. In: Thomas Mann Jahrbuch 1 (1988). S. 80-98.

Klingler, Bettina: Eine ironische Variante – Tony Buddenbrook. In: Bettina Klingler: Emma Bovary und ihre Schwestern. Die unverstandene Frau: Variationen eines literarischen Typus von Balzac bis Thomas Mann. Rheinbach-Merzbach 1986. S. 185-198.

Kluge, G. R.: Wälsungenblut oder Halbblut? Zur Kontroverse um die Schlußsätze von Thomas Manns Novelle. In: Neophilologus 76 (1992). S. 237-255.

Köhler, Michael: Götterspeise. Mahlzeitenmotivik in der Prosa Thomas Manns und Genealogie des alimentären Opfers. (Untersuchungen zur deutschen Literaturgeschichte. Bd. 84). Tübingen 1996.

Koopmann, Helmut: Die Entwicklung des ‚intellektualen Romans' bei Thomas Mann. Untersuchungen zur Struktur von „Buddenbrooks", „Königliche Hoheit" und „Der Zauberberg". Bonn 1971.

Koopmann, Helmut: Hanno Buddenbrook, Tonio Kröger und Tadzio: Anfang und Begründung des Mythos im Werk Thomas Manns. In: Wiecker (Hg.): Gedenkschrift. S. 53-65.

Koopmann, Helmut: Thomas Mann. Konstanten seines literarischen Werks. Göttingen 1975.

Koopmann, Helmut: Humor und Ironie. In: Koopmann (Hg.): Thomas Mann Handbuch. S. 836-853.

Koopmann, Helmut (Hg.): Thomas Mann Handbuch. Stuttgart 1990.

Koopmann, Helmut: Mythenkonstitution in einer zerfallenden Welt. Zu Thomas Manns *Buddenbrooks* und zu Heinrich Manns *Im Schlaraffenland* und *Professor Unrat.* In: Rolf Grimminger; Iris Hermann (Hg.): Mythos im Text. Zur Literatur des 20. Jahrhunderts. (Bielefelder Schriften zu Linguistik u. Literaturwissenschaft. Bd. 10). Bielefeld 1998. S. 217-234.

Kristiansen, Børge: Das Problem des Realismus bei Thomas Mann. Leitmotiv – Zitat – Mythische Wiederholungsstruktur. In: Koopmann (Hg.): Thomas-Mann-Handbuch. S. 823-835.

Kurzke, Hermann: Thomas Mann: Epoche – Werk – Wirkung. München 1985.

Lämmert, Eberhard: Thomas Mann: Buddenbrooks. In: Benno von Wiese (Hg.): Der deutsche Roman vom Barock bis zur Gegenwart. Bd. II. Düsseldorf 1963. S. 190-233.

Lehnert, Herbert: Thomas Mann: Fiktion, Mythos, Religion. Stuttgart 1968.

Lehnert, Herbert: „Tristan", „Tonio Kröger" und „Der Tod in Venedig". Ein Strukturvergleich. In: Orbis Litterarum 24 (1969). S. 271-304.

Lehnert, Herbert: Thomas Mann und die deutsche Literatur seiner Zeit. In: Koopmann (Hg.): Thomas-Mann-Handbuch. S. 137-163.

Lehnert, Herbert: Familienfeindlichkeit. Über ein literarisches Motiv der Wende zum zwanzigsten Jahrhundert. In: Thomas Mann Jahrbuch 9 (1996). S. 55-72.

Leibrich, Louis: Thomas Mann. Une recherche spirituelle. Paris 1974.

Levesque, Paul: The Double-Edged Sword: Anti-Semitism and Anti-Wagnerianism in Thomas Mann's *Wälsungenblut*. In: Germanic Studies Review 20 (1997). S. 11-21.

Maar, Michael: Das Blaubartzimmer. Thomas Mann und die Schuld. Ffm. 2000.

Mann, Victor: Wir waren fünf. Bildnis der Familie Mann. Konstanz 1964.

Mendelssohn, Peter de: Der Zauberer. Das Leben des deutschen Schriftstellers. Thomas Mann. Erster Teil: 1875-1918. Ffm. 1975.

Nicholls, R. A.: Nietzsche in the Early Work of Thomas Mann. Berkeley 1955.

Northcote-Bade, James: Die Wagner-Mythen im Frühwerk Thomas Manns. Bonn 1975.

Petriconi, Hellmuth: Das Reich des Untergangs. Hamburg 1958.

Pütz, Peter (Hg.): Thomas Mann und die Tradition. Ffm. 1971.

Pütz, Peter: Thomas Mann und Nietzsche. In: Pütz (Hg.): Thomas Mann und die Tradition. S. 225-249.

Pütz, Peter: Die Stufen des Bewußtseins bei Schopenhauer und den Buddenbrooks. In: Hermann Kurzke (Hg.): Stationen der Thomas-Mann-Forschung. Aufsätze seit 1970. Würzburg 1985. S. 15-24.

Pütz, Peter: Kunst und Künstlerexistenz bei Nietzsche und Thomas Mann. Bonn 1987.

Pütz, Peter: Verwirklichung durch „lebendige Ungenauigkeit". *Joseph* von den Quellen zum Roman. In: Heftrich; Koopmann (Hg.): Thomas Mann und seine Quellen. S. 173-188.

Pütz, Peter: Lessing als Medium für Thomas Manns Egodizee. In: Thomas Mann Jahrbuch 12 (1999). S. 205-220.

Pütz, Peter: Das Sanatorium als Purgatorium. In: Literatur und Krankheit im Fin-de-Siècle (1890-1914). Thomas Mann im europäischen Kontext. Die Davoser Literaturtage 2000. Hg. v. Thomas Sprecher. (Thomas-Mann-Studien 26). Ffm. 2002.

Reed, Terence J.: Thomas Mann. The Uses of Tradition. Oxford 1996.

Reents, Edo: Zu Thomas Manns Schopenhauer-Rezeption. Würzburg 1998.

Reiss, Gunter: Herrenrecht. Bemerkungen zum Syndrom des Autoritären in Thomas Manns frühen Erzählungen. In: Wiecker (Hg.): Gedenkschrift. S. 67-94.

Renner, Rolf Günter: Lebens-Werk. Zum inneren Zusammenhang der Texte von Thomas Mann. München 1985.

Renner, Rolf G.: Literarästhetische, kulturkritische und autobiographische Essayistik. In: Koopmann (Hg.): Thomas-Mann-Handbuch. S. 629-677.

Requadt, Paul: Jugendstil im Frühwerk Thomas Manns. In: Deutsche Vierteljahresschrift für Literatur- und Geistesgeschichte 40 (1966). S. 206-216.

Robertson, Ritchie (Hg.): The Cambridge Companion to Thomas Mann. Cambridge, New York 2002.

Rothenberg, Klaus-Jürgen: Das Problem des Realismus bei Thomas Mann. Zur Behandlung von Wirklichkeit in den *Buddenbrooks*. Köln 1969.

Ryan, Judith: *Buddenbrooks*: between realism and aestheticism. In: Robertson (Hg.): Cambridge Companion. S. 119-136.

Runge, Doris: Welch ein Weib! Mädchen- und Frauengestalten bei Thomas Mann. Stuttgart 1998.

Satz, Martha: The Death of the Buddenbrooks: Four Rich Meals a Day. In: Disorderly Eaters. Texts in Self-Empowerment. Hg. v. Lilian R. Furst u. Peter W. Graham. University Park, PA 1992. S. 199-213.

Scharfschwerdt, Jürgen: Thomas Mann und der deutsche Bildungsroman. Eine Untersuchung zu den Problemen einer literarischen Tradition. Stuttgart 1967.

Sheppard, Richard: Realism plus mythology: A reconsideration of the problem of ‚Verfall' in Thomas Mann's *Buddenbrooks*. In: The Modern Language Review 89 (1994). S. 916-941.

Singer, Herbert: Helena und der Senator. Versuch einer mythologischen Deutung von Thomas Manns ‚Buddenbrooks'. In: Helmut Koopmann (Hg.): Thomas Mann. (Wege der Forschung, Bd. CCCXXXV) Darmstadt 1975. S. 247-256.

Sjögren, Christine Oertel: Wendelin and the Theme of Transformation in Thomas Mann's *Wälsungenblut*. In: Comparative Literature Studies 14 (1977). S. 346-359.

Sommerhage, Claus: Eros und Poesis. Über das Erotische im Werk Thomas Manns. Bonn 1983.

Swales, Martin: Buddenbrooks. Family Life as the Mirror of Social Change. Boston 1991.

Vaget, Hans Rudolf: Die literarischen Anfänge Thomas Manns in ‚Gefallen'. In: Zeitschrift für deutsche Philologie 94 (1975). S. 235-256.

Vaget, Hans Rudolf: Thomas-Mann-Kommentar: zu sämtlichen Erzählungen. München 1984.

Wenzel, Georg: Buddenbrooks. In: Volkmar Hansen (Hg.): Thomas Mann: Romane und Erzählungen. Stuttgart 1993. S. 11-46.

Wiecker, Rolf (Hg.): Gedenkschrift für Thomas Mann. 1875-1975. (Text & Kontext. Sonderreihe Bd. 2). Kopenhagen 1975.

Wiegmann, Hermann: Die Erzählungen Thomas Manns. Interpretationen und Realien. Bielefeld 1992.

Wimmer, Ruprecht: Zur Nachwirkung Schopenhauers im Werk Thomas Manns. In: Literaturwissenschaftliches Jahrbuch im Auftrage der Görresgesellschaft 41(2000). S. 184-201.

Wisskirchen, Hans: Thomas Manns Romanwerk in der europäischen Literaturkritik. In: Koopmann (Hg.): Thomas-Mann-Handbuch. S. 875-924.

Wolf, Ernest M.: The „False" Saraceni: A Footnote to *Der Wille zum Glück*. In: Wolf, Ernest M.: Magnum Opus. Studies in the Narrative Fiction of Thomas Mann. (Studies in Modern German Literature, Bd. 25). New York 1989. S. 243-253.

Wolff, Hans M.: Thomas Mann. Werk und Bekenntnis. Bern 1957.

Wysling, Hans: Geist und Kunst. Thomas Manns Notizen zu einem „Literatur-Essay". In: Paul Scherrer, Hanz Wysling: Quellenkritische Studien zum Werk Thomas Manns. (Thomas-Mann-Studien I). Bern, München 1967. S. 123-233.

Wysling, Hans: „Mythos und Psychologie" bei Thomas Mann. (Eidgenössische Technische Hochschule: Kultur- u. Staatswissenschaftl. Schriften, Heft 130.). Zürich 1969.

Wysling, Hans: Buddenbrooks. In: Koopmann (Hg.): Thomas-Mann-Handbuch. S. 363-384.

Wysling, Hans: Thomas Manns Goethe-Nachfolge. In: Ausgewählte Aufsätze: 1963-1995. Hg. v. Thomas Sprecher u. Cornelia Bernini. (Thomas-Mann-Studien XIII). Ffm 1996. S. 17-63.

Young, Frank. W.: Montage and Motif in Thomas Mann's „Tristan". Bonn 1975.

Zeller, Michael: Väter und Söhne bei Thomas Mann. Der Generationsschritt als geschichtlicher Prozeß. Bonn 1974.

Weitere Literatur

Adorno, Theodor W.: Balzac-Lektüre. In: Theodor W. Adorno: Noten zur Literatur II. Ffm. 1961. S. 19-41.

Aristoteles: Physikvorlesung. Übers. v. Hans Wagner. (Aristoteles. Werke in deutscher Übersetzung. Bd. 11). Berlin 1995.

Aust, Hugo: Literatur des Realismus. Stuttgart, Weimar 2000.

Bachmann, Ingeborg: Die kritische Aufnahme der Existentialphilosophie Martin Heideggers. Wien 1949.

Bachofen, Johann Jakob: Das Mutterrecht. Zwei Hälften. Mit Unterstützung von Harald Fuchs, Gustav Meyer u. Karl Schefold hg. v. Karl Meuli. (Johann Jakob Bachofens Gesammelte Werke, Bd. 2-3). Basel 1948.

Baguley, David: Naturalistic Fiction: The Entropic Vision. Cambridge 1990.

Barthes, Roland: L'Effet de Réel. In: Communications 11 (1968). S. 84-89.

Benjamin, Walter: Gesammelte Schriften. Unter Mitwirkung von Theodor W. Adorno und Gershom Scholem hg. v. Rolf Tiedemann u. Hermann Schweppenhäuser. Ffm. 1972ff.

Blumenberg, Hans: Wirklichkeitsbegriff und Wirklichkeitspotential des Mythos. In: Terror und Spiel. Probleme der Mythenrezeption. Hg. v. Manfred Fuhrmann. (Poetik und Hermeneutik, Bd. IV). München 1971. S. 11-66.

Blumenberg, Hans: Wirklichkeiten, in denen wir leben. Stuttgart 1981.

Blumenberg, Hans: Arbeit am Mythos. Ffm. 1996.

Borchmeyer, Dieter: Hektors Abschied. Schillers Aneignung einer homerischen Szene. In: Jahrbuch der deutschen Schillergesellschaft 16 (1972). S. 277-298.

Burckhardt, Jacob: Griechische Kulturgeschichte. 4 Bde. (Gesammelte Werke, Bd. V-VIII). Basel, Stuttgart 1970.

Calasso, Roberto: Die Hochzeit von Kadmos und Harmonia. Ffm. 1993.

Derrida, Jacques: Marges de la Philosophie. Paris 1972.

Droysen, Johann Gustav: Politische Schriften. Im Auftrage der Preussischen Akademie der Wissenschaften hg. v. Felix Gilbert. München, Berlin 1933.

Gaillard, Françoise: Genèse et généalogie (Le cas du Docteur Pascal). In: Romantisme 31 (1981). S. 181-196.

Girard, René: Mythos und Gegenmythos: Zu Kleists *Das Erdbeben in Chili.* In: Positionen der Literaturwissenschaft: 8 Modellanalysen am Beispiel von Kleists *Das Erdbeben in Chili.* Hg. v. David E. Wellbery. München 1985. S. 130-148.

Girard, René: Das Heilige und die Gewalt. Zürich 1987.

Girard, René: Ausstoßung und Verfolgung. Eine historische Theorie des Sündenbocks. Ffm. 1992.

Goethe, Johann Wolfgang: Das erste Weimarer Jahrzehnt. Briefe, Tagebücher und Gespräche vom 7. November 1775 bis 2. September 1786. Hg. v. Hartmut Reinhardt. (Johann Wolfgang Goethe: Sämtliche Werke. Briefe, Tagebücher und Gespräche. 40 Bde. II. Abt., Bd. 2). Ffm. 1997.

Grillparzer, Franz: Des Meeres und der Liebe Wellen. (Sämtl. Werke. Historisch-kritische Gesamtausgabe. Im Auftrag d. Stadt Wien hg. v. August Sauer, fortgeführt v. Reinhold Backmann. 42 Bde. Wien 1909-1948. Erste Abt., 4. Bd.). Wien 1925.

Hansen, Klaus P.: Das Ich und die entfesselte Kausalität: Entdeckungen des amerikanischen Naturalismus. In: Manfred Pfister (Hg.): Die Modernisierung des Ich. Studien zur Subjektkonstitution in der Vor- und Frühmoderne. Passau 1989. S. 155-167.

Heitmann, Klaus: Der Immoralismus-Prozeß gegen die französische Literatur im 19. Jahrhundert. (Ars poetica. Texte und Studien zur Dichtungslehre und Dichtkunst, Bd. 9). Bad Homburg v.d.H., Berlin, Zürich 1970.

Herder, Johann Gottfried: Journal meiner Reise im Jahr 1769. Pädagogische Schriften. Hg. v. Rainer Wisbert unter Mitarbeit von Klaus Pradel. (Johann Gottfried Herder. Werke in zehn Bänden. Hg. v. Günter Arnold [u.a.]. Bd. 9/2). Ffm. 1997.

Hofmannsthal, Hugo von: Gesammelte Werke in Einzelausgaben. Hg. v. Herbert Steiner. Ffm. 1945ff.

Honegger, Johann Jakob: Literatur und Cultur des 19. Jahrhunderts; in ihrer Entwicklung dargestellt. Leipzig 1865.

Horkheimer, Max; Adorno, Theodor W.: Dialektik der Aufklärung. Philosophische Fragmente. Ffm. 1988.

Janouch, Gustav: Erinnerungen an Kafka. In: Die Neue Rundschau 62 (1951). S. 49-64.

Kerényi, Karl (Hg.): Die Eröffnung des Zugangs zum Mythos. Ein Lesebuch. Darmstadt 1996.

Kierkegaard, Sören: Der Begriff Angst. Hamburg 1984.

Korn, Karl: Darstellung der Grunderfahrungen. In: Akzente 1956 (3). S. 307-309.

Lukács, Georg: Es geht um den Realismus (1938). In: Essays über Realismus. (Georg Lukács Werke Bd. 4. Probleme des Realismus I). Neuwied, Berlin 1971. S. 313-343.

McInnes, Edward; Plumpe, Gerhard (Hg.): Bürgerlicher Realismus und Gründerzeit 1848-1890. (Hansers Sozialgeschichte der deutschen Literatur vom 16. Jahrhundert bis zur Gegenwart, Bd. 6). München, Wien 1996.

Nietzsche, Friedrich: Werke. Kritische Gesamtausgabe. Hg. v. Giorgio Colli u. Mazzino Montinari. Berlin 1967ff.

Nösselt, Friedrich: Lehrbuch der griechischen und römischen Mythologie für höhere Töchterschulen und die Gebildeten des weiblichen Geschlechts. Leipzig 1853.

Ovid: Metamorphosen. Übersetzt v. Erich Rösch. Mit einer Einführung v. Niklas Holzberg. (Bibliothek der Antike). München 1990.

Plumpe, Gerhard (Hg.): Theorie des bürgerlichen Realismus. Eine Textsammlung. Stuttgart 1985.

Raabe, Wilhelm: Sämtliche Werke. Braunschweiger Ausgabe. Göttingen 1950ff.

Ritchie, J. M.: The Ambivalence of „Realism" in German Literature 1830-1880. In: Orbis Litterarum XV (1961). S. 200-217.

Rohde, Erwin: Psyche. Seelencult und Unsterblichkeitsglaube der Griechen. Tübingen, Leipzig 1903.

Schiller, Friedrich: Sämtliche Werke in zehn Bänden. Berliner Ausgabe. Hg. v. Hans-Günther Thalheim [u.a.]. Berlin, Weimar 1980ff.

Vico, Giambattista: Prinzipien einer neuen Wissenschaft über die gemeinsame Natur der Völker. Übers. v. Vittorio Hösle u. Christoph Jermann u. mit Textverweisen v. Christoph Jermann. Mit einer Einleitung „Vico und die Idee der Kulturwissenschaft" v. Vittorio Hösle. 2 Teilbde. Hamburg 1990.

Wagner, Richard: Oper und Drama. Dichtungen und Schriften. (Jubiläumsausgabe in zehn Bänden. Hg. v. Dieter Borchmeyer. Bd. 7). Ffm. 1983.

Wellek, René: Der Realismusbegriff in der Literaturwissenschaft. In: Begriffsbestimmung des literarischen Realismus. Hg. v. Richard Brinkmann. (Wege der Forschung, Bd. CCXII). Darmstadt 1969. S. 400-433.

Wilamowitz-Moellendorf, Ulrich von: Die Heimkehr des Odysseus. Neue Homerische Untersuchungen. Berlin 1927. Unveränd. Nachdr. Zürich/Hildesheim 1988.

Wunberg, Gotthart: Chiffrierung und Selbstversicherung des Ich: Antikefiguration um 1900. In: Manfred Pfister (Hg.): Die Modernisierung des Ich. Studien zur Subjektkonstitution in der Vor- und Frühmoderne. Passau 1989. S. 190-201.

Klaus Schuhmann

„Ich gehe wie ich kam:
arm und verachtet.“

Leben und Werk
Max Herrmann-Neisses (1886-1941)

2003, 276 Seiten,
kart. € 29,80
ISBN 3-89528-413-0

Obwohl mit einer zehnbändigen Werkausgabe bedacht, die vor mehr als einem Jahrzehnt erschien, gehört Max Herrmann-Neisse noch immer zu den zwar bedeutenden, aber fast vergessenen Schriftstellern des 20. Jahrhunderts. Die vorliegende Monographie möchte dazu beitragen, diesen Zustand zu ändern. Sie folgt einerseits den wichtigsten Lebensstationen des Autors – von der schlesischen Provinz in die Metropole Berlin und ins Londoner Exil –, ist aber mehr noch darauf bedacht, den viel zu oft nur als Lyriker wahrgenommenen Dichter in der Ganzheit seiner literarischen, publizistischen und autobiographischen Schriften ins Bild zu setzen und ihn in den Zeitläuften zu verankern, ohne die seine Werke nicht verstanden werden können.

Der Verfasser gibt nicht nur eine profunde Einführung in die Lyrik Herrmann-Neisses, er geht seinem Wechsel zum Epischen nach, der ihn erst zur Erzählung, dann zum Roman führt; er situiert ihn in der literarischen Landschaft der Weimarer Republik mit den am weitesten gefächerten Aktivitäten des Dichters im Spannungsfeld von Politik und Literatur; er folgt ihm in die grauen Jahre des Londoner Exils, in denen Max Herrmann-Neisse seinem „Leiden an Deutschland“ Ausdruck gab.

Klaus Schuhmann, geb. 1935, war von 1975 bis 1998 ordentlicher Professor für Neuere deutsche Literatur an der Universität Leipzig.

Petra Renneke

Das verlorene, verlassene Haus

Sprache und Metapher in der Prosa Jenny Alonis

Veröffentlichungen der Literaturkommission für Westfalen, Band 8

2003, 343 Seiten,
kart. € 29,80
ISBN 3-89528-410-6

Diese Untersuchung fragt nach der Funktionalität von Sprache und Metapher in der Prosa der deutschsprachigen, jüdischen Autorin Jenny Aloni.

Jenny Aloni, geb. Rosenbaum (1917 Paderborn – 1993 Ganei Yehuda), emigrierte 1939 nach Palästina. 1956 veröffentlichte sie ihren ersten Gedichtband, seit 1960 wurde sie zur bedeutendsten deutschsprachigen Schriftstellerin ihrer Generation in Israel.

In dieser ersten umfassenden Arbeit über die Erzählungen werden die Texte auf verschiedenen Ebenen untersucht – auf der hermeneutischen Basis von Metapher und Sprache, der Ebene von Konstruktionen von Weiblichkeit und auf der Linie der bereits bestehenden kulturellen Codes, für Erinnerungs- und Mnemotechniken, für Schrift und Gedächtnis.

PETRA RENNEKE, Dr. phil., ist wissenschaftliche Mitarbeiterin im Fach Neuere deutsche Literaturwissenschaft an der Universität Paderborn.